*Back To Jerusalem*

# 땅끝에서 일하시는 하나님

래이 레지스터 지음
김미수 옮김

좋은씨앗

| 추천사 |

## "피부에 와닿는 이스라엘과 중동 선교 가이드!"

우리는 최근에 '백 투 예루살렘' 이라는 구호를 자주 접합니다. 이런 구호는 복음의 서진西進 현상을 그 출발점으로 삼고 있습니다. 또한 실크로드를 타고 완성되어야 할 선교적인 책임에 대해 이야기합니다. 중국 교회와 한국 교회 간의 선교 협력의 문제 역시 중요한 화두로 드러납니다. 선교 역사에 있어 한국 교회가 마지막 주자의 책임을 잘 감당할 것을 상기시켜 줍니다.

그러나 이러한 과제에 못지 않게 중요한 것은 이스라엘 내에서 복음이 회복되는 것입니다.

저자는 이스라엘 갈릴리에서 35년 이상을 교회 개척에 헌신해 오신 분입니다. 그는 구체적으로 성지 내에 교회 개척운동을 통한 교회 회복의 비전을 가진 분입니다. 무엇보다 그는 복음주의적 관점에서 성지의 과거와 오늘을 다루고 있습니다. 그리고 미래에는 선교 역량이 어떻게 동원되어야 할 것인지를 명쾌하게 제시합니다.

이 책은 무엇보다 성지 이스라엘 선교에 구체적인 관심을 가지신 분들과 중동 선교에 관심을 가진 모든 분들에게 피부에 와닿게 복음적 전망을 제시하는 보기 드문 가이드가 될 것입니다. 아울러 보다 진지한 성지순례 혹은 이스라엘 단기 선교를 계획하는 분들에게도 그 짝을 찾기 어려운 상세하고도 친절한 안내서가 될 것입니다.

유대인과 정교회 교도들, 가톨릭과 무슬림 그리고 아랍 그리스도인들의 혼재 속에서, 이 순간도 성지는 새 역사의 여명을 기다리고 있습니다. 아직 한줌 밖에 안 되는 복음적 그리스도인들과 메시아닉 유대인, 그리고 그리스도인들이 좀더 넓은 역사의 전망을 안고 이스라엘의 회복을 위해 협력하기 시작한다면 주님께서 다시 오실 날도 결코 멀지 않았음을 소망으로 기대하게 될 것입니다.

마라나타! 아멘. 주 예수여. 당신은 이스라엘과 우리 모두의 구원이십니다.

■ 이동원 목사 (지구촌교회 담임)

최근 예루살렘이 우리의 시선을 끄는 것은 그곳이 단지 기독교의 출발지이고 중동 분쟁의 핵심에 서 있기 때문만은 아니다. 이는 기독교 선교의 마지막 때가 가까이 왔기 때문이다. 성경은 우리에게 마지막 날 일어날 일을 말하고 있다. 그 날에는 모든 민족과 족속들에게 복음이 들어가고 이스라엘의 회복이 일어날 것임을 선언하고 있다.

사실 기독교 선교가 시작될 때부터 예루살렘은 선교지였다. 예수님은 유대교 지도자들과 심한 논쟁을 벌였고 결국 그들은 예수님을 십자가에 못 박았다. 그리고 역사가 진행되며 이스라엘을 포함한 중동지방은 이슬람 국가들로 변해갔다. 그렇지만 예수님의 죽음을 통해 완성된 인류의 구원은 유대인들까지 포함하고 있으며 복음은 이스라엘을 포함한 온 땅에 선포되어야 한다. 이제 그 땅이 예수 그리스도의 생명의 복음을 전하고 있으며, 이 책은 그 현장에서 들려오는 감격적인 소식을 전해준다.

본 책은 이스라엘과 중동지역의 중심 종교인 유대교와 이슬람 가운데 일어나는 교회 개척운동에 대해 흥미진진하게 소개하고 있다. 그 역사와 현재 상황 그리고 지금 실제로 어떤 일이 일어나고 있는지와 그곳 복음화를 위한 구체적인 전략과 비전도 제시한다. 매우 반갑고 이례적이게도, 이 책 안에는 중동권 선교를 위한 총체적이면서 전략적이고 실제적인 전략들이 모두 담겨 있다. 중동권 선교 관심자 뿐만 세계선교의 역사적 배경과 그 과정을 이해하길 원한다면 모두가 읽어야 할 책으로 추천하고 싶다.

▪ **한철호 선교사** (선교한국 상임위원장)

교회개척, 특히 중동의 교회개척에 관심이 있는 분이라면 이 책을 읽어야 할 겁니다. 이 책은 중동 무슬림들 사이에 세워진 교회를 어떻게 봐야 하고, 또 어떻게 지켜내야 할지에 대해 날카로운 통찰을 제공합니다.

▪ 키이스 아이틀, 사우스이스트 침례 신학대학원 기독교 선교학 교수

그는 놀랍게도 교회개척자가 중동, 특히 이스라엘에서 직면하게 될

중대한 문제점들을 조목조목 언급했습니다. 이것을 이해하는 일은 새롭게 헌신하는 사람들이 복음전도와 교회개척을 시작하는 데 무한한 도움이 될 것입니다. 그리고 그가 21세기를 향한 긍정적인 징후와 소망에 대해 강조한 점이 마음에 듭니다.

▪ 데일 소온, 남침례회 국제선교부 전前 중동 아프리카 지역 책임자

신학과 실천이 하나로 결합된 책을 원한다면, 『땅끝에서 일하시는 하나님』이 바로 그런 책입니다. 레지스터 박사는 30여년간의 경험을 통해 이스라엘의 하나님나라 사역 가운데 자신이 담당했던 부분을 솔직하게 있는 그대로 보여줍니다!

▪ 윌리엄 P. 해리슨, 이스라엘 나사렛 남침례회 대표

이 책은 30여년간의 현장 경험으로 그곳을 잘 아는 저자가 중동의 교회 발전에 관해 쓴 책입니다. 래이 레지스터가 보여주는 하나님의 역사와 신성한 사명감은 독자들에게 영감을 줄 것입니다.

▪ 제리 랜킨, 남침례교 총회 국제선교부 회장

래이 레지스터는 이 책에 기록한 역사의 현장에 직접 참여한 사람입니다. 그는 과거와 현재 상황을 이해하도록 도와주며 더 밝은 미래를 위해 현명한 제안을 하고 있습니다. 이 책을 읽고 기도하십시오!

▪ 칼 가이 박사. 사우스이스트 침례교 신학대학원 선교학 명예교수

# BACK TO JERUSALEM



# 땅끝에서 일하시는 하나님

초판 1쇄 발행 | 2006년 7월 27일

지은이 | 래이 레지스터
옮긴이 | 김미수
펴낸이 | 신은철
펴낸곳 | 좋은씨앗
책임편집 | 채대광
주소 | 서울시 서초구 양재동 2-30번지, 덕성빌딩 4층 (우137-130)
편집부 | 전화 02) 2057-3043
영업부 | 전화 02) 2057-3041 / 팩스 02) 2057-3042
홈페이지 | www.goodseed.biz
이메일 | sec0117@empal.com
출판등록 | 제4-385호(1999.12.21)

ISBN 89 - 5874 - 062 - 0 03230
▪ 책값은 뒤표지에 있습니다.

복음의 종착역 예루살렘에서

하나님이 일으키신 교회개척 운동

나를 거룩한 땅의 교회개척자로 살 수 있도록 지도해 주신

세 분들께 이 책을 바칩니다.

버빈 우드헤드Bevin Woodhead

래이 휘트먼Ray Whitman

빌 헌Bill Hern

차례 · CONTENTS

## 제2부 교회개척 운동을 위한 방법론



## 제3부 교회개척 운동을 위한 비전

## |한국어판 저자 서문|

전 세계의 한국인 독자들에게 저의 책 『땅끝에서 일하시는 하나님』(원제는 "백투예루살렘: 거룩한 땅의 교회개척운동"Back to Jerusalem: Church Planting Movements in the Holy Land)를 소개할 수 있게 된 것이 제게는 큰 특권입니다. 한국은 교회개척 운동과 기도의 모델입니다. 이 책에 적힌 것처럼, 1890년에 존 리빙스턴 네비우스에 의해 한국에 소개되었던 "삼자"3-Self 운동이 풍성한 기초가 되어 오늘날까지도 한국에서, 그리고 한국인들을 통해 전 세계에서 열매를 맺어가고 있습니다.

이 책을 또한 제 사위인 고故 일란 자미르Ilan Zamir에게 바칩니다. 그는 예루살렘에 있는 이스라엘 성경대학의 초대 학장을 지냈으며 이스라엘 출신의 메시아닉 유대인[■]Messianic Jew이기도 합니다. 일란은 1984년에 세계기도성회를 위해 한국을 방문했으며, 산에 가서 기도하기도 했습니다. 나중에 그가 병들었을 때, 많은 한국인들이 그를 위해 기도했습니다. 기도의 힘을 통해 자비로우신 주님께서는 그가 주님께 부르심을 받기까지 15년이 넘는 기간 동안, 죽을 고비에서 그를

---

[■] 예수 그리스도를 구세주로 믿는 유대인들을 말함. 특별한 언급이 없으면 각주는 모두 옮긴이의 것임.

몇 번이나 일으키셨습니다.

2000년에 이 책이 처음으로 출간된 이후, 거룩한 땅에는 유대인, 무슬림, 기독교 출신의 예수님을 믿는 신자들이 더욱 늘어나고 있습니다. 복음주의 교회들, 메시아 회중들, 무슬림 출신 신자들의 가정교회들은 여러 어려운 환경 속에서도 계속해서 성장하고 있습니다. 그들의 수와 믿음이 더욱 커가기를 기원합니다!

2005년 2월, 미국 캘리포니아에서

래이 레지스터 박사

|감사의 글|

이 책을 집필하고 자료를 수집하며 출간하기까지 함께 소망하고 기도하고 수고했던 여러 가족과 친구들이 없었다면 이 책은 나올 수 없었습니다. 무엇보다 거의 35년 동안 거룩한 땅Holy Land을 위한 사역의 기쁨과 도전을 함께 나눴던 아내요 43년 사역의 동반자인 로즈메리 리치 레지스터Rose Mary Rich Register에게 말로 다할 수 없는 감사를 전합니다. 또한 노스캐롤라이나 웨이크 포레스트에 있는 사우스이스트 침례교 신학대학원 내 드러먼드 지상명령 연구소Drummond Center for Great Commission Studies와 "세계선교의 현재 과제" 과목 수강생들께도 깊이 감사합니다. 그들은 1996년 가을 학기에 선교학 교수인 플레처Fletcher를 방문했을 때 강의시간에 이 책 전반부를 소개할 기회를 주었습니다. 명예교수 제임스 블랙모어 박사는 역사적인 배경 연구에 귀중한 도움을 주었습니다. 또한 기획과 컴퓨터에 도움을 준 아리조나주 투스콘 근처 사후아리타Sahuarita 침례교회의 브라이언 스틸리 목사에게도 감사를 표합니다. 영국 런던의 목회학 석사 스티븐 내쉬Stephen Nash와 키프러스 니코시아Nicosia의 목회학석사 린 애브니Lynne Abney는 오랫동안 중동을 섬겨온 전문가들로서, 원고를 감수하며 많은 조언을 주었습니다. 이스라엘 침례교 마을의 데이빗 스미스

목사는 교정을 보면서 사역을 함께 했습니다. ISCInternational Service Corporation의 로저 미켈Roger Mikel은 그래픽을 도왔습니다. 또한 나보다 먼저, 그리고 나와 함께 거룩한 땅에서 교회개척에 수고했던 분들, 특별히 드와이트 베이커 박사, 제임스 스미스 목사, 조우 언더우드 목사, 핀리 그라함 박사, 빌 와그너 박사, 데일 소온 박사들께 많은 은혜를 입었습니다. 교회개척에 있어 전략적인 기도와 영적전쟁의 중요성에 관심을 갖게 해준 피터 와그너 박사와 톰 화이트에게도 감사드립니다. 원고의 수정과 편집을 도와준 내 육촌 켄 캐논 박사에게 특히 감사합니다. 최종 수정을 위한 남침례회 국제선교부 "새로운 방향" New Directions 지도자들의 끈기 있는 조언과 영감도 감사합니다. 그분들이 너무 많아 일일이 이름을 대기는 힘들지만, 그중에서도 제리 랜킨 박사, 애버리 윌리스 박사, 마이클 이든스와 중동과 북아프리카의 종교 지도부 모두에게 특별한 감사를 드립니다. 이 책에서 어떠한 이견이나 실수가 발견된다면 전적으로 나의 책임이며, 좋은 부분들이 있다면 그것은 수백 명의 그리스도인과 무슬림, 드루즈, 유대인과 외국인 협력자들 덕분입니다. 하나님은 그들을 통해 거룩한 땅의 교회개척자로 풍성한 길을 걷도록 나를 축복하셨습니다. 오직 하나님 홀로 영광 받으소서!

거룩한 땅을 위해 기도로 돕는 분들, 그리고 우리 일에 함께 부르심을 받은 분들과 함께 하겠습니다. 풍성한 수확을 위해 기도합니다!

| 들어가는 글 |

이스라엘과 중동 국가들 간에 평화 협상이 진행되면서 세계의 이목은 계속 중동에 집중되고 있다. 현 이스라엘-팔레스타인 지역인 "거룩한 땅"Holy Land은 21세기에도 여전히 세계가 주목하는 중심무대이다. 헤브론, 나블루스*Nablus, 나사렛, 예루살렘 같은 성지에 대한 유대인과 아랍인 간의 투쟁이 텔레비전을 통해 안방까지 전해지고 있다. 이란과 이라크 및 다른 중동국가들은 평화 이행과정에 계속적으로 위협을 가하면서 이 땅에 아마겟돈이 임박한 것은 아닌지 두려움도 든다. 정치와 종교적인 상황이 역동적으로 돌아가면서 거룩한 땅은 오늘날도 세계에서 가장 중요한 지역이다.

예수 그리스도 안에서 구원을 주시는 하나님의 능력인 복음 메시지는 걸프전 이후 점점 더 많이 받아들여지는 추세이다. 복음에 대한 엄청난 반대에도 불구하고 대중을 완전히 장악하던 이슬람의 힘은 무슬림들끼리 싸우면서 약해졌다. 이슬람 근본주의자들의 계속적인 등장은, 중동인들이 하나님과의 깊은 관계를 원하며 그들에게는 채워지지 않는 영적 굶주림이 있음을 잘 보여준다. 이런 새로운 기회는 전

* 옛 지명은 세겜 — 편집주

세계 수많은 신자들의 영적 전쟁과 뜨거운 기도로 인해 하늘에 속한 전쟁에서 승리를 거두며 만들어진 것이다.

1993년 10월, 수많은 교회와 선교단체에서 온 복음주의 그리스도인들은 한 마음으로 "10/40창을 통한 기도"를 시작했다. 이는 북위 10도와 40도 사이에 사는 사람들을 위한 것으로, 전 세계 이슬람 인구의 대부분이 여기 산다.[1] 같은 해 세계 DAWNDisciple a Whole Nation International 운동에서는 성지에 있는 복음주의 교회들을 조사했는데, 이를 통해 진지하게 교회개척을 하는 곳과 그저 구호로만 그치는 곳은 어딘지를 볼 수 있다. AD 2000AD 2000 and Beyond 운동으로 합심기도에는 불이 붙었다.[2] 이 지역은 전략적 차원의 영적 전쟁, 영적 도해와 동일성 회개 운동 등의 영향을 받았다. 이스라엘, 팔레스타인 자치정부, 요르단, 이집트 등 중동 국가들 내 1억이 넘는 무슬림들뿐 아니라 4백여만 유대인들도 이러한 기도의 영적 파장을 느꼈다.

아주 오랜 시간이 흐른 후 처음으로 많은 무슬림들이 복음과 기록된 말씀의 능력을 받아들이고 있다. 그들은 그리스도인들과의 교제를 통해 새로운 방법으로 하나님께 기도하고 예배하는 법을 배우고 싶어 한다. 이 새로운 현상과 더불어 메시아닉 유대인Messianic Jewish 연합이 계속 늘어나면서, 심지어 무슬림 출신 신자들에게까지 문을 열고 있다. 아랍계 그리스도인들은 주위에 복음을 접해보지 못한 무슬림들을 추수할 밭으로 여기기 시작했다. 많은 사람들이 믿음 때문에 고난을 받지만 살아남고 있으며, 이 영적싸움에서 힘을 모을수록 그들의 연합은 성장하고 있다. 1세기 당시 예루살렘에는 복음의 기쁜 소식이 성령의 바람으로 들불처럼 집에서 집으로 퍼져갔다. 그러나 그 불은 얼마 안 되어 지하로 숨어들었고, 7세기에 이슬람 세력이 침입하면서 거룩한 땅 전체에 흩어져 있는 전통교회[■] traditional churchs 안으로 사그라졌다. 이제 21세기가 시작되면서 그 불은 예루살렘과 거룩한 땅 전역의 집회와 가정교회, 전통교회에서 국적을 초월한 수많은 신자들의 찬양으로 불붙어 다시 번져가고 있다. 예루살렘은 이제 세계 정치뿐 아니라 하나님나라 사역에 있어서도 중심 무대가 됐다. 예루살렘의 역사가 3000년이 되는 이 때에 경이에 가까운 교회 성장을 경험하는 것은 우연이 아니다.

이제 21세기 복음 사역을 위해서는 새로운 전략이 필요하다. 이 책은 중동을 위해 기도하는 사람들에게는 영적 전쟁과 영적 도해를 위한 자료가 되고, 이 지역에 사역자로 부르심을 받은 사람들에게는 입문 지침서 역할을 할 것이다. 그들 문화를 세심하게 배려한 전도, 겸손한 섬김, 희생적인 나눔, 뜨거운 기도와 형제애로 그리스도의 사랑을 나타낼 때 하나님은 그것을 거룩한 땅과 세계 각지에 교회를 세우시는 도구로 사용하신다. 끈기 있게 돌을 고르고, 부지런히 토양을 다지고, 너그럽게 씨를 뿌리고, 하나님이 제때에 성령의 비를 공급하신 다음에야 추수기가 찾아온다. 거룩한 땅에서 일했던 지난 35년간 하나님은 이것을 되풀이해서 보여주셨다. 이 땅에서 교회개척 사역에 참여한 사람들은 언어와 문화를 익히는 데 기꺼이 수년을 보낼 수 있

---

■ 교회의 전통과 성경이 동일한 권위를 갖는 예전적 교회. 그리스정교회, 그리스가톨릭, 앗시리아 야곱, 네스토리아, 콥트 등을 들 수 있음.

어야 하며, 이 운동의 주도권은 그 땅 사람들에게 있음을 겸손하게 깨달아야 한다. 하나님께서 교회개척을 주도하시면, 그들은 흥하여야 하고 우리는 쇠하여야 한다.

선교학에서 일어난 근본적이고 긍정적인 변동 —"교회개척"church planting에서 "교회개척 운동"church planting movements으로— 은 이 책을 최종적으로 다듬는 데 영향을 주었다. 사도행전에 나타난 유대인 교회와 이방인 교회의 역동적인 선교활동은 교회개척 운동에 있어 최상의 모형이다. 이는 하나님의 자발적인 활동이지만 사람들의 전략과 조직에 영향을 받기도 한다.

이 책에서는 우리 뒤를 이어 추수에 동참할 사람들을 돕고, 우리를 위해 기도하는 분들과 정보를 나누기 위해 곳곳에서 얻은 내용들을 소개하고자 한다. 1장은 거룩한 땅에서의 교회개척 운동사를 간략히 짚어본다. 이를 통해 하나님이 과거에 이 바위투성이 땅에 교회를 심으셨으며 오늘날에도 그 일을 계속하고 계심을 알게 될 것이다. 2장은 거룩한 땅에서 교회개척자들이 어떤 도전들에 직면하는지를 보여준다. 3장에서는 21세기를 시작하는 이 시점에 어떤 소망의 징후들이 있는지를 생각해 보고, 4장에서는 거룩한 땅에서 교회를 개척할 때 핵심 논점들은 무엇인지 알아본다. 5장에서는 모국에서 이 사역을 준비하는 방법에 대해 나의 의견들을 제안할 것이다. 6장은 거룩한 땅에서 추수를 담당할 새 일꾼들을 위한 조언이다. "참호에 내려가서, 그것을 즐겨라!" 7장에는 교회개척 방법이 적혀 있다. 8장은 입증된 리더십 방식을 통해 어떻게 강한 교회들을 키우는지를, 9장에서는 교회개척에 대한 나의 비전을 자세히 설명했다. 결론 부분에서는 복음이 "다시 예루살렘으로" 돌아오면서 거룩한 땅에 있는 교회들이 복잡한 정황 아래서 어떻게 성장할지에 대해 분명히 보여주고자 한다.

〈부록 A〉에는 갈릴리 지역에서의 교회성장조사 자료가 수록되어 있다. 〈부록 B〉는 실제 교회들을 예로 들어 거룩한 땅의 교회개척 모범 사례를 선별 제공한다. 〈부록 C〉에는 감리교, 유대계 그리스도인들, 무슬림 출신 신자들의 관련 통계가 도표로 실려 있다.

『땅끝에서 일하시는 하나님』은 예루살렘과 거룩한 땅에서 보낸 지난 35년간의 경험을 정리한 3부작 가운데 첫 번째 책이다. 다음 책에서는 무슬림 사역에 대해 더 깊고 자세하게 다룰 계획이며, 마지막은 개인적인 회고록이 될 것 같다. 아랍 속담처럼 "사람들이 계속 인내하는 한, 하나님은 그 인내하는 자의 편이시다."

# 제1부

# 거룩한 땅의 교회개척 운동에 영향을 주는 요소들

■ **지명 및 인명 표기원칙 _ 옮긴이**

1. 히브리어는 표준 한글 맞춤법 및 표기법이 없다. 지명 등은 이스라엘 정부 관광국 서울사무소 사이트(www.israel.co.kr)에 올라와 있는 것을 우선으로 참고했고, 일부 이름과 단어들은 변순복 교수(백석대학교 구약학)의 도움을 받았다.
2. 아랍어도 표준 한글 맞춤법 및 표기법이 없으므로 관례를 따르되, 『이슬람의 과학과 문명』(하워드 R. 터너 지음, 정규영 옮김, 르네상스)의 일러두기를 참조했다.
3. 기독교 용어 일반

- 혼동될 가능성이 있는 용어들에 대해 다음과 같이 통일하여 적용했다.

  holy Land 거룩한 땅 / holy Places 성소들/ holy sites 성지

- 교회를 지칭하는 용어들은 가능한 다음과 같이 통일하여 번역했다.

  church 교회 / congregation 회중 / assembly 집회 / fellowship 연합

1장

# 교회개척 운동의 간략한 역사

하나님은 지난 2천 년 동안 꾸준히 이스라엘 땅에 자신의 교회를 세워오셨다. 우리는 이 유서 깊은 지역에서 자신들이 뭔가 '새로운' 일을 하고 있다고 생각하지 말아야 한다. 2천 년 동안 이 땅에서 행한 복음 전파의 노력도 실패가 아니다. 용맹스러웠던 수많은 도전들과 일부 비극적인 실패의 역사를 간략하게나마 살펴보자.

## 성경적인 배경

신학자들은 교회가 신약시대에 비로소 시작되었다는 말에 동의하지 않는다. 교회를 심는plant 일이 하나님의 뜻이자 예수님의 중심 사역이었음은 조금만 살펴봐도 쉽게 알 수 있다. 예수님이 열둘을 택하시고, 70인을 두 명씩 짝지어 보내시며, 베드로에게 "내가 내 교회를 세우리라"고 선언하신 것은 그리스도의 몸을 신자들로 구성하실 것임을 분명히 암시하는 말씀이다.[1] 개인적으로 나는 예수님이 두 사람 이상과 함께 하시면 하나의 "태胎교회"embryo church라고 믿는다. 사도행전 2장에 기록된 대로, 교회는 오순절에 다락방에 모인 사람들에게 성령님이 강림하셨을 때 태어났다. 초대 교회는 오늘날까지 "이상적인 교회"의 예로 여겨진다. 그들은 자연스럽게 사원과 회당을 중심으로 커갔으며, 가정 모임들을 통해 자체적으로 성장했다. 그러면서 바울과 바나바는 다른 모임을 세우고 굳건히 하라는 사명을 교회와 성령님으로부터 받았다. 그들은 처음에는 회당으로, 그리고 이교도 공회로 갔다. 그러다가 큰 박해를 받으면서 결국 카타콤으로 들어가야 했고, 유대인과 유대계 그리스도인들은 그곳에 함께 묻혔다.[2] 사도들은 "땅끝"까지 교회를 개척했고, 그들의 순교의 터 위에 교회는 세워졌다. 이처럼 거룩한 땅은 전 세계 교회가 시작된 시발점이었다. 그러므로 사도행전은 21세기 교회개척 운동의 지침서이자 모형이 된다.

## 비잔틴 교회*

수천 명의 유대인들이 예수님을 자신들의 메시아로 영접하고, "나사렛파"**가 되면서 수많은 회당이 결국 교회가 되었음을 알려주는

* Byzantine Church. 동로마 제국 내의 비잔틴 전례를 따르던 동방정교회. 유스티니아누스 1세 황제 사망(564년) 때부터 콘스탄티노플 함락(1453년)까지.

** Nazarenes. 예수님의 가르침을 따랐던 이들에게 붙여졌던 호칭. 유대교 나사렛파와 기독교 나사렛파가 있음. 전자는 유대교의 이단종파로 규정되었는데, 유대교의 절기와 안식일, 할례 등은 지켰지만 모세오경을 위조문서로 취급했고 고기 먹는 것과 희생제사를 거부함. 후자는 율법을 지키면서 예수 그리스도를 믿는 초대 유대 그리스도인들을 말함.

고고학적인 증거가 예루살렘과 갈릴리에 가득하다.[3] 거룩한 땅에 현존하는 그리스 정교회*에 남아 있는 많은 의식과 성가聖歌는 유대교 예배와 유사성이 강하다. 현재는 나무로 되어 있는 막 뒤에 제단이 존재하는 것은 그 유래가 유대교 성전임을 보여주는 것이다. 그리스 정교회가 사도들의 전통을 따른다고 자랑하는 데에는 근거가 없지 않다. 유대인 교회는 알렉산더 대왕의 문화를 계승했으며 사도시대 이후에는 명백히 그리스 양식을 따르고 있었다. 이것이 서기 70년 성전 파괴 이후 그리스 이방 세계로 퍼졌다. 본질적으로는 지중해 세계에 끼친 알렉산더의 헬라화 영향으로 복음이 유대인에게서 이방인에게로 쉽게 전파될 수 있었다.

어른이나 신자들에 대한 침례의식은 4세기 비잔틴교회에도 잘 남아 있었다. 1미터 넘는 깊이에 십자가 모양을 한 침례 장소를 쉬브타Shivta, 아브다트Avdat, 라트룬Latrun에서 볼 수 있다.[4] 화려한 교회 건물을 보면 4세기에 콘스탄티누스 1세가 신앙을 합법화할 당시 거룩한 땅에 활발하게 성장하는 기독교 공동체가 있었음을 알 수 있다. 이들 몇몇 교회의 대표들이 431년 에베소 공의회**에 참석했다.[5]

콘스탄티누스는 329년에 자신의 어머니 헬레나에게 순례를 하는 동안 성지를 찾아보라고 부탁했다. 교회 건물 즉 "바실리카"***들이

---

*Greek Orthodox Church. 정통 가톨릭 교회(Orthodox Catholic Church) 또는 동방정교회. 독특한 전례와 지역교회들의 독자성 등을 특색으로 함.

**그리스도의 인성과 신성에 대한 논의가 있었음.

***로마 가톨릭 교회와 그리스 정교회에서 교회법에 따라 특정 교회 건물들에 붙이는 명예로운 이름. 바실리카라는 이름이 붙은 교회는 특별한 권한과 지위를 누렸음.

계속해서 이교도 사원들의 잔해 위에 세워졌다. 많은 유물들의 위치가 확인되었는데, 그중 가장 유명한 것은 그리스도의 무덤을 다시 발견한 것이다. 초대교회 역사가 유세비우스Eusebius에 따르면, 그것은 흙무덤 아래에 있었으며 그 위에는 이교도 사원이 세워져 있었다. 또한 초기 구전에서는 이곳을 아담이 묻힌 곳으로 추정한다.[6] 초기 비잔틴 성화 중에는 부활하신 그리스도가 아담을 무덤에서 끌어 올리시는 그림도 있다. 이 전승은 고린도전서 15장 42-47절에 있는 바울의 가르침을 부연 설명한다. 콘스탄티누스는 이곳에 부활교회The Church of the Resurrection를 세우고 이를 "새 예루살렘"이라고 불렀다. 근래에 나는 예수님이 묻혔던 곳에 세워진 성묘교회The Church of Holy Sepulcher를 방문하고, 현재 구조물 뒤편에 숨겨진 고대 무덤들을 발견했다.

최근에 예루살렘 구시가지 유대인 구역을 발굴하면서 요르단 마다바 모자이크 지도*에 그려진 긴 거리인 "카르도"**가 드러났다. 로마 황제 하드리아누스***는 서기 70년 파괴 이후에 예루살렘을 엘리아 카피톨리나Aelia Capitolina로 바꾸고 카르도를 만들었다. 이것은 나중에 비잔틴 시대에 기둥이 늘어선 12미터 너비 도로로 확장되었다. 카르도는 황제 유스티니아누스 1세***에 의해 540년에 세워진 거대한 네아 교회Nea Church부터 뻗어 있으며, 비잔틴 시대에 예루살렘 주교가

---

* 요르단 마다바(Madaba)의 성게오르그 성당에 있는 이스라엘 지도 모자이크. 예루살렘을 중심으로 한 상세 지도로 성묘 성당 돔, 세겜의 야곱 우물, 요르단강과 사해, 요한이 세례를 베푼 베타바라 · 케라크 요새 등이 선명하게 그려져 있음.

** Cardo. 로마시대 도시의 남북 방향 주도로.

*** 하드리아누스 재위 117~138. 유스티니아누스 1세 483~565.

장엄한 연례 행진을 하던 곳이다.[7]

최근에 고고학자들은 성모 마리아가 베들레헴으로 가는 도중 쉬었다고 하는 바위를 1992년에 처음 발견했다. 하호마Har Homa 거주지 개발과 관련된 곳에서 불법 수도파이프를 파내려가는 도중에 5세기에 그 바위 위에 건축된 거대한 팔각형 비잔틴교회의 규모가 알려졌다. 가로 세로 43미터, 52미터 크기인 그 교회는 성모마리아에게 바쳐진 가장 오래되고 큰 교회 중 하나다. '카디스마'* 또는 그리스어로 '좌석'이라 알려진 이 바위 위에 세워진 교회는 8세기에 파괴되었으나, 그 상황은 알려져 있지 않다.[8]

『유대민족의 역사도감』A Historical Atlas of the Jewish People에서는 6세기 거룩한 땅에 살았던 사람들 대부분이 기독교인이 되었다고 한다. 이러한 놀라운 성장은 성지순례가 정착되고 이교도 인구 대다수가 기독교화 된 덕분이었다. 이 책에서는 복음주의의 성공이 주로 이 땅에 세워진 수도원들 덕분이라고 말한다. 5세기 지도에는 이러한 수도원과 기독교 센터 47곳이 표시되어 있다.[9] 이것은 교회개척 운동이 사도시대부터 이어져 왔음을 의미한다.

그러다가 교회가 비잔틴 황제들 치하에서 정치권력과 풍요함을 누리면서 운동은 중단되었다. 성육신에서 성모마리아의 역할에 관한 토론 등 여러 논쟁들과 교회 공의회의 지배로 인해 교회는 신학적으로 오염되었다. 물려받은 전통이 순전한 신앙을 쫓아냈다. 많은 헌신된

* kathisma. 왕의 특별관람석을 의미함.

신자들은 타락한 도시에서 벗어나 사막에 가서 수도자처럼 살았다. 그중 하나인 성유티미우스Euthymius of Armenia, 377~473의 삶이 524년경에 태어난 벳산Bet Shean 사람 키릴Cyril에 의해 기록되었다. 유티미우스는 405년에 팔레스타인에 도착했는데, 사막 생활에 익숙하지 않던 그는 베두인 원주민들을 더 깊이 알기 위해 그들과 친구가 되었다. 나중에 그는 부족 지도자인 아스페벳을 주님께로 인도했다. 아라비아에서 꾼 꿈은 마비로 고생하던 아스페벳의 아들을 유티미우스의 수도원으로 인도했다. 로버트 L 윌킨스는 이런 얘기를 들려준다.

> 유티미우스가 소년 위에 손으로 십자가를 그리자 소년은 즉시 나았다. 유티미우스는 베두인의 믿음을 보고 그들에게 교리를 가르치고 동굴 앞에서 세례/침례를 베풀었다. 아스페벳은 베드로로 개명했다. 유티미우스는 40일 동안 거룩한 말씀으로 그 부족部族을 양육했고, 그들이 더 이상 하갈의 자손도 이스마엘의 자손도 아닌 사라의 후손임을 알려주었다. 베드로는 수도원을 위한 저수조와 빵집을 지었다. 사라센*들 중에 그리스도인의 숫자가 늘어나자, 유티미우스는 유베날**에게 주교 임명을 요청했다. 유티미우스는 베드로를 추천했다. 베드로는 팔레스타인 아랍계 최초의 주교로 임명되었고, '천막촌의 주교'라 불렸다. 아랍어권 부족들과 유티미우스의 관계는 이렇게 시작되었다. 수백 년

* 옛날 유럽인이 시리아 부근의 아랍인을 부르던 이름. 중세 이후에는 이슬람교도를 통틀어 일컬음.

** Juvenal. 422-458까지 예루살렘 주교를 역임함.

후 아랍어가 종교의 공동 매개체가 되었을 때, 기독교 문헌들을 아랍어로 최초로 번역해 아랍 기독교 문학의 기원을 담당했던 것은 유티미우스가 세운 수도원들 출신의 수도사들이었다.[10]

1970년대에 시내산으로 가다가, 낙타를 탄 나이 지긋하고 위엄 있는 어느 베두인족과 우연히 마주쳤었다. 그에게 아랍어로 된 복음서를 건네주었더니 그는 "오, 수도원의 수도사들이 복사본을 주어 여러 해 전에 읽었다오"라고 했다. 이처럼 유티미우스의 정신은 여전히 거룩한 땅 사막에 살아 있다.

끔찍했던 서기 614년, 페르시아의 침공으로 거룩한 땅에서 비잔틴의 지배력은 약해졌다. 그들은 교회를 약탈하고 수녀들을 학살했다.[11] 아우구스티누스가 꿈꾸었던 "신국"神國은 638년 이슬람 군대가 예루살렘을 함락하면서 거의 사라지게 되었다. 이슬람 정복자인 우마르 이븐 알카탑Umar ibn al-Khatab은 성묘교회를 모스크로 바꾸지 않았다. 그는 너그럽게도 성묘교회가 아닌 바깥에서 기도했다. 성묘교회 앞 우마르 사원Umar Mosque은 아직도 그의 현명하고 관대한 선택을 보여주는 상징물이다.*

옛 비잔티움**의 영광을 안다면 거룩한 땅의 전통교회들이 서양

---

* 우마르가 성묘성당을 방문하던 중에 이슬람 정기 기도시간이 되자 주교가 성당 안에서 기도해도 된다고 했지만 '만일 그렇게 하면 후에 무슬림들이 칼리프가 기도한 곳이기 때문에 우리의 성소라고 하여 당신들에게서 이 성당을 빼앗아갈 것'이라며 거리에 나가 기도한 사건을 말함.

** 이스탄불의 옛 이름.

복음주의 사역에 대해 보이는 태도에 대해 이해할 수 있다. 거룩한 땅의 복음주의 교회*들은 대부분 그리스 정교와 그리스 가톨릭교회** 에서 나왔다. 교회 제도, 의식과 성소에 대해 강조하면서 초기 가정교회 운동의 단순함이 위축되었으며, 상징주의와 형식이 신앙의 활력을 대신했다. 극심한 박해 아래 집에서 집으로 빠르게 전파되던 교회는 서기 312년에 콘스탄티누스에 의해 합법화되었다. 국교가 된 기독교 신앙은 그때부터 위에서 강요되기 시작하였고 순수하게 마음에서 우러나지 않았다. 그것은 초창기 그리스도인들의 교회개척 운동을 방해했고 비참한 결과를 가져왔다. 비잔틴 시대부터 내려온 "건물 강박관념"은 오늘날까지도 거룩한 땅의 교회개척을 제한하고 있다.

비잔티움의 영광이 거룩한 땅에 들어왔지만 현지에 많이 퍼지지는 않았다. 이곳에서는 2천 년 가까운 전통에 따라 교회라고 하면 여전히 사제가 있는 건물을 의미한다. 신성한 예배, 향, 찬미가 등과 함께 어우러져 건물은 모든 권위를 행사한다. 교회개척에 대한 '전통' 교회지도자들의 태도에 이것은 자연스레 영향을 미쳤다. 그들은 복음주의자를 전통교회와 무슬림 지배자들로부터 얻어낸 자신들의 체제 즉 "현재 상태"Status quo에 대한 위협으로 여긴다. 이 사제들은 복음주의자를 자기 양떼를 위협하는 위험인물로 보는 것이다. 개혁의 새 포도

* 전통교회와 상대적인 개념으로, 성경만이 유일한 권위를 갖는다고 믿는 교파를 모두 포함함. 이 책에서 '복음주의'라는 말은 은사주의와는 무관한 의미로 사용됨.

** Greek Catholic Church. 1724년에 로마 가톨릭에 통합된 멜키트 교인들. 그리스도가 신성과 인성을 가졌다는 칼케돈공의회(451)의 결정을 받아들인 시리아와 이집트의 기독교인들이 멜키트임.

주가 전통의 낡은 부대를 찢기 전에, 양들이 성령의 인도하심 안에서 성경을 따르도록 하려면 이러한 전통교회의 지도부에 초점을 맞추어 기도해야 한다.

## 이슬람의 전진

순식간에 쳐들어온 무함마드 추종자들의 군대는 서기 636년 8월 20일 갈릴리해 동남쪽 야르묵 전투에서 압도적으로 우세한 비잔틴 군대를 맞아 승리하는 모래폭풍을 일으켰다.[12] 거룩한 땅의 도시들은 빠른 속도로 잇달아 무슬림 정복자들에게 넘어갔다. 우마르 같은 지도자들의 지혜와 인내심에도 불구하고 교회는 힘을 잃고 약해져 갔다. 대부분의 사람들은 무슬림 정복자들을 해방자로 반겼다. 비잔틴이 부과하던 세금과 종교-정치적인 지배로부터 자신들을 구했기 때문이었다. 예전 비잔틴시대에 박해 받던 유대인들도 회당을 세우거나 회당에서 모이는 것이 허용되었듯이 그리스도인들도 7, 8세기에는 무슬림 지배 하에서 교회에 다닐 수 있었다.[13] 뒤이은 무슬림 지배자들은 점차로 그리스도인들을 2급 시민격인 '딤마' dhimma로 제한하기 시작했고, '밀레트' ■라는 종교 공동체로 그들을 분리하였다. 중동에서 그리스도인의 영혼을 서서히 조여 왔던 딤마제도에 대해 전 유엔주재 레바논 대사 C. H. 말릭은 이렇게 설명한다.

■ millet, 오스만 투르크 제국이 인정한 자국내 비이슬람교도의 종교자치체.

오스만 투르크 하에서 정교는 무슬림의 딤마제도에 속하게 되었다. 이는 무슬림과 비무슬림 국민 간에 차별을 둔 제도였다. 전자는 이슬람의 움마Umma—민족이라는 뜻—를 구성하며 특권을 누렸지만 딤마에 속했던 후자는 그렇지 못했다. 그들은 2급 시민으로 분류되었다. 그리스도인들은 딤마로서 자신들만의 종교·사회정치적 지위를 가졌으며, 그 안에서 자기 종교를 "자유롭게" 예배할 수도 있었지만 무슬림들에게 기독교에 관해 대화를 청하거나 나눌 수는 없었다. 그들은 군인이나 정부 고위직도 될 수 없었고, 남자들은 무슬림 여성과 결혼할 수 없었으며 무슬림 통치자에게 특별세금을 바쳐야 했다. 그리스도인으로 살려면 이 제도를 받아들여야만 했다. 이 시기를 거치면서 기독교가 우세했던 근동에 이슬람이 우세하게 된 것은 그 때문이다.[14]

691년 무슬림 칼리프 압둘 말릭Abd-al-Malik이 바위사원과 알 아크사 모스크al-Aksa Mosque를 건설하면서 예루살렘의 풍경이 바뀌었다. 이 건축물들은 성묘교회와 맞섰을 뿐 아니라 무슬림의 메카순례 하지Hajj와도 경쟁했다.[15] 코란Quran에 인용된 이 구절에 대한 전통적인 해석 때문에 무슬림들은 더욱 열정적으로 성전산Temple Mount에 위치한 이 장소들에 헌신했다. 거기에는 이렇게 적혀 있다. "거룩한 사원에서 먼 곳의 사원까지, 당신의 종을 밤에 여행하도록 하신 분께 영광이 있을지어다!"[16] "밤 여행" 편에서 무슬림들은 메카에서 예루살렘 통곡의 벽까지 바룩(여인의 얼굴을 한 반半노새)을 타고 온 무함마드가 거기서 일곱째 하늘로 '올라갔다'고 믿는다. 겨우 두 번째 하늘에 계시는 예수님을 지나서 말이다! 무슬림 해설가들은 아직도 이것이 꿈인지 실제인지를 놓고 격론을 벌이지만 "밤 여행과 승천"은 무슬림들이 오늘날까지 예루살렘 성전산에 있는 옛 유대 성지와 관련해 자기 권리를 주장하는 근거가 된다.[17]

아랍어는 서서히 그리스어를 대신해서 상용어가 되었다. 영적으로는 교회의 전도가 제한되었으며 대개의 경우 특정 그리스도인과 무슬림 지도자 간의 신학적 논쟁만 가능했다. 그러다가 이집트의 시아파 파티마 왕조 통치자, 소위 "미친 칼리프"로 알려진 아부 알리 만수르 알하킴Abu Ali Mansur al-Hakim, 996-1021이 그리스도인 총리 이븐 압눈Ibn Abnun이 서명한, 성묘교회를 파괴하라는 칙령을 공표하면서 큰 일이 터졌다. 1009년에 병사 하나가 성묘교회에 있던 그리스도의 묘를 말 그대로 기초까지 끌로 깎아버렸다. 이 치명적인 타격은 경쟁하듯 이어진 무슬림 군대의 거룩한 땅 침략 및 성지 순례자들에 대한 공격과 함께 필연적으로 십자군 전쟁을 야기했다.[18]

## 십자군

많은 사람들은 1095년에 교황 우르바누스 2세가 유럽의 신실한 신자들에게 이렇게 요청한 동기가 무엇인지 묻는다. "성묘聖墓를 향한 길에 동참하라. 사악한 인종에게서 되찾아 복종시키라."[19] 대부분은 십자군의 부정적인 측면과 그들이 그 땅의 무슬림과 유대인들에게 지금껏 남겨 놓은 쓰라림을 강조한다. 그렇지만 한 해설가는 "십자군은 거룩한 전쟁으로 잃어버렸던 것을 거룩한 전쟁으로 되찾으려는 시도였다"고 균형감 있게 지적했다.[20] 1099년 6월 7일에 예루살렘을 점령한 4만의 십자군은 인종과 종교, 남녀노소를 가리지 않고 닥치는 대로 살육을 자행했다. "모든 거리와 광장마다 머리, 손, 발이 쌓여 있었다."[21] 종교라는 이름으로 자행된 그런 무시무시한 소행 때문에 오늘날 무슬림과 유대인들은 십자군을 매우 부정적으로 보고 있다. 십자군이 유럽을 거쳐 중동으로 진격할 때 종종 그리스 정교 교인들과 유대인들도 함께 학살되었다.

십자군이 교회개척에 기여한 긍정적인 면을 찾기는 어렵지만 두 가지는 예외다. 아시시의 성 프란시스는 이슬람을 공부하고 1219년에 무슬림에게 복음을 전하기 위해 이집트의 술탄 군대에 용감하게 나갔다. 그 후 몽상가이며 학자인 레이먼드 룰Raymond Lull이 1316년에 튀니지 부지Boujie에서 무슬림들에게 선교하다 순교했다.[22] 그럼에도 불구하고 이들은 기독교화된 이교도 십자군들이 저지른 행실에 대한 기억을 별로 지우지 못했으며, 그들의 악한 행위는 선한 얘기들보다 더 컸다.

일반적으로 무슬림들과 오늘날 거룩한 땅의 기독교인들에게 십자군 때의 진짜 영웅은 아크르Acre에 자신의 왕국을 세운 사자왕 리처드가 아니다. 1187년 7월 갈릴리호수 북서쪽 해안 하틴의 뿔Horn of Hattin에서 벌어진 결정적인 전투에서 십자군에 승리한 쿠르드족 무슬림 지휘관 살라흐 알딘 유시프 이븐 알 아유브Salah al-Din Yusif al-Ayubi가 기사도와 명예에서 더 앞섰다. 그는 전투가 끝난 후 십자군 포로들을 놓아 준 반면에, 후일 아크르를 포위한 십자군 지휘관 사자왕 리처드는 요구한 몸값을 지불하지 못한 2700명의 무슬림 포로들을 살해했다![23] 기독교적인 자비는 온데간데 없다!

아이러니하게도 리처드와 살라딘은 가장 이상한 방법으로 화평을 맺었다. 리처드는 여동생을 살라딘의 사촌과 결혼시켰고 예루살렘을 그 신혼부부에게 결혼선물로 주었다! 리처드는 평화를 보장하기 위해 1192년 5월 29일 종려주일에 살라흐 알딘의 조카에게 기사 작위를 수여했다.[24]

백 년 간의 십자군 통치는 이집트 맘루크 노예왕조*의 지도자인 바이바르스Baybars의 손에 끝났다. 그는 1263년에 나사렛에 있는 거대한 교회를 파괴하고 1291년에는 아크르에 있는 템플기사단을 학살했다. 거룩한 땅은 결과적으로 "술탄" 또는 "칼리프"가 다스리는 오스만 투르크의 지배 하에 넘어갔다. 오스만 투르크의 수도는 예전 비잔틴 시대에 콘스탄티노플로 명성을 떨쳤던 이스탄불이었다.

히티Hitti는 "십자군이 남긴 무슬림과 그리스도인들 사이의 악감정은 한번도 잊혀진 적이 없다"고 말한다.[25] 거룩한 땅의 교회개척을 위해 수고하는 사람들을 보면 계속 십자군이 연상되는 듯하다. 폐허가 된 성들이 지중해를 따라 늘어선 산 중에 흩어져 있으며 지금도 파란 눈을 가진 금발의 아이들이 무슬림 마을의 거리에서 놀고 있다. 십자군은 "동방 풍경에 장대한 건축물의 기둥들을 남겼지만 동방 사람들의 영혼은 시들었다"고 케니스 크래그는 말했다.[26] 이것은 예수님이

---

* '맘루크'란 주로 백인노예를 뜻하는 아랍어로, 왕조를 창건한 아이베크가 노예용병 출신인데서 생긴 명칭.

가르치신 "칼을 쓰는 사람은 모두 칼로 망한다"는 교훈이다.[27] 잘못된 방법과 의심스런 동기들은 삶의 다른 영역에서와 마찬가지로 교회개척에도 실패를 가져온다. 십자군의 깊은 상처 위에 사탄이 영적인 견고한 진을 세웠음을 깨달은 복음적인 그리스도인들은 십자군의 걸음을 '되밟기' 시작하는 중이다. 그들은 주님의 용서를 구하기 위해 유대인, 그리스 정교 그리스도인, 무슬림을 대상으로 잔혹행위가 행해진 수많은 곳에 가서 모임을 갖는다. 그러한 회개 운동을 통해 거룩한 땅의 상처가 치유되고 마음을 열어 복음을 받아들이는 21세기가 되기를 기대한다.

### 18-19세기 선교운동

이집트를 침공했던 나폴레옹이 1799년 아크르에서 영국 함대에 패하면서 서방세계의 관심은 다시 거룩한 땅에 집중되었다. 영국 기독교인들은 유대민족의 거룩한 땅 회복에 관해 숙고하기 시작했다. 랍비의 아들인 조셉 프레이는 1798년에 예수님을 믿게 되었고, 유대인들에게 기독교를 알리기 위해 1809년 5월에 런던유대인협회를 구성했다. 협회는 1822년에 개종한 독일 유대인 청년 조셉 울프를 예루살렘으로 보냈다. 울프보다 앞서 리바이 파슨스가 1821년에 미국 해외선교위원회의 후원 아래 예루살렘에서 일하고 있었다. 파슨스는 그리스 정교 교인들에게 사역하다가 1822년 2월 10일 알렉산드리아에서 서른의 나이로 죽었다. 예루살렘 방문 때 울프와 함께 했던 플리니 피스크는 1825년 10월 29일 베이루트에서 고열로 사망했다. 파슨스와 피스크의 극적인 이야기가 엘리 미츠라치가 쓴 『문들 안의 두 미국인』Two Americans Within the Gates에 있다.[28]

울프와 그 뒤를 이은 사람들은 전통교회의 반대를 극복하면서 오스만 정부 하에서 개신교의 권리를 보호하는 유일한 길은 예루살렘에 영국 영사관을 설립하는 것이라고 했다. 1826년에는 런던유대인협회에서 훈련받은 덴마크 출신 선교사 존 니콜라이슨이 독일어권 유대인들에게 사역하기 위해 예루살렘에 왔다. 많은 어려움 끝에 그는 1838년에 다윗의 탑David's Tower 앞에 교회 부지를 매입하는 데 성공했다. 1838/9년에 영국은 유럽 최초로 예루살렘에 영사관을 열었는데, 그곳은 런던유대인협회가 소유한 교회 부지였다.[29]

프러시아왕 프레드릭 윌리엄 4세(카이저 빌헬름)는 거룩한 땅 내의 프로테스탄트 동맹을 구상했다. 투르크 제국 내에서 개신교도들이 인정을 받고 권리를 얻어내기 위함이었다. 이것은 예루살렘에 프로테스탄트 주교의 교구를 세우려는 영국인 백작British Earl of Shaftesbury의 소원과 통했다. 협상을 통해 1841년 11월 11일 람베스궁■에서 첫 예루살렘 프로테스탄트 주교인 마이클 솔로몬 알렉산더의 임명식이 있었다. 영국 런던유대인협회 사역자들에게서 배운 독일 혈통의 젊은 랍비 알렉산더는 1825년에 그리스도를 영접했다.[30] 그는 사도시대 야고보 이후, 교회 내에서 첫 번째 유대인 주교가 된 셈이다. 그는 1842년 1월 28일 그리스도 교회Christ Church 건축에 첫 돌을 놓을 때를 맞

■ 성공회 수장인 캔터베리 대주교의 런던 소재 공관.

춰 예루살렘에 도착했다. 여러 차례 연기되고 물러섰다가 마침내 교회는 알렉산더가 죽은 후에야 완성되었다.[31] 라일 반데르 베르프Lyle Vander Werff는 그의 사역과 어려움에 대해 이렇게 기록하고 있다.

> 유대교 출신 개종자이자 런던 킹스칼리지 히브리어 교수인 첫 번째 주교 마이클 솔로몬 알렉산더(1841-1845)를 거룩한 땅으로 데려가기 위해 왕실 해군에서 선박을 보내왔다. 도착하고 나서야 그는 자신이 현지 정부가 알지도 못하고, 자신을 임명했던 정부로부터 보호도 받지 못하는 소수 유대인 개종자들의 주교라는 사실을 알게 되었다. 그는 곧 영사와 부딪혔고 교회 고위지도자들의 공격을 받았으며(실패한 실험이라고) 영국 의회에서 논란거리가 되었고(1843) 투르크와 현지 정부 때문에 좌절하기도 했다. 약이 오른 그는 외교관 로즈(베이루트)와 캐닝(콘스탄티노플)에게 도움을 청하여 "가서 영국을 깨우라"고 구슬렸다(1843). 그는 개종을 두려워하는 동방교회뿐 아니라 그의 성공회 통치권으로부터 독립을 지키려는 루터파 및 성공회 사제들의 차가운 태도에 줄곧 맞닥뜨리게 되었다. 이 모든 당혹스런 방해물들은 그가 45세의 젊은 나이로 죽는 데 영향을 미쳤음이 분명하다(1845년 사망).[32]

이전 시대의 덕망 높은 개척 선교사 헨리 마틴Henry Martyn처럼 알렉산더 주교는 절실했던 휴가를 가다 이집트 사막에서 돌연히 죽었다. 그래서 그는 1849년 1월 21일 그리스도 교회의 봉헌식에 참석하

지 못했다.[33]

프러시아왕은 알렉산더의 후임으로 교회선교회Church Missionary Society, CMS에서 사역하던 독일어권 스위스 태생의 성공회 사제 사무엘 고바Samuel Gobat를 임명했다. 교육자였던 고바는 교회학교를 통해 복음이 거룩한 땅 모든 사람들에게 전파되기를 갈망했다. 그는 나블루스, 나사렛, 욥바Jaffa, 람리Ramle, 베들레헴과 라말라Ramallah에 교회학교를 열었다. 처음에는 유대인들에게 사역했으나 곳곳에서 성경의 가르침에 응하기 시작한 아랍인들에게 재빨리 관심을 돌렸다. 그러다가 정교 신자들이 성공회에 자신들을 받아달라고 요구하는 사태가 발생했다. 대부분은 신자가 되었고 정교회에서 쫓겨났다. 세례/침례 요청이 많아지면서 그는 교회를 열었다. 그가 죽을 무렵인 1879년에는 그리스 정교, 유대교, 사마리아와 무슬림 출신 교인들이 교회에 있었다. 예루살렘의 성바울교회 말고도 나블루스, 사해, 나사렛, 욥바에 회중▪이 만들어졌다.

1879년에 고바가 죽고 조셉 버클리가 그 뒤를 이었으나 그도 겨우 2년 남짓 더 살았다. 성공회-프러시아동맹은 독일이 더 이상 켄터베리 대주교의 거부권에 복종하지 않으면서 1886-87년에 깨어졌다. 또한 성공회 고위층 내에서는 고바의 강력한 복음주의 정신에 대한 반대가 있었다. 그들은 거룩한 땅 내의 그리스 정교 지도부들과 생각을 같이 하며 개종을 반대했다.[34]

---

▪ 유대인들의 교회를 일컬음.

이러한 미묘한 상황 속에 정치가 조지 프란시스 폽햄 빌드George Francis Popham Blyth가 발을 내디뎠다. 그는 1887년부터 1914년까지 섬겼다. 그는 성묘교회에서 예배드리도록 허락을 구함으로써 그리스 정교 사제들의 감정을 달래려고 했다. 동시에 예전 동맹에서 나온 타협안에 복종하지 않은 교회를 찾기 위한 절차를 밟았다. 그는 1892년에 나블루스 거리에 성조지성당St. Geroge's Cathedral의 건축을 시작했다. 그 교회는 1898년에 완성되었으며 아랍인들을 대상으로 했다.[35]

이 세기에 보여준 영국 국교도의 용감한 노력에 감탄할 수밖에 없다. 이 땅에 수많은 학교, 교회, 서점, 병원들이 문을 열었다. 이들의 노력은 성과를 거두었다. 거룩한 땅 내 성공회 신도들은 1879년에서 1910년 사이에 두 배로 늘어 모두 합해 2,323명에 달했다.[36] 오늘날에는 시설에 막대한 돈과 인원을 쏟아 붓는 그 정책을 더 이상 채택하거나 감당하기 힘들지만, 그들은 바위투성이 척박한 토양에 교회의 기초를 놓았으며 그 교회는 아랍인, 유대인, 외국인 방식으로 여전히 그곳에 살아 있다.

루터파들은 1860년에는 베들레헴에, 1879년에는 벳 얄라Bet Jala에 회중을 세웠으며, 성공회-루터파 동맹이 깨진 후에 벳 사우르Bet Sahur에 교구를 세웠다. 황제 윌리엄 2세는 개인 성지순례를 하고 종교개혁축일에 구세주 루터 교회를 낙성했다. 그들은 성묘교회 바로 건너편, 투르크 술탄이 프러시아 왕에게 선물한 땅에 교회를 세웠다. 부인 아우구스타 빅토리아가 그와 동행했는데 그 영향으로 감람산에 아우구스타 빅토리아 병원이 세워졌다. 이것은 1910년에 완성되었다.[37]

이 시기 이후 예루살렘과 많은 개신교 선교단체의 상세한 역사는 버사 스패포드 베스터가 쓴 책 『우리들의 예루살렘』Our Jerusalem[38]에 기록되어 있다. 그녀의 아버지 호레이쇼 스패포드는 시카고의 드와이트 L. 무디의 친구였으며, 라 아브르호의 침몰로 두 딸을 잃은 후에 찬송가 "내 평생에 가는 길"을 썼다. 스패포드의 지치지 않는 박애에 찬 노력과 그의 헌신된 가족, 동료들 덕분에 예루살렘 구시가지에 스패포드 어린이 병원이 설립되었다.

19세기 거룩한 땅의 프로테스탄트 활동은 부수적으로 로마 가톨릭 사역이 부흥되는 결과를 가져왔다. 중동식으로 말하자면 "라틴"교회는 12, 13세기에 십자군과 함께 쫓겨났다. 가톨릭은 고바가 예루살렘에 도착한 다음 해인 1847년에 라틴 총대주교 관구를 다시 세웠다.[39] 프란체스코회는 1876년에 이 땅 전역에 50여 개 지회를 세웠으며, 총대주교 직속으로 다른 수십 개가 또 있었다. 아랍 가톨릭은 1840년 4,000명에서 1878년에는 12,000명으로 증가했는데, 많은 개신교인들이 그런 것처럼 그리스 정교 출신이 많았다.[40] 그들이 숫자적으로 더 많은 것은 아마도 그리스 정교 전통교회에서 가톨릭교회로 가는 것이 개신교로 가는 것보다 어려움이 훨씬 적은 이유 때문일 것이다.

그러나 이 시기에 개신교와 가톨릭이 단순히 경쟁자였던 것만은 아니었다. 러시아는 오랫동안 오스만 제국 내 그리스도인들의 보호자 역할을 자처해 왔다. 그들은 특히 영적으로 친척인 중동의 정교에 깊은 관심을 가졌다. 그들은 종종 교회를 대신해 오스만 정부와 협의했다. 그들의 보호는 1859년에 콘스탄티누스 대공에 의해 예루살렘에 성삼위일체 러시아 교회Russian Church of the Holy Trinity의 초석이 놓이면서 열매를 맺었다. 그는 다른 두 왕자와 함께 1881년에 거룩한 도시로 성지순례를 했고 그리스 정교 총대주교와 사제들은 그를 따뜻하게 맞았다. 그들은 1882년에 러시아로 돌아가면서 기초교육과 무상의료서비스를 장려하기 위한 목적으로 나사렛에 본부를 둔 성시회聖市會, Holy City Society를 설립했다.[41] 베이루트 대학교의 철학교수인 C.H. 말릭은 이렇게 주장한다. "러시아 정교회가 없었더라면 중동의 정교는 고아였을지 모른다. 서방의 교회들은 이국적인 것으로 이 땅에 왔다. 그들은 바꾸고 개종시키려 했다. 러시아 정교는 뼈 중의 뼈요 살 중의 살로 왔다."[42]

러시아인이 교육에 기여한 증거는 오늘날에도 러시아식 건물인 "모스코비아"Moscobiya의 형태로 거룩한 땅의 예루살렘, 나사렛 등에 여전히 남아 있다. 그리스 정교회의 초창기 지도자 세대는 러시아어를 사용했다. 나는 1980년대에 나사렛에서 러시아정교 총대주교 피멘Pimen의 거룩한 땅 방문을 환영하는 만찬에 초대되었던 것을 잊지 못할 것이다. 나는 그의 당당함과 식사 전후에 불려진 러시아 정교 찬양의 아름다운 하모니에 감동했다. 또한 러시아인 통역이 유창한 이집트식 아랍어를 하는 것도 주목할 만한 것이었다. 그것은 냉전 중의 러시아가 중동에 대해 정치적 관심과 함께 종교적인 관심도 가졌다는 의미였다.

## 20세기의 발전

20세기는 전쟁의 세기였지만 거룩한 땅 안의 교회개척 역사에서는 몇 번의 결정적인 진보가 있었다. 1차 세계대전으로 극심한 굶주림이 찾아왔으며, 2차 세계대전의 와중에 나사렛의 루드비히 쉬넬러Schneller 고아원과 갈멜산 갈멜선교의 집Carmel Mission's housing같은 독일의 재산이 몰수당했다. 러시아 혁명 후에는 러시아 정교의 재산도 몰수되었다. 예루살렘과 나사렛 현지에서 '모스코비아'라고 불리는 지금의 경찰서들은 예전 러시아정교 교회의 재산이다. 공산당은 러시아 정교가 떠나며 생긴 진공상태에 쉽게 들어왔고, 이것은 아랍 사람들에게 서방에 대한 부정적인 영향을 미쳤다.

침례교는 사파드 출신 예전 장로교인 슈크리 무사 비쉬티Shukry Musa Bishuti를 통해 혼란한 세기에 거룩한 땅에 들어왔다. 그는 1909년 미국 텍사스 달라스의 제일침례교회First Baptist Church에서 조지 W. 트루엣의 영향으로 침례교인이 되었다. 그는 남부 일리노이 침례교의 후원을 받아 1911년에 사파드로 돌아왔다. 레믄계곡Valley of Lemun을 흐르는 개울에서 첫 번째 개종자에게 세례/침례를 주었다. 1년 후에 나사렛으로 옮긴 그는 마리아의 우물Mary's Well 근처에 있는 자기 집에서 성경을 가르쳤다. 그는 그리스 정교 공동체 출신 신자들과 모임을 시작했다. 일리노이 침례교는 1923년 J. 워시 와츠와 F.B. 퍼슨스가 남침례교 첫 대표로 이 땅에 도착할 때까지 이 사역을 후원했다. 트루엣 박사와 스카보로프 박사 일행은 1925년에 나사렛을 방문한 후, 매우 감동을 받았다. 미국에 돌아간 스카보로프 박사에게 영향을 받은 아칸소주 텍사카나의 조지 W. 버틈스 부부는 나사렛 마리아의 우물에 교회를 짓는 데 1만 달러를 기부했고, 교회는 1928년에 완공되었다. 2년 후에 무사 목사가 죽자 신도들은 그를 새로 봉헌된 교회 건물 아래 묻었다. 목사의 조카이자 첫 신도인 루이 한나 목사가 미국의 대학과 신학교에서 돌아와서 새로운 목사가 되었다.

그러다 침례교 어린이들이 그리스 정교 공동체에게 어려움을 당하게 되자 결국 신자들 자녀를 위한 학교가 필요해졌다. 그래서 미국 남침례회는 1930년대에 나사렛에 학교를 세웠고 이 사역을 돕기 위해 로스웰 오웬과 레오 에들먼 부부를 침례교 대표로 임명했다. 레오 에들먼은 3년도 채 못 되어 아랍어를 완전히 습득한 후 아랍어로 설교하면서 교회개척의 살아 있는 전설이 되었다! 그는 이것이 1936-39년 팔레스타인 폭동이 일어났을 때, 야간 통행금지 시간에 열심히 공부한 덕분이라고 했다.[43]

남침례회는 1933년에 예루살렘 도심 외곽의 나르키스 거리에 작은 예배당을 세웠다. 근처에는 가톨릭 시설이 있었으며 나중에 유대인 이웃들이 그 지역으로 옮겨왔다. 초기부터 유대인들, 각국 외국인들, 소수 아랍인들이 함께 예배에 참석했다.

다른 복음전도 사역들처럼 침례교 사역도 2차대전 중에 외교 대표부들이 피난을 가면서 고생이 이만저만이 아니었다. 거룩한 땅은 북아프리카에서 전투 중인 군대를 위한 다리가 되었다. 남침례회는 전쟁 말기인 1944년에 교회와 나사렛에 새로 지은 조지 W. 트루엣 어린이 집을 돕기 위해 케이트 엘렌 그루버를 임명했다. 메이블 서머스와 애나 코완이 1947년에 그녀와 합류했다. 그들은 가정집에서 사역하면서 나사렛 초등학교를 다시 열었다. 그들은 이스라엘이 독립국임을 선언했던 1948년 독립전쟁 투쟁을 함께 견뎠다. 그들은 전쟁 중에 부모가 죽거나 실종된 아이들 19명을 보호했다. 여인들은 나사렛과 주변 마을을 향한 복음 사역을 계속하면서 고아원도 열었다.

전쟁의 종식과 이스라엘 정부의 탄생은 거룩한 땅에 새로운 시대가 열렸음을 알리는 신호였다. 남침례교는 사역을 일으키기 위해 로버트 L. 린제이, 드와이트 L. 베이커, B. 엘모 스코긴스 부부를 대표로 보냈다. 스코긴스 박사는 예루살렘과 나사렛에 살면서 유창한 히브리어와 아랍어도 조금 배웠고 나중에 조지 트루엣의 어린이집 아이 하나를 입양했다.

베이커 박사가 1948년에 나사렛 침례교회에 갔을 때 남은 이들은 전쟁 중에 피난가지 못한 노인들 다섯 명뿐이었다. 그는 교회와 인근 마을을 대상으로 한 사역을 발전시켜 나갔다. 푸아드 사크니니Fuad Sakhnini는 미국과 스위스에서 공부한 후에 나사렛 교회 목사직에 취임했다. 베이커 박사는 하이파로 옮겼고 1965년에 그리스도인 훈련센터Christian Service Training Center를 세웠다. 그는 또한 아크르에 있는 알자짜르 모스크al-Jazzar Mosque 소유 건물에 서점을 열었다. 베이커의 쉼 없는 노력은 그가 훈련시킨 아랍인 지도자들과 함께 갈릴리 지역 내 많은 침례교 사역의 기초를 놓았다. 짐 스미스와 베티 스미스는 나사렛 침례교 학교 사역을 계속하면서 마을로 전도를 다녔고, 1966년에 데일과 아니타 소온 부부 및 레이와 로즈 레지스터 부부가 뒤를 이었다. 스미스 부부는 1967년에 아쉬켈론Ashkelon으로 옮겨 가정 사역을 시작하고 가자Gaza 침례교 병원과 교회를 도왔다.

헨리 헤그우드가 1946년 1월에 나사렛에서 척추뇌막염으로 사망하면서 침례교는 대표를 비극적인 죽음으로 잃게 되었다. 미망인 줄리아는 나중에 예루살렘에서 자신에게 아랍어를 배웠던 스코틀랜드인 침례교인 핀래이 그라함과 결혼했다. 후에 그들은 중동과 레바논 사람들을 위한 고귀한 일을 위해 베이루트로 옮겼다. 언덕 중턱의 스코틀랜드 교회 묘지Church of Scotland Cemetery에서 갈릴리호수를 내려다보는 헨리 헤그우드의 묘를 지날 때마다 어쩌면 내가 치러야 할지도 모를 희생이 떠오른다. 또한 폴 로워든의 성결한 삶은 인생의 결국에 대해 생각나게 한다. 그는 1952년 초부터 1959년까지 나사렛과 하이파에서 부인 마조리와 함께 사역했다. 폴은 1959년 10월 3일 암으로 죽었는데, 드롭시 칼리지Dropsie College에서 "중동 아랍지역에서의 미국 개신교의 한 세기"로 박사학위를 마치고 난 지 얼마가 지난 후였다. 나사렛 침례교 초등학교 이름은 그의 이름을 따서 지었다. 현지인들은 아직도 "주님은 가장 좋은 분만 데려가신다!"고 말한다. 침례교는 그때 침례교 병원(지금은 알리병원Ahli Hospital)에 근무하던 간호사 마비스 페이트가 1972년 가자Gaza에서 비극적인 저격을 당하면서 세 번째로 대표를 잃었다. 『흰 옷을 입고』Clothed in White라는 책과 함께 그녀가 병실 간호사로 훈련시킨 많은 학생들이 그녀의 삶을 기리고 있다.[44] 위에 적은 분들을 생각할 때면 교회개척에는 절대적인 희생이 필요하다는 진리가 가슴아프게 전해져온다.

고아원은 1955년에 나사렛에서 유대인 도시 페타크 티크바Petach Tikvah 외곽 농장으로 옮겼다. 밀턴 머피와 부인 마사는 자기 아이 다섯과 트루엣의 집 열아홉 아이들의 부모가 되었다. 이 고아원은 고아들이 자라고 떠나면서 "침례교 마을"로 알려지게 되었다. 이곳은 소년 공업학교였다가 이 나라 복음 공동체의 많은 사람들이 숙소와 회의장으로 이용하게 되었다. 그리고 1965년에 침례교 마을에서 이스라엘 침례교 연합회가 조직되었다. 침례교 마을 외국인 회중은 그곳에서 모인다.

로버트 L. 린제이 박사(1995년 사망)는 2차대전이 끝난 후인 1945년 11월에 거룩한 땅으로 돌아왔으며, 1962년에 겨우 열여덟 명으로 '서예루살렘 침례교 회중'을 다시 시작했다. 그 모임은 1970년대에 참석자가 수백 명까지 늘어났다. 1982년에는 사람들로 가득 찬 예배당에 방화가 일어나서 전소되었기에, 린제이는 뒤편 주차장에 임시 천막을 쳤는데 참석자가 세배로 늘었다! 300명을 수용할 수 있는 새로운 예배처를 위해 침례교와 전 세계 지지자들로부터 180만 달러가 모였다. 당국은 1996년 7월에 합법적인 허가를 내주었다. 린제이는 1961년 조지 트루엣의 집 아이들을 요르단에서 데려오려고 시도하다가 예루살렘 광산에서 한쪽 다리를 잃으며 이 땅의 살아 있는 전설이 되었다. 그는 나중에 자신의 번역 프로젝트와 히브리대학교 데이빗 플러써David Flusser 박사와의 공동연구로 신약성서 주석학자가 되었다.

린제이는 또한 텔아비브에서 '두기트'Dugit라는 서점 사역도 시작했다. 히브리어로 '작은 배'를 뜻하는 두기트는 믿음의 배를 상징한다. 첫 번째 건물은 지역 당국에 의해 파괴되었으나, 디증오프서클[■] 근처 피쉬맨 거리의 두 번째 건물은 챈들러 래니어의 지도 아래 수준 있는 갤러리로 만들어졌다. 래니어가 은퇴하면서 두기트는 현지의 유대 그리스도인 공동체의 재정 지원을 받고 있다. 예루살렘 내 예수님을 믿는 유대 그리스도인들의 모임 장소인 그곳은 성서공회 서점 말고는 텔아비브 내의 유일한 기독교 시설이다.

1965년에 이 지역 침례교인들의 수는 약 120명으로 그 중 3분의 1은 외국인 근로자였다. 1995년에는 그 숫자가 16개 교회와 7개 센터로 약 1100명이 넘게 성장했다. 나사렛 침례교 학교에는 학생들이 1천 명 넘게 등록되어 있으며, 아랍인 지역 내에서는 최고 교육기관이다. 예전 그리스도인 훈련센터였던 신학교는 분산된 신학 교육을 실시하여 4곳에서 25명을 훈련시켰다. 현재 침례교 연합회와 학교는 선진 보조금 제도와 부동산 임대기금으로 자립했으며, 거의 모든 것을 현지인들이 자체적으로 이끌어간다. 1960-90년까지 약 30년간 남침례회는 20쌍이 넘는 전문직 부부를 이스라엘 대표로 보냈다. 점차 늘어가는 헌신된 현지인 신자들에게는 물론 거룩한 땅의 교회와 시설 발전에도 이들은 영향을 미쳤다.

이 나라의 다른 복음적인 집단들도 많은 투쟁을 거쳐 비슷한 성장을 보였다. 아랍 성공회교회Arab Episcopal Church는 1973년에 독립적인 CMJChrist Church Ministries Jerusalem가 되었고, 계속해서 여러 교회를 위

[■] Dizengoff Circle. 텔아비브 번화가에 있는 현대식 쇼핑센터.

해 젊은 목사를 많이 길러냈다. 영국 국교회의 ITACIsrael Trust of the Anglican Church는 유대인들을 향해 국교회가 진행하던 사역을 계속했으며, 텔아비브 욥바의 임마누엘 집과 예루살렘 구시가지 욥바문에 있는 그리스도 교회에 소속된 활발한 유대인 그리스도인 회중들도 함께 했다. 아랍 지역 루터교는 '인티파다'*와 그 결과로 인한 어려운 난관을 뚫고 사역을 계속했다.[45] 유대인 구역 내 스칸디나비아 동역자는 유대인 그리스도인 지도자 양성을 위해 카스파리센터Caspari Center를 세우고 유대인 신자Jewish believer의 자녀들을 위한 학교를 시작했다. C&MAChristian Missionary Alliance은 브엘세바와 예루살렘과 서안지역에서 장기 사역을 계속한다. 캐나다의 오순절파 교회들은 서예루살렘에 있는 YMCA에서 활발한 예배 사역을 인도하며, 예루살렘과 욥바에 위치한 유대인 신자를 위한 왕의왕 대학King of Kings College을 후원했다. 이 대학은 현재는 이스라엘 성경 대학이 되었다. 하나님의성회는 교회를 개척할 아랍인 목회자들을 전국에 보내기 위해 하이파에서 훈련센터를 운영한다. 플리머스 형제단**과 그리스도의 교회***가 가정 모임을 통해 빠르게 확장하고 있다. 유대인 그리스도인 교회와 러시아어 교회가 전국에서 싹트고 있다. 2000년 현재 이 나라에는 대략 125개 유대인 그리스도인 가정교회와 교회, 70개 아랍인 교회와 가정교회가 있다. 또한 무슬림들이 복음에 반응하기 시작하며, 한

---

* intifadha. 무장봉기.

** Plymouth Brethren. 1831년 영국 플리머스에서 조직된 기독교 공동체.

*** Churches of Christ. 19세기 초 미국에서 생겨난 신앙부흥운동에 뿌리를 둔 개신교 교파.

세기 만에 처음으로 현지 회중들과 연합하고 있다.

티베랴의 세반토Sevanto 가족은 수년 동안 전국 및 전 세계 교회와 센터에 아랍어와 히브리어 성경을 무상으로 공급했다. 감람산 성경센터는 신문 광고를 통해 수천의 아랍인 가정에 성경을 보냈다. 성서공회에 의해 이제까지 각국 언어로 수천 권이 팔렸다. 거센 영적 반대에도 불구하고 복된 소식은 지구를 돌아서 "백투예루살렘" 즉 "예루살렘으로 복귀" 했다.

2장에서는 오늘날 거룩한 땅에 그리스도의 복음을 함께 나누기 위해 하나님의 부르심을 받아들인 복음적인 그리스도인과 교회개척 사역자들이 맞닥뜨린 도전을 탐험할 것이다. 이 어려움들을 극복하고 교회개척 운동을 통해 하나님의 왕국을 앞당길 수 있도록 당신을 주님께 내어드릴 수 있겠는가? 이를 알면 미리 대비할 수 있다.

2장

# 교회개척 운동이 직면한 도전들

이곳에서 직면하는 복합적인 힘과 태도들로 인해 교회개척자church planter들은 도전 받고 있다. 삽이나 쟁기를 내려놓았던 곳이나 바위를 발로 툭툭 건드렸던 데마다 백 년이나 심지어는 3천 년도 더 된 유물이 발견될지도 모르는 곳이 이곳 거룩한 땅이다. 이교도사원이나 "성인" 무덤 잔해에는 어떤 영적 존재를 느낄 수도 있다. 이곳에서 과거와 현재를 분리하려는 시도는 쓸데없는 모험이다. 이 땅에서 당신이 만나는 사람들은 과거에 묶여 있다. 특별히 하나님과의 관계에 대해 그들이 받아들이기 힘든 새로운 생각들을 전하려고 거룩한 땅에서 모험을 계획하고 있다면, 오히려 과거가 당신에게 최고의 안내자가 될 수도 있다. 과거는 사람들의 현재 위치와 태도를 이해하도록 도와준다.

복음을 직접 제시하며 즉각적인 반응을 얻어낼 수도 있다는 사실을 안다. 하나님의 말씀은 "살아 있고 힘이 있어서 어떤 양날 칼보다도 더 날카롭다"(히 4:12, 표준새번역).[1] 그렇지만 당신이 이 바위땅에서 예수님의 복음을 전하고 교회를 세우려 한다면 현지 반응이 만만치 않을지도 모른다. 이 반응들은 처음부터 편견과 문화 규범이라는 두 가지 유물의 영향을 받는다. 이런 것들은 당신을 힘들게 할 수도 있고, 유리하게 작용할 수도 있다. 수세기 동안 복음 전파에 대항하여 사탄이 만들어 놓은 강력한 진을 밝혀내는 영적 도해에 있어 이제부터 나누는 도전들이 도움이 될 것이다. 예수님은 "내가 땅에서 들리면 모든 사람을 내게로 이끌겠노라"고 말씀하셨다.[2] 하나님께서는 정보를 갖춘 당신의 지혜와 기도를 사용하셔서 사람들을 예수님께로 이끄실 것이다.

## 고대교회*

비잔틴으로 거슬러 올라가는 그리스 정교회는 스스로를 사도들의 계승자이자 그 땅의 교회로 여긴다. 수세기 동안 무슬림 통치 아래 '밀레트' 라는 종교공동체에서 피정복자 '딤미' 로 살아오면서 정교는 내부 지향적이 되었다. 그들의 전통은 성직자, 신성한 예배, 성소들 Holy Places로 두드러졌다. 이런 점들은 적대적인 환경 속에서도 자신을 지킬 수 있는 끈질긴 힘이 되었다. "정교"라는 말에는 그들만이 참

---

* 보통은 사도시대부터 서기 500년쯤까지의 교회를 말하나, 이 책에서는 전통교회와 비슷한 의미로 사용되고 있다.

기독 신앙을 믿고 실천한다는 생각이 들어있다. 이때 이스라엘 시민이 아닌 채로 거룩한 땅에 사는 사람들과 개인구원이나 만인 제사장 같은 가르침을 들고 오는 사람들은 이단으로 간주될 수 있다. 그들은 "현재 상태"—언약 공동체를 통한 구원이라는—에 대한 위협이자, 성사聖事를 통한 신성한 은혜의 중보자인 성직자에 대한 위협으로 간주된다.

19세기와 20세기 초반에 거룩한 땅에 왔던 복음주의자들은 기독교 교육과 의료사업을 통해 고대교회의 부흥을 기대했다. 곧 그들은 개인 구원을 통해 그리스도를 영접한 현지인들이 고대교회에서 금세 쫓겨나고 자녀들까지도 박해받는다는 걸 배웠다. 이것은 의심할 나위 없이 현지인 사제들의 무지에서 비롯되는데, 그중 상당수는 정식으로 교육받지 않았다. 고대교회의 아랍인 성직자들은 아직도 그리스나 이탈리아 지도자들에게 종속되어 있으며, 성직에 들어서기 전에 결혼하도록 권장된다. 그래서 그들은 주교 이상의 지위에 오르는 길이 막혀 있다.

복음주의자에 대한 거부감은 현지인 성직자들이 점점 교육을 받으면서 완화되기 시작했다. 복음주의 교회들과 학교들의 경쟁은 개혁을 촉진시켰다. 많은 정교 교회들은 이제 자신의 학교, 청소년 모임, 공동체 센터를 후원한다. 일부에서는 교리문답반을 포함한 주일학교를 운영한다.

모든 고대교회들의 현지 성직자들과 우호관계를 유지하는 것은 지극히 중요하다. 많은 경우에 긍정적인 반응이 나온다. 결혼식, 장례

식, 고대교회 축일에 참석하는 일은 지도부와 공동체에 대해 존경을 나타내는 것이다. 나는 종종 반감을 사기도 하는 논쟁적인 접근보다 이쪽을 더 좋아한다. 고대교회에 대한 종파를 초월한 접근법은 비호전적인 자세 덕분에 일부가 받아들이고 있으며, 어린이전도협회는 이 방법을 택하고 있다.

나는 많은 로마가톨릭 사제들 특히 프란체스코회와 살레시오회가 사역에 있어 대화와 협력에 열려 있음을 발견했다. 시온수녀회와 자비수녀회Sister of Charity 및 많은 수도회들은 특히 복음주의자들에게 호의적이다. 탄투르 범기독교주의 연구소Tantur Ecumenical Institute는 그리스도인, 유대인, 무슬림뿐 아니라 복음주의자와 가톨릭 공동체 사이에서 다리 역할을 한다. 더 많은 통찰력 있는 지도부들을 통해 그리스 정교 공동체가 복음주의 메시지에 더욱 문을 열게 될 날이 곧 오리라 믿는다. C.H. 말릭은 거룩한 땅 안의 복음주의자들에 대해 긍정적이고 솔직하게 논평한다.

> 선교사들은 서방 출신이 와야만 했다. 그들은 진지하고 헌신적이었다. 우리처럼 그들 역시 사람이다. 인간성 면에서 우리보다 나을지라도 그 척도만으로 그들을 판단하지 말자. 그들이 가진 부담감과 사명감으로 평가하자. 그들은 할 얘기가 참 많다. 모든 한계와 불확실함에도 불구하고 그들이 얘기하려던 것은 이것이었다. '전에 주 예수 그리스도를 먼저 알았던 사람들이 그분의 별을 따라 동쪽에서 왔었습니다. 그분이 출생하신 땅에 그분을 알리기 위해 이번에는 서쪽에서 오고 있죠. 그

들에게 나눠줄 마음의 선물을 품고서 말입니다.'

그들은 분투했고 고통도 받았다. 실수도 했고 섬기는 삶도 살았다. 지칠 때도 있었다. 그러나 그들은 선한 싸움을 싸웠다. 그들은 여기서 증거하다가 대부분은 여기서 죽었다. 모든 것을 보고 아시는 그분의 손에는 면류관이 예비되어 있다. 하나님은 그분의 사랑 안에서 사람들의 기대나 공적을 훨씬 초월하여 보상하신다. 그들은 학교와 병원을 세우고, 병자를 보살피고, 거칠고 무지한 사람들을 교육하고, 제대로 갖춘 어른으로 살도록 젊은이들을 교육시켰으며, 성경을 번역하고, 책을 출판하고, 복음을 전하고, 그들의 마음과 삶의 가장 깊은 생각들을 나누었다. 그들은 오래된 교회들에 도전을 주고 잠에서 깨어나게 했다. 만약 그들이 근동 영성의 상징으로 알려진 것들—마리아, 성사聖事, 성인, 성체聖體, 성상, 기도서, 성직자단, 십자가 상징, 성찬식, 금욕생활, 전통의 계승 등—에 대해 잘못 이해하고 있다면 그것은 그들의 한계다.[3]

오늘날 중동에서의 그리스 정교는 지난 한 세기 반 동안 미국과 유럽 개신교의 위대했던 선교운동과 분리해서 이해될 수 없다. 복음주의자들은 마리아 숭배에 대해 정교나 가톨릭교회와는 다른 입장을 취했다. 정교에서는 그녀가 "신의 어머니"이며, 가톨릭에서는 공동구속주로 여긴다. 기도할 때마다 그녀에게 호소한다. 이에 대해 복음주의자들은 오직 그리스도만이 주실 수 있는 구속과 중보사역을 훼손하는 것으로 본다. 가끔 나는 복음주의자와 전통적 그리스도인 모두에게 마리아와 예수님의 초상을 지적한다. 예수님은 마리아의 무릎에 앉아 있지 않고, 마치 구름 위에 떠 있는 듯 그녀 위에 계신다.

하나님의 성령께 완전히 복종하는 것이 마리아의 특별한 역할이었다. 그녀는 갈릴리 가나의 혼인잔치에서 아들 예수님에 대한 예언적인 말을 했다("너희에게 무슨 말씀을 하시든지 그대로 하라").[4] 말릭의 말은 거룩한 땅에서 고대교회들과 어떻게 관계를 맺어야 하는지에 대해 우리에게 도전을 준다. 그들과 의견이 다를 수밖에 없다면 "그들에게 도전하고 그들을 잠에서 깨울 수" 있도록 하자. 그리고 질식할 듯한 탄압 속에서도 동방 형태의 그리스도 신앙을 간직하는 사람들에 대해서는 한없이 겸손하도록 하자. 우리는 그들에게서 지난 시대에 교회개척 운동으로 이어졌던 인내와 신앙심을 배우게 될 것이다.

### 바리새 유대교

거룩한 땅에서 일하는 그리스도인 일꾼들에게는 또 다른 '문화충격'이 있다. 대다수 유대 사람들에게 바리새인은 선한 사람이라는 것이다! 서양 출신 그리스도인들은 바리새인이 예수님과 바울을 적대한 나쁜 사람들이라고 알며 자랐다. 바울 자신도 바리새인이었다! 1세기 바리새인 가말리엘은 예수님을 믿는 신자들을 변호함으로써 어쩌면 초기 기독교 운동이 파괴되는 것을 막기도 했다.[5] 신약에는 '악한' 바리새인뿐 아니라 '선한' 바리새인도 있다.

그리고 거룩한 땅에서는 역사 속 유대인과 그리스도인의 관계가 연구모임들뿐 아니라 일간지에도 자주 등장하는 중요한 화제임을 알면 또 한번 놀란다. 유대-그리스도인 간의 역사와 상호작용에 대해 유대 학자들은 수많은 시간을 연구했다. 부정할 수 없는 역사적 사실은 유대인과 그리스도인이 밀접하게 연관되어 있다는 점이다. 부분적으로는 고고학자들이 2세기 당시 회당과 교회와의 긴밀한 유사성을 비교하며 밝혀낸 결과다. 거룩한 땅의 그리스도인 사역자는 자기 신앙에 있는 유대적 뿌리를 배워야만 한다.

오늘날 거룩한 땅에 편견과 반反기독교 논쟁이 있음을 부정하지 않는다. 선교를 방해하는 무리들은 편견의 가마솥 아래서 계속 불을 지피고 있다. 그들은 기독교 사역자들과 교회개척자들을 힘들게 한다. 그럼에도 불구하고 메시아닉 유대인 신자들은 계속 늘어난다. 이스라엘 사회는 복음주의 그리스도인들의 실제 신앙과 삶에 대해 더 잘 알아가고, 비방자들의 입지는 점점 더 좁아진다.

나치의 유대인 대학살은 유대인들에게 씻을 수 없는 영향을 남겼다. 수백만의 유대인들과 2차대전 당시 나치에 반대한 수백만 명에 대한 고의적이고 계획적인 학살행위는 이스라엘의 유대인들에게는 언제까지나 무거운 상처로 남을 것이다. 이러한 대학살은 현대 이스라엘 정부 설립에 결정적인 요소로 작용했다. 나는 2차대전 중에 성장했으며 유럽에서 자행된 반反유대인 잔학행위를 알고 있었지만, 예루살렘 헤르츨산에 있는 대학살 기념관 '야드바쉠'Yad Vashem을 방문하고서 커다란 충격을 받았다. 이스라엘인 메시아닉 신자와 결혼해서 야드바쉠 계곡 건너편에 사는 내 딸네 집 발코니에서는 유대인을 유럽에서 죽음의 수용소로 나르던 철도차량이 보인다. 그 통절한 유품은 유대인들로 하여금 죽은 이들을 기리고 그들이 어떻게 죽었는지 잊지 않게 해준다. 또한 쫓기는 유대인들의 피난을 도왔던 의로운 이방인들을 기리기도 한다. 그러나 이제 삶은 계속 되어야 한다. 이제 그들에게 가장 중요한 것은 삶이며, 다른 대학살은 없을 것임을 확신하는 것이다. 목표는 죽음이 아니라 삶이다.

교회개척자들은 오늘날 이스라엘의 유대교가 모세와 선지자 시대와는 다르다는 것을 알아야 한다. 오히려 오늘날의 유대교는 랍비 유대교이며, 서기 70년 성전파괴 이후에 발전했다. 그리고 그 기원의 중심에는 바리새인들이 있었다. 많은 이들이 예수님을 반대했으며, 유대교 신앙이 두 갈래로 나눠짐에 따라 논쟁은 훨씬 더 가열되었다. 예수님의 메시아 되심에는 율법을 지키고 이방인을 포함시켜야 할지에 관한 논의가 포함된다. 바리새인들과는 반대로, 예수님은 하나님나라의 일원이 되는 것이 불문법不文法을 지키는 것보다 우선한다고 가르치셨다.

샌더스E. P. Sanders는 차이점을 설명한다. "예수님은 카리스마 넘치는 스승이자 치유자이셨지 법률 선생은 아니었다. 카리스마가 있고 개인주의적이며 대중적인 스승과 법률 전문가와의 차이는 정말 크다. … 그분의 가르침은 상당 부분이 주로 왕국에 관한 것이며, 비유나 간결한 이야기가 형식상의 특징이다. … 우리가 예수님을 율법선생 혹은 랍비로만 생각한다면 그분을 오해하는 것이다. 예수님은 도리어 왕국과 잃어버린 사람들에 대한 하나님의 사랑을 전하고 곧 닥쳐올 종말에 대해 말하셨다. 몇몇에게는 모든 것을 포기하고 자신을 따르라고 촉구하시며 이웃에 대한 사랑을 가르치셨다. 기본적으로 예수님의 메시지는 어떻게 율법을 지켜야 하는지를 가르치는 게 목적이 아니다."[6]

예수님은 사람이 하나님의 왕국에 어떻게 들어갈 수 있는지 또 그 왕국 시민으로 어떻게 살아야 하는지를 보이셨다. 사람이 어떻게 '사람'의 규례들을 지키는가가 아니었다. 또한 하나님에 대한 불순종이 유대민족에게 가져올 절박한 재앙에 대해 경고하기도 하셨다. 경고에 유의했던 사람들은 유세비우스가 『교회사』에 기록했고 또 하워드 키 Howard C. Kee가 서술하듯이 재앙에서 구조되었다.

> 4세기에 유세비우스는 서기 70년 로마가 예루살렘을 공격하기 전에 그리스도인들이 예루살렘을 떠났다고 적었다. 닥쳐온 운명과 성전의 파괴를 사전 경고하는 예언들 때문이었다. 그들 대부분이 유대인 공동체가 아닌, 요단강 동편의 희랍 문화에 익숙해진 도시 데가볼리 Decapolis 중 하나인 펠라Pella로 간 것은 의미심장하다.
>
> 논점은 "누가 진짜 유대인이냐"가 아니라 하나님의 언약 백성으로 사는 삶의 기준이 무엇인가에 대한 것이었다. 기본적으로는 유대 전통과 인종적이고 의례적인 연관성의 문제가 중요했다. 대부분의 초기 그리스도인들은 이 두 가지 기준에 맞지 않았으며, 인종적이고 의례적인 요구와는 상관없이 예수님의 가르침과 죽음과 부활을 통해 새로운 언약에 참여하는 길이 열렸다고 주장했다. 유대 율법의 도덕적 관념에 그들이 어느 정도까지 묶여 있는지에 대해서는, 초기 그리스도인들 사

이에 의견이 불일치했다. 그러나 그들은 대체로 예수님이 자기 백성을 향한 하나님 뜻의 도덕적 핵심과 살아 있는 예를 보이셨다고 주장했다.[7]

예수님을 믿는 유대인들과 그렇지 않은 유대인들은 결국 나뉘게 되었다. 율법 지키는 것과 누가 정말 하나님의 언약 백성인가의 문제에 대해 의견이 일치하지 않았기 때문이었다. 신자들은 로마인에 대항해 싸우기를 거부했으며, 132-135년 로마에 대항하는 제2차 유대인 반란에서 바르 코흐바Bar Khokhba를 그들의 메시아로 선언하지 않았다. 최종 분리로 가게 되는 이 과정을 제임스 파커스James Parkes가 적고 있다.

이런 이원적인 상황의 결과로 야브네Jabne의 랍비 지도자 100명가량은 새로운 교파와 교의를 공식 기소하기로 하고 나사렛 예수가 메시아라는 주장을 공식적으로 거부했으며, 이 문서의 복사본을 흩어져 있는 디아스포라의 모든 회당에 보냈다. 그 문서는 지역 회당에 소속된 '그리스도인' 들을 쫓아내는 데 힘을 실어 주었다. 특히 의심이 가는 사람들이 그리스나 다른 비유대인 혈통이라고 밝혀질 때는 더욱 그랬다. 그러나 어떤 경우에는 추가 행동이 필요했다. 특히나 대부분의 그리스도인들이 전부터 그 회당에 평생 속해 왔던 유대인이었으며, 새로운 이교에 대해서는 아는 바가 없었던 팔레스타인에서는 더욱 그랬다. 이들을 색출하기 위해 하루 세 번 회당에서 암송되는 축복기도에 새로운

> 축복기도(오히려 저주)가 도입되었는데, 여기서 그들은 유대-그리스도인Judeo-Christians이라 불리던 나사렛파를 저주했다. 이 특별한 구절을 거부하면 의심을 받았다. 이후 제2반란 때에는 기독교인과의 어떠한 친밀한 교제도 일체 금지한다고 공식적으로 선포되었다.
>
> 교회 내 이방인과 유대인의 분열에서 최고의 희생물은 팔레스타인 사람들이었다. … 이들은 처음에는 회당에서 그 후에는 이방 교회Gentile Church에서 배제되면서, 팔레스타인 기독교의 성장은 치명적인 광풍에 부딪혔다. 이것은 종교의 본향이었던 이 땅이 교회가 성장하는 과정에서 그토록 빨리 중요성을 상실해갔던 이유를 자연스럽게 설명한다. 유대인들에 의해 회당에서 쫓겨났고, 교회 내에서 이방인 그리스도인들이 의심스럽게 바라보았던 유대-그리스도인들은 로마에 의해 예루살렘에서도 쫓겨났다.[8]

이러한 '미님'minim 즉 이교도에 대한 저주의 관습은 메시아닉 유대교와 바리새적 유대교 간의 분열을 더욱 강화시켰고, 제임스 H. 찰스워드가 요약한 대로 그들 간에 화려한 논쟁을 일으켰다.

> 미님은 이교도를 가리키는 랍비 용어다. 미님에 관한 저주가 언제 회당의 아미다*에 추가되었는지는 확실하지 않다. 야브네**의 영향을

* Amidah. 1세기 유대인들이 하루에 세 번 암송하던 기도문.

** Yavneh. 유대인 신학교.

받은 일부 유대인들은 예수님을 그리스도로 고백한 유대인을 자신들의 경계선 밖 즉 미님(그러나 확실히 배교자는 아닌 것)으로 간주했을 수도 있다.

자신들이 유일하게 "하나님이 택하신 백성"이라는 주장과 예수님의 어머니 마리아가 로마군병 판테라와의 성관계를 통해 예수님을 수태했다는 비난으로 인해 "유대인" 박해에 명분이 생겼다. 어떤 유대인들은 예수님이 귀신들린 마술사라고 생각했다. 부활을 부정했던 유대인들은 제자들이 예수님의 시신을 훔쳐갔다고 추측하기도 했다(마 27:22-26 참조). 일부에서는 이런 논쟁을 통해 동정녀 탄생, 예수님의 기적, 부활에 관한 그리스도인들의 주장들을 더 잘 설명할 수 있었다. 그러다가 6세기에 이르러 유대교와 기독교는 분리되었다.[9]

분리로 인해 디아스포라 유대인과 이스라엘 내의 메시아닉 유대인들은 처참하게 박해를 받았다. 이스라엘의 유대인들이 아직도 히브리어로 예수님의 이름을 '예슈아Yeshuah가 아닌 '예슈' Yeshu로 알고 있는 사실은 유감스럽다. 전자는 '하나님은 구원이시다'를 의미하는 반면에 후자는 히브리어로 "그 이름이 저주를 받을지어다"의 약어이기 때문이다. 이스라엘인 대부분은 이것이 무슨 뜻인지 잘 모른다.

또한 이스라엘에서는 "선교사"가 나쁜 의미임을 알아야 한다. 이스라엘 대중은 선교사란 종교를 '바꾸라고' 사람들을 꾀는 위험인물이라고 교육받는다. 선교활동을 억제하기 위한 시도로 소위 "반反선교법"이 수년 전에 통과되었다. 그것은 기본적으로 그리스도인을 겨냥한 반反뇌물법이지만 아무 소용이 없었다. 그리스도인들 역시 뇌물을 몹시 혐오하기 때문이다. 예수님을 메시아로 믿는 메시아닉 유대인들을 조롱하는 말로 "선교사들"이라 부르는 것은 아니러니하다. 일반 대중 즉 세속의 이스라엘인들은 극단적인 정통파 유대교가 이스라엘 사회에 더 큰 위협이 된다는 사실을 안다. 그들은 자신의 틀에 나라 전체를 끼어 맞추고 종교의 자유를 제한하려 들기 때문이다.

정통파 유대교 지도부는 가능한 모든 정치적 영향력을 동원해서 이스라엘을 "토라 국가"Torah States라는 틀에 맞추려 한다. 1990년대에 한 랍비는 주택건설부 차관이라는 지위를 이용하여 세속 유대인들의 생활방식과 자유에 어떤 영향을 미치려 했다. 그는 종교적인 유대인들이 모든 세속 유대인들의 이웃에 살도록 했다. 엘랏Eilat처럼 오랫동안 강력한 세속의 진으로 여겨져왔던 도시들에 예산이 책정되었고, 정통파 유대인들에게 거기로 이사할 것을 권장했다. 정통파는 이스라엘 헌법에서 기본법으로 명시된, 모든 거주자에게 이주의 자유를 보장한다는 조항을 성공적으로 차단했다. 그에 대한 반대 근거로 안식일에 이주할 자유를 허용할 수 있다는 점을 내세웠다.[10] 정통파는 또한 이스라엘에 오는 모든 사람들에게 비자와 시민권을 주는 내무부를 장악했다.

데이빗 도리스는 1990년대 후반에 예루살렘 왕의왕 대학에서 행정을 맡았다. 그는 부인 진Jean과 함께 예루살렘 내 종교적인 사람과 그렇지 않은 사람 사이에 아직도 존재하는 충돌을 여실히 보여주는 장면을 목격했다.

> 우리는 아타리 카페에서 아침을 먹고 있었는데 구석에서 뭔가를 늘어 놓던 남자가 눈에 띄었다. 거기에는 "하나님은 당신을 사랑하신다, 예수님도 당신을 사랑하신다!"와 비슷한 문구가 적혀 있었다. 그는 성경을 꺼내서 영어로 크게 읽기 시작했다. 우리 옆에 앉아 있던 한 정통파 유대인이 매우 흥분하는 듯했다. 그는 갑자기 일어나 밖으로 나가더니 그 그리스도인의 얼굴에 커피잔을 던지면서 프랑스어로 소리치기 시작했다! 그런 후에 세속적인 가게주인이 바깥으로 나가서는 떠들고 있는 정통파에게 다시 고함을 쳤다. "프랑스로 돌아가! 우리는 우리나라에서 이런 짓을 하지 않아!" 정통파는 거리로 나갔다가 친구와 함께 돌아와서는 그리스도인이 써 놓은걸 찢기 시작했다. 그동안 그리스도인은 거기 선 채로 성경을 소리 내어 읽고 있었다. 수염을 기른 한 나이든 랍비가 와서 정통파 남자를 진정시키려 했으나 소용이 없었다. 경찰이 나타났을 때는 정통파와 세속 유대인이 서로 대치하고 있었고, 그리스도인은 여전히 가운데서 성경을 읽고 있었다![11]

당신은 가끔씩 주위에서 유대인들에 대한 그리스도인들의 논쟁과 박해가 어떤 적대감을 야기했는지 느낄 것이다. 그렇지만 이스라엘에서는 상황이 역전된다. 유대인들이 다수이고 그리스도인들은 소수 중에 소수다. 여기 살려면 많은 인내와 겸손이 필요하다. 그러나 국적과 살아온 삶이 완전히 다른 유대인들이 예수님을 메시아라고 믿기 시작하면서 견고한 진이었던 편견의 쓴뿌리가 무너져 내린다. 그분의 교회가 "다시 예루살렘으로" 오고 있다.

## 이슬람 광신도

아야툴라 호메이니는 자신의 육성녹음 테이프로 이란에 혁명과 함께 이슬람 부흥의 불꽃을 일으켰했다.[12] 호메이니의 이슬람 시아파 방식을 두려워하던 사우디아라비아는 석유로 벌어들인 돈을 중동에 쏟아 붓기 시작했다. 모스크를 세워주고 정통 근본주의자나 수니파 이슬람으로 돌아가도록 장려하기 위함이었다. 그리하여 갈릴리와 서안 곳곳 외딴 아랍인 마을에 이슬람 사원인 모스크가 생겨나기 시작했다. 남자들은 수염을 기르고 여자들은 보수적인 전통복장을 입기 시작했다. 전에는 부모님들의 종교에 반항했던 젊은 무슬림들이 모스크에 기도하러 모이기 시작했다. 이슬람 대학교가 이스라엘, 서안과 가자지구에 생겨났다.

나는 전에는 종교적이지 않았던 무슬림 친구에게 "왜 이슬람으로 돌아간 거냐?"고 물었다.

그는 내게 말했다. "돈도 벌어봤고 여자랑 놀아도 보고 공산주의도 겪어 봤지만 어느 것도 내 마음의 공허함을 채워주지는 못했어. 그래서 이슬람으로 돌아가야 한다는 걸 알았지!"

많은 사람들이 인생의 의미를 찾아 이슬람 근본주의로 돌아간다. 그들은 중동 아랍인들의 비참한 상태는 이슬람의 진리에서 벗어난 데 근본 원인이 있다고 느낀다. 정체성을 찾고 인생의 역경을 이겨내기 원하는 많은 사람들에게 "대안은 이슬람!"이라는 구호로 호소하고 있다. 이슬람 단체는 유대 정부가 무시하거나 예산 지원을 꺼리는 곳의 필요를 채워주기 위해 아랍인 마을에 나타났다. 곧 이슬람 정당은 지역선거에서 공산주의자들에게 큰 승리를 거두었다. 마침내 아랍 무슬림들은 자부심을 되찾았다.

불행하게도 긍정적인 것만 얻게 된 것은 아니다. 그리스도인 이웃과 오랜 친구였던 무슬림들은 메카순례 즉 하지Hajj를 다녀온 후에는 그들을 피했다. 서안과 가자지구에 있는 일부 모스크들은 점령 당국과 이스라엘 대중을 겨냥한 급진적인 투쟁활동과 선동적인 금요설교를 하는 훈련장이 되었다. 일련의 버스 폭발과 여러 테러 활동은 이스라엘-팔레스타인 간 평화이행을 곤란에 빠뜨리려고 의도된 냉혹한 결과다. 팔레스타인 정부는 이슬람에서 다른 종교로 개종하면 죽음으로 값을 치르도록 선언한 이슬람법 샤리아■ 아래에 팔레스타인이 있다고 선언했다.[13]

이스라엘과 서방을 파괴하려는 호메이니의 계획에 대해 묵시록에 가까운 소식들이 여럿 퍼졌다. 무슬림들은 거룩한 땅에 유대인들이 돌아오는 것이 예언의 충족이라는 경외전승經外傳承을 나누기 시작했다. 이 전승들에 따르면 그들은 필연적으로 돌아와야 하며 그래야만 그들 모두가 학살당한다는 것이다. "내 뒤에 유대인 하나가 숨어 있으니 와서 그를 죽이라!"고 바위가 소리칠 거라는 얘기도 널리 퍼져 있다.

일반 무슬림들의 반유대적 태도들은 코란의 구절과 반유대적인 경

■ Shariah. 이슬람의 근본 개념. 이슬람력 2~3세기(AD 8~9세기)에 체계화된 이슬람의 성법(聖法).

외전승에 기인한다. 무함마드는 아라비아의 유대인들이 자신을 새로운 메시아로 받아들이기를 기대했었다. 그런데 그들이 이를 거절하고 메카의 꾸라이쉬Quraish 부족과 공모하여 자신을 죽이려 하자, 무함마드는 그들을 도시에서 축출하거나 죽인 후에 재산을 몰수했다.[14] 이삭과 이스마엘, 야곱과 에서 사이에는 아직 증오가 남아 있다. 이 성경 속의 대적들은 심지어 오늘날까지도 유대인과 아랍인 간 분쟁 중에 상당 부분을 대표한다. 구원받지 못한 두 민족의 질투와 원한은 사탄이 양쪽 마음에 강력한 진을 세우도록 허용했는데, 이로써 폭력과 피 흘림이 뒤를 잇는다.

유대인과 무슬림 간의 참 평화의 기초는 하나님께로부터 오는, 예수 그리스도 안에 있는 사랑과 용서이다. 이것이야말로 대화와 이해, 용서를 위한 최고의 동기가 된다. 그것은 시온주의■나 아랍 민족주의 같은 정치적 극단이 아니라 누군가 표현한 것처럼 "제3의 길"이다. 구원자 되신 예수님께 나아온 무슬림들은 유대인을 향한 증오심을 잃기 시작한다. 그리고 예수님이 메시아임을 아는 유대인은 무슬림들에게도 그리스도가 필요하다는 사실에 자기 마음을 연다. 이 현대의 기적은 복음이 예루살렘에 다시 돌아옴에 따라 일어나고 있다. 예수님을 믿는 메시아닉 유대인 연합들은 도움이 필요하거나 불공평한 대우를 받는 아랍인들을 돕고 있다. 무슬림 신자들은 전국의 많은 메시아닉 유대인 연합Jewish Messianic Fellowship에 함께 참석한다.

---

■ Zionism. 팔레스타인에 조국을 재건하려는 유대인들의 민족주의 운동.

나는 감사하게도 지난 수년 간 무슬림들이 참석하는 연합모임들을 도울 기회가 있었다. 예를 하나 들면 서안지구 어떤 무슬림 가정에서는 우리를 초대해서 복음 메시지에 관해 물었다. 나이 든 형제가 주의 깊게 들은 후에 이렇게 말했다. "우리는 유대인과 평화협정을 맺기는 했으나 그들과 평화롭게 사는 법은 모른다. 당신의 메시지가 그들과 함께 살아가는 길을 우리에게 줄 거라고 나는 믿는다."

이슬람은 힘의 종교이며 인간을 자긍한다. 신에 대한 복종의 종교인 이슬람이 확장되면서 세계는 두 진영으로 나눠졌다고 무슬림들은 보고 있다. "이슬람의 집"Dar al-Islam은 코란과 무함마드와 경외전승을 믿는 무슬림을 가리킨다. 무슬림의 관점에서 이들은 "최고의 민족"으로 하나님께 사랑을 받는다. 나머지는 "전쟁의 집"Dar al-Harb으로 설득을 통해 이슬람에 복종하게 되거나 "성전"聖戰, jihad을 통해 멸망하게 되는 불신자들이다.

이슬람에서 뒷문이란 없다. 무슬림으로 돌아오라는 설득이 실패하면 배교한 무슬림들과 개종자들은 모두 죽음으로 처벌받는다. 무함마드의 영은 오늘날에도 계속 거룩한 땅의 수백만 무슬림들을 지배하며 복수와 폭력으로 이끌어 간다. 이 강력한 진을 극복하기 위해서는 일치된 기도와 희생적인 전도가 필요하다.

무슬림이 예수님께 올 때 그는 가족과 친구들에게 조직적으로 추방당할 수 있다. 부인이 잠자리를 거부할지도 모른다. 무슬림 형제 '하마스'*가 이슬람으로 돌아오지 않으면 죽여 버리겠다고 위협할

* Hamas. 이스라엘에 대한 과격한 무장투쟁을 하는 이슬람 저항단체. 2006년 1월 팔레스타인 총선에서 다수당이 됨.

수도 있다. 나는 예수님을 믿는 어느 무슬림에게 "셰이크■들이 읊조리는 기도는 왜 그렇게 무서운 어조를 띠는지" 물었다. 그는 "이슬람은 힘을 사용하고 두려움에 근거한 종교이기 때문"이라고 했다.

박해의 위협에도 불구하고 오늘날 거룩한 땅에서는 역사상 그 어느 때보다 더 많은 무슬림들이 그리스도를 믿는 신앙으로 나아오고 있다. 그들은 가족과 친구들에게 새로 찾은 신앙에 대해 말하며, 더 많은 사람들이 이에 응답한다. 그들은 코란에는 빠져 있는 두 가지 중요한 주제, 즉 사랑과 구원을 발견한다. 이는 둘 다 예수님이 베푸시는 것이다!

## 엄격한 일신론

이슬람은 유대교로부터 "하나님은 한분"이라고 철저히 배웠다. 유대인과 무슬림은 그러한 엄격한 일신론으로 성육신이라는 사상에 저항하게 된다. 유대교는 그리스도인들이 예수님과 하나님 아버지, 예수님과 성령님의 관계를 설명하기 위해 삼위일체라는 개념을 사용하기 전에는 하나님의 삼위일체 본성을 받아들였다. 하나님의 유일함은 예수님과 바울의 가르침에서 기초가 되는 주제이다.[15] 그리스도인들이 자신들이 믿는 삼위일체를 신성모독하고 있다는 그들의 주장은 신약성서의 가르침을 왜곡하는 것이다. 또한 단호한 일신론은 성경에 기록되어 있는 전능하심이나 창조자 하나님의 능력, 구속자 되시는

■ sheik. 이슬람에서 종교지도자나 가장을 일컬음 — 편집주

하나님의 긍휼하심을 제한한다.

오늘날 유대교는 동정녀 탄생을 부정하고 부활을 부인한다. 하지만 이슬람은 동정녀 탄생은 받아들이지만 십자가를 부정한다. 코란은 예수님이 죽었다고 가르치는데도 말이다.[16] 무함마드는 불행하게도 당시 그리스도인들에게서 삼위일체가 하나님, 마리아, 예수님 세 분이라는 인상을 받았다.[17] 유대교나 이슬람은 둘 다 추종자들에게 죄 용서와 구원의 확실성과 영생을 전해주지 않는다. 또한 이슬람은 아버지 되시는 하나님과의 개인적인 관계를 허락하지 않는다. 이슬람이 최고로 제공할 수 있는 것은 "인샬라"(아랍어로 "하나님의 뜻이라면")이다. 그래서 그들은 하나님과의 개인적인 관계에 굶주린다.

유대인과 무슬림들은 카발라, 뉴에이지, 동방종교, 수피즘■과 비학秘學을 개인적으로 접촉한다. 최근 유대교에서는 어느 정도 그리스도라는 존재를 대신할 수 있도록 새로운 "메시아"를, 이슬람에서는 무함마드 개인을 새롭게 이상화한다. 그들은 거짓 신들을 따르면서 복음의 진실에 눈먼 채로 남아 있다. 성육신을 부정하는 완강한 일신론은 하나님의 권능을 제한하고 사람에게서 구원을 빼앗았다.

삼위일체 하나님은 '엘로힘' 같은 하나님의 이름을 통해 구약에서도 기원을 찾아볼 수 있다. 엘로힘은 히브리어로 하나님의 복수형을 의미하며, 위엄이나 존경의 단어이다. 또한 창세기 18장에 마므레에서 아브라함 앞에 나타난 세 천사처럼 신의 현현顯現이나 주님의 나타

---

■ Sufism, 이슬람 신비주의.

나심을 가리킨다. 그리스도인이 하나님을 성부, 성자, 성령으로 이해하는 것은 신약성경에서 유래하며 신자들에게는 개인적 경험으로 확증된다. 사람이 예수님의 삶과 죽음과 부활에 의해 밝혀진 살아계신 하나님의 실재를 성령님의 능력을 통해 한번이라도 경험하면 논쟁은 사라진다. 예수님이 있는 그대로 경험되면 유대인에게도 무슬림에게도 영적 생명이 소생하기 시작한다. 그분은 인류의 마음속에 성령을 새롭게renew 하시기 위해 하나님에게서 보내심을 받은 분이다.

### 물려받은 종교

중동에서 종교는 의식적意識的인 확신이라기보다는 유전의 문제다. 여기서 한 개인은 종교 안에서 태어나고 그 안에서 죽는다. 그들은 종교를 태어날 때 받는 개인적인 신분처럼 대한다. 신분증에 적힌 국적이 그들의 종교인 것이다. 서양에서는 종교를 개인의 선택 문제로 보는 반면에 중동 사람들은 종교를 출생의 문제로 본다. 그들이 볼 때 사람들은 그리스도인, 유대인, 무슬림 등으로 태어나고, 받은 세례/침례나 할례로 일평생 구분되는 것이다. 이것이 사람의 국적과 결혼, 그리고 직업과 상속과 장래까지도 결정한다.

중동에서 개종하는 것은 자기 가족, 문화, 국가를 배신하는 것이나 마찬가지다. 이것은 상속을 거절한다는 뜻으로 여겨진다. 종교를 떠난다는 것은 가족, 공동체, 민족을 떠나는 것이다. 교회개척자는 이와 같이 제한적인 환경에서 양심의 자유라는 메시지를 전할 때 이러한 사실을 알고 있어야 한다. 예수님과 그 구원의 메시지를 받아들인 사람은 가족과 공동체로부터 영원히 추방당할 수도 있다. 그는 집에서 쫓겨날 수도 있고, 부인이 그를 떠나거나 직장을 잃게 될지도 모른다. 최악의 경우 죽임을 당할 수도 있다. 일부 전통 그리스도인들은 복음적인 가르침에 더욱 열려 있다. 엄격한 유대인들은 예수님을 믿는 가족들을 좀더 매몰차게 대할지도 모르지만 세속 유대인들은 그들을 잘 받아들일 수도 있다. 예수님을 구세주로 영접한 무슬림들은 심각한 박해를 받을 수 있으며 심지어 죽임 당할지도 모른다.

거룩한 땅 교회개척자들은 자신이 사역하는 사람들이 어떻게 의사를 결정하는지 알 필요가 있다. 찰스 크래프트는 집단운동과 의사결정과정에 대해 인류학적인 통찰을 제공한다.

> 전통을 고수하는 많은 사회에서 사람들은 결혼상대자나 거주지, 남편의 직업과 관련된 선택 등에 있어 발언권이 거의 없다. 종교적 충절을 바꾼 사람들에게도 이는 마찬가지다. 그들 중 명망 높은 사람들은 전통 가치를 지켜나가는 사람으로 간주되므로 그들에게 그러한 자유는 더욱 제한된다. 그러나 낮은 계층 사람들, 특히 불만세력과 천하게 평가받는 사람들은 더 이상 걱정할 게 없기 때문에 삶의 많은 영역에서 더 많은 재량권이 있어 보인다.
>
> 더욱이 많은 사회에서는(예를 들어 무슬림, 유대인들) 종교적 충절이 전반적인 정체성을 형성하기 때문에 그들은 종교 변절자를 사회의 반역자로 여긴다. 그러므로 기독교로 개종하는 사람은 사회로부터 죽은 자처럼 대우받기 십상이다.[18]

그 가운데 가족과 친구들에게 예수님을 소개하려는 희망으로 "비밀 신자"로 남는 사람도 있다. 그들은 공동체를 보존하고 서로를 보호한다. 학생이나 전문직 신자들이 특히 그렇다. 나는 신자들에게 가족들의 반응을 이해하고 사랑과 인내로 대하라고 조언한다. 불행하게도 신자들이 지혜롭지 못하고 성급하게 행동할 경우, 부모와 친척들은 더욱 부정적으로 나오게 된다. 그들이 지혜롭게 인내하면, 다른 사람들이 예수님을 믿도록 전도하고 영향을 미칠 기회를 얻게 된다.

### 소수집단 신분

유대인과 기독교인은 수세기 동안 무슬림이 다스리는 중동과 거룩한 땅에서 소수자인 '딤미'로 살아왔다. 이들은 종교 공동체인 밀레트에서 살았다. 각 종교집단은 오늘날까지도 예루살렘 구 시가지 내 별도 구역에서 살고 있다. 무슬림이 그 지역에 들어서기 전까지, 유대인들은 비잔틴과 로마 정부 아래 소수집단으로 살았다. 로마인들은 유대인과 그리스도인들(또는 메시아닉 유대인)이 로마에 반항하지 않고 황제가 요구하는 의식儀式에서 충성을 저버리지 않는 한, 그들끼리 살도록 내버려 두었다. 당시의 대제사장 가야바는 민족 전체가 로마의 보복으로 멸망하지 않도록 로마인들에게 예수님을 넘겨주었다.[19]

'딤미' 신분은 그들이 출생한 공동체에 머무르는 한 상당한 자유를 누린다. 유대인은 유대교 안에서 뉴에이지, 요가, 불교, 신비주의나 거의 모든 이국적인 일탈을 체험하면서도 그 땅에서 여전히 유대인이다. 그러나 그/그녀가 예수님을 이스라엘의 참 메시아로 받아들이고 따르기로 하면 그들은 유대교를 떠난 것으로 간주된다. 이러한 장벽은 복음을 둘러싼 영적 전쟁에서 강력한 진으로 남아 있다.

무슬림은 거룩한 땅에서 자신들이 소수집단임을 받아들이지 못한다. 코란의 시각에서 무슬림들은 "최고의 민족"이며 우두머리여야 한다.[20] 그들은 높은 출생률을 통해 이스라엘에서 얕잡아 볼 수 없는 정치세력이 되어간다. 정통파 유대인들도 출생률이 높지만, 이들은 정통파 유대인들을 제외한 유대인들의 두 배이다. 그리고 이슬람이 불러일으킨 교만의 영은 이 지역에 있는 다른 신앙들과 계속적으로 분쟁을 일으킨다.

복음적인 그리스도인은 거룩한 땅의 소수집단 중에서도 작은 규모다. 오랜 세월 동안 전 세계에서 가장 박해를 받아온 유대인들로부터 박해를 받을지도 모를 일이다. 많은 세속적인 유대인과 일부 정통파들은 이런 위험을 자각하고 그리스도인들과 대화로 관계를 맺고자 한다. '이스라엘 교파 간 협력기관 주소록' ICCI, Directory of Organizations and Institutions of Interreligious Coordinating Council in Israel에는 신앙 간 대화에 전적으로 혹은 부분적으로 관심이 있는 단체가 60개 올라와 있다.■[21]

예수 그리스도를 통해 살아 계신 하나님을 아는 사람들은 자신들이 소수집단 신분이라고 해서 움츠러들지 않는다. 그들은 "지상의 소

■ 2006년 현재 ICCI 홈페이지에는 75개의 단체가 올라와 있음.

금"이며 "세상의 빛"이다. 신자들의 전도는 오늘날 거룩한 땅에서 받아들여지고 있으며 사람들은 이를 주목한다.

### 종교와 정치

이 땅에서 종교와 정치는 분리해서 생각할 수 없다. 정교 분리를 소중히 여기는 나라에서 살던 복음주의 일꾼에게는 이러한 현실이 쉽지 않다. 미국에서는 헌법과 권리장전■에 교회와 정부와 종교적 자유의 분리가 확립되어 있다. 그러나 이제 우리 복음주의자들은 기본권 중에서 종교적 자유를 위해 이 땅의 세속 유대인들과 함께 싸우고 있다. 내가 속한 특정 교파는 수년 동안 교회에 대한 정부의 간섭에 대항하는 싸움을 주도했는데, 공립학교에서 성경과목을 제외하기 위해 세속적인 인본주의자 등과 연합할 정도로 극단적이었다.[22] 이 땅에서만이 아니다! 이스라엘은 스스로를 유대인의 모국으로 자처한다. 팔레스타인은 국가로서는 종교와 상관이 없지만 무슬림 다수파가 크게 세력을 부리고 있다. 이스라엘 의회 '크네세트' Knesset에서는 많은 종교 정당들이 종종 연합정부의 방침과 입법을 결정한다. 『베이루트에서 예루살렘까지』Beirut to Jerusalem에서 토마스 프리드먼은 정부 내에서 종교의 역할과 시온주의에 대해 의견이 상충하는 유대인 집단 네 곳의 대표와 인터뷰했다.[23] 종교정당은 안식일 제한, 코셰르■■, 종교관리를 위한 정부 지원 등의 형태로 종교시설에 대해 정부가 특권을

■ Bill of Rights. 미국 헌법에 처음으로 부가된 10개조의 수정조항.

■■ kosher, 유대인의 음식에 관한 율법.

보장하라는 압력을 가한다. 요구가 충족되지 않으면 거리 시위는 다반사다. 1995년 종교적 유대인이 라빈 수상을 암살한 사건이 국민에게는 충격이었지만, 1년 후 국민 선거에는 거의 영향을 미치지 않았다. 유대인 종교학교와 신학교인 '예쉬보트' yeshivot는 정부지원을 받아 자격을 갖춘 학생들에게 교육비를 지원한다. 기독교 학교는 교육부로부터 보조를 받는다. 아랍인 학생수가 1천 명으로 이 나라 최대의 기독교 학교 중 하나인 나사렛 침례학교는 정부학생보조금의 형태로 매년 수만 이스라엘 세겔*을 받는다. 이 덕분에 남침례교 후원자들로부터 재정적으로 독립할 수 있다. 학교는 성경과목을 가르치고 정기적으로 예배를 드린다. 거룩한 땅의 일반 시민들이 보기에 정규과목으로 종교를 가르치는 것은 학교의 분명한 의무이다.

정부는 무슬림 모스크의 종교 지도자들에게도 봉급을 지급한다. 정교나 가톨릭교회의 사제들은 공립학교에서 종교를 가르친다. 유대교 종교학교들은 관대한 정부보조를 받는다. 최근에 어느 현지인 사제가 정부 관리에게 왜 복음주의자들은 똑같은 혜택을 받지 않느냐고 묻자 그는 이렇게 대답했다. "그것은 당신들이 요청하지 않았기 때문이죠!"

그러므로 그런 상황 속에서 외국인 사역자들은 정부 관리와 좋은 관계를 맺을 필요가 있다. 갈릴리에 사는 30년 동안 우리는 다른 교회지도자들과 마찬가지로 해마다 대통령 신년 리셉션에 초대 받았다.

* NIS. 현재 이스라엘 화폐 단위.

이것은 정부지도자에게 전도를 계속할 기회였다. 이러한 좋은 개인관계는 비자, 교회 건축 허가, 일어날 수 있는 각종 문제들에서 호의를 얻게 한다. 그들의 분노에 직면하기보다는 정부 관리와 좋은 관계를 갖는 것이 훨씬 바람직하다! 비슷한 정치적 상황 속에서 살았던 신약성경 기자는 우리에게 정부의 권위에 복종하라고 권했다.[24] 많은 경우 정부 관리와 직접 대면하여 처리하는 게 공공연한 정치선동보다 결과가 더 좋다는 사실을 알게 되었다. 외부의 도움을 찾기 전에 현지 관리에게 기회를 주는 게 늘 최선이다. 그리스도인이 거룩한 땅에서 외부의 도움과 보호를 구했으나 불행하게도 종종 너무 늦는 바람에 부정적인 결과가 초래된 것을 역사 속에서 많이 볼 수 있다.

## 현대 마르키온주의*

아랍어를 빨리 습득한 복음주의 교회 일꾼과 개척자들은 일부 복음적인 아랍 지도자들과 마찬가지로 그리스 정교회의 많은 사역자와 평신도들이 구약 말씀의 영감성을 믿지 않거나 선지서만을 선별적으로 신봉한다는 사실을 알게 된다. 이런 관점은 "시온주의 침략자"에게 땅과 집과 나라를 잃어버린 정치적 경험과 궤를 같이 한다. 그들은 이스라엘 백성에게 약속의 땅을 점령하면 남자, 여자와 아이를 살육하라고 명령하신 하나님을 거부한다. 그들의 관점은 144년에 교부들에게 파문당했던 마르키온과 매우 비슷하다. 라투렛Latourette은 마르

* Modern Marcionism. 2세기에 풍미했던 영지주의의 한 분파. 마르키온(Marcion)은 이원적 신관(神觀)과 그리스도 가현설(假現說)을 주장하여 이단으로 규정됨.

키온 이단을 이렇게 요약한다.

> 마르키온은 복음이 유대교와 결합하면서 본질이 흐려졌다고 주장했다. 그는 구약과 유대인의 하나님은 악한evil 하나님이라고 했다. … 그는 우리들이 보는 모든 고통과 잔인한 세계는 좋으신 하나님이 아닌 어떤 나쁜evil 존재의 작품이 틀림없다고 주장했다. … 그는 또한 구약의 하나님은 자신에게 피의 희생제물을 명령하며, 전쟁을 좋아하므로 피흘림과 앙갚음을 기뻐한다고 지적했다. 그는 이 하나님이 사람을 통치하기 위해 단호하고 융통성 없는 법을 주고는 복종을 요구하고 강요했으며, 그분의 좋고 나쁨에 대한 판단은 제멋대로라고 가르쳤다.[25]

마르키온은 유대인의 하나님과 대조되는 분이 있는데, 그리스도 안에서 자신을 드러낼 때까지 숨어계신 두 번째 하나님이 있다고 주장했다.

나는 일부 아랍인 그리스도인 목사들이 구약에 대해 마르키온과 비슷한 견해를 갖고 있는 것을 알고 놀랐다. 이런 관점을 따르는 일부 외국인 사역자들은 심지어 교회에서 기도하다가 "이스라엘"이라는 단어가 구약에 나오면 읽기를 거부했다. 더욱 놀라운 일이었다. 그들은 그 단어를 "하나님의 사람" 또는 다른 완곡한 표현으로 대체했다. 나는 또한 이스라엘에 대한 급진적인 저항운동을 하는 지도자들 중에는 이러한 아랍계 그리스도인이 있음을 알게 되었다. 전에 예루살렘 성조지성당의 신부였으며 '사빌'Sabeel—거룩한 땅에서 일어나는 분쟁에 대한 해답이 해방신학이라고 주장하는 단체—의 책임자인 나임 아티크는 그의 책 『정의, 오직 정의뿐』Justice, and Only Justice에서 팔레스타인 사람들이 구약을 거부하는 배후에는 이러한 근본 이유가 있다고 설명한다.

> 이스라엘 정부가 수립되면서, 대부분의 팔레스타인 그리스도인들은 — 다른 많은 아랍계 그리스도인들처럼 — 성경 특히 히브리어 성경이나 구약에 대해 부정적인 관점을 갖게 되었다. 전에 숨어있던 많은 문제들이 갑자기 표면화되었다. 성경의 하나님, 지금까지 구원과 자유를 주시던 그 하나님이 팔레스타인 사람들에게는 불공평하고 차별적인 분으로 보이게 되었다. 정부 수립 전에는 구약이 예수님을 증거한다고 여겨졌다. 그런데 이스라엘 정부 수립 이후 일부 유대인과 그리스도인들은 구약을 시온주의 교과서로 보았는데, 이것이 팔레스타인 그리스도인들에게는 불쾌한 일이었다. 그 결과 구약은 팔레스타인 목사와 평신도 모두에게 폐기될 지경이 되었고, 교회는 20세기의 팔레스타인에 직접 적용하기에는 모호하고, 의문투성이며 역설이 많아 타협하기 어려운 상태에 직면했다. 입 밖에 내든 아니든 많은 그리스도인들의 근본 질문은 이것이다. 팔레스타인 그리스도인의 경험에 비춰본다면 시온주의를 지지하는 데 사용되는 구약이 어떻게 하나님의 말씀이 될 수 있는가?[26]

이 딜레마에 대하여 아티크는 팔레스타인 그리스도인에게 추천할 만한 해석의 틀을 제공해준다. "유대 시온주의자들과 기독교 근본주의자들이 자신의 주관적인 주장과 편견을 입증하려고 인용하는 성경 구절들에는 어떠한 참된 의미가 있으며 진정한 하나님의 말씀은 무엇인지"[27]를 살펴보자는 것이다. 아티크는 "예수 그리스도로 성육신하신 하나님의 말씀이 성경 안에 있는 말씀을 우리에게 해석한다"[28]고 제안한다. 처음 읽을 때는 이것이 칭찬할 만한 제안처럼 들리지만 조금만 생각해보면 부족한 점들이 있다. 성경에 기록된 하나님의 말씀이야말로 살아계신 말씀이신 예수님에 대한 1차적인 증거이기 때문이다.

아티크는 구약의 여러 구절을 해석하면서 "이런 구절들은 중동교회의 그리스도인이 하나님을 이해하는 데 믿을 만하거나 유효한 내용이 아니다"는 식으로 편견을 드러낸다.[29] 그는 더 나아가 "성경의 어떤 구절에 기록된 하나님의 말씀과 행위가, 진정한 말씀이나 하나님을 아는 지식과 언제나 일치한다고 할 수 없다"[30]고 설명함으로써 선택적 계시라는 관점을 드러낸다. 이러한 제한된 관점 때문에 아티크는 자신이 시온주의자와 근본주의자를 고소했던 것과 같은 잘못에 빠질 수 있다. 성경의 어떤 구절이 "진정한 말씀 혹은 하나님을 아는 지식"인지 누가 결정한단 말인가? 성경을 팔레스타인 사람들에게 의미 있게 전달하려는 아티크의 노력은 칭찬 받을 만하지만 신 마르키온주의에 빠질 수도 있음을 조심해야 한다.

나는 30년 넘게 갈릴리에서 아랍인들을 섬겨왔고 이스라엘 정부 수립과 관련된 아랍과 유대 간 적대감의 근본 원인들에 대해 무지하지 않다. 난민 문제에 맞서 투쟁해 왔으며 정부가 아랍인들을 불공평하게 대한다고 생각될 때마다 중재했다. 그럼에도 불구하고 나는 구약 성경에 나타난 하나님의 성품을 왜곡하는 관점에는 동의하기 어렵다. 신약의 영감과 함께 예수께서 히브리 성경을 자주 인용하신 것은 구약의 영감성을 인정하는 근거가 되기 때문이다.

아티크처럼 해방신학을 고수하는 사람들은 구약을 볼 때 이방 도시를 철저히 파괴하라고 명령하시는 하나님을 받아들일 수 없다. 이스라엘의 침공으로 멸망한 가나안 족속들은 이방신 몰록에게 맏아들을 불에 태워 바친 자들이라는 사실을 그들은 간과하고 있다! 이러한 인간 희생제물은 사람을 자신의 형상으로 창조하신 하나님을 모독하는 것이었다. 반면, 유대인이라면 무조건 좋게 보는 낭만적인 시각도 있다. 일부 복음적인 그리스도인들은 이스라엘이라면 무조건 쌍수들고 환영한다. 하지만 두 관점 모두 현실을 왜곡하는 처사다. 사랑과 용서로 중재되는 온전한 성경적 진리만이 거룩한 땅에 정의와 치유를 가져올 수 있다.

아티크는 〈미쉬칸〉Mishkan에 실린 기고문에서 구약과 이스라엘 땅에 대한 자신의 관점을 수정하고 해명했다.

> 팔레스타인/이스라엘 땅은 하나님의 세계 중 일부분이다. 이 모두는 하나님께 속한다. 온 세상을 만들고 소유하신 하나님이 그 땅의 창조주이며 주인이시다. 오늘날 하나님은 이 땅에 팔레스타인 사람과 유대사람을 함께 두셨다. 그들은 하나님 아래서 함께 그분의 선한 청지기

> 가 되어야 한다. 그들은 공평하며 서로 좋은 이웃으로 살아야 한다. 두 민족은 공의를 실천하고 인자를 사랑하며 겸손히 하나님과 함께 행해야 한다(미 6:8).[31]

팔레스타인 정부는 스스로 이슬람법 아래 있음을 선포하고, 이스라엘 정부는 스스로를 모든 유대인들의 고국이라고 생각하는 마당에, 이들의 공평한 공존을 생각하기는 어렵다. 아티크가 구상한 해답을 위해서는 정의를 호소하는 것 이상이 필요하다. 하나님의 영으로 아랍인과 유대인들에게 근본적인 변화가 일어나야 하는데, 오직 예수님만이 이렇게 하실 수 있다. 양쪽 모두가 중동 분쟁에 책임이 있음을 인정하고 모든 집단에 하나님의 용서를 가져오는 동일시 회개가 이것을 도와줄 것이다. 많은 사람들이 아티크처럼 중동 분쟁으로 자신의 집을 빼앗기고 이주로 인해 상처와 고통을 받았다. 분쟁으로 아랍인과 유대인들 마음에 퍼져 있는 괴로움의 쓴뿌리를 극복하려면 많은 영적 치유가 필요하다.

### 세속적 물질주의

거룩한 땅과 그곳의 많은 사람들에게는 종교성이 많지만 세속적 물질주의는 여전히 그들 대부분을 지배하고 있다. 예수님은 "너희 보물 있는 곳에는 너희 마음도 있다"고 말씀하셨다.[32] 거룩한 땅에 사는 평범한 이스라엘 사람들은 교외에 하얀 담장이 둘러친 마당과 정원이 있는 아담한 별장이나 빌라를 갖는 게 꿈이다. 국내총소득이 지난 세대의 3배인 일인당 14,700달러를 넘어서면서 더 많은 사람들이 이 꿈을 실현하고 있다.[33] 이러한 "좋은 생활"은 여전히 대부분 사람들의 꿈이다. 많은 사람들이 자동차 여러 대, 케이블TV, 고등교육과 더불어 이혼, 유산, 공허한 삶이라는 서양의 "축복된" 결과도 함께 누리는 중산층이 되었다. 전국 쇼핑몰에는 맥도날드, 피자헛, KFC 같은 전형적인 미국 패스트푸드점이 가득하다. 신용카드 소비는 이스라엘 젊은 부부들 가계에 늘 부담이다.

정통파 유대인들과 이슬람 근본주의자들이 사람들을 과거로 되돌리려 애쓰기 때문에, 빠르게 진행되는 현대화는 불가피하게 사회 · 종교적으로 충돌을 가져온다. 이들은 유산과 인공수정을 반대하고, 가족 당 6~12명의 자녀를 낳기 때문에 그 수가 세속 유대인들보다 빠르게 증가하고 있다.

폭탄테러로 서안과 가자지구가 폐쇄되어 아랍 근로자들은 이스라엘 입국이 힘들어졌고 팔레스타인 정부의 경제 상황은 위기에 처했다. 노동가능 인구의 절반이 놀고 있으며, 1997년 국민총생산GNP은 서안지구가 겨우 2,800달러, 가자지구는 2,400달러일 뿐이다.[34]

팔레스타인 지역기 봉쇄되면서 동유럽, 중남미, 동남아시아에서 25만이 넘는 외국인 근로자들이 이스라엘로 들어왔다. 이들 중 절반은 이스라엘에 불법으로 체류하고 있다.[35] 그들로 인해 유대에서 매일 발생하는 성매매가 약 25,000건에 달할 정도로 매춘이 증가했다.[36]

세속적 물질주의는 처음 매력이 다한 다음에는 많은 이들의 마음에 갈라진 틈을 남긴다. 미지불된 많은 청구서와 함께 말이다. 사람들은 그러한 허무를 음악이나 미술, 문학, 다양한 종교와 철학으로 채우려 애쓰지만 그 무엇도 예수님이 채우시는 필요를 대신 메꾸지 못한다! 그러므로 많은 외국 근로자들과 이민자들이 회중으로 몰리고 있는 상황이다. 이곳은 히브리어, 아랍어, 영어뿐 아니라 러시아어, 루마니아어, 스페인어, 암하라어*, 중국어 등 각종 언어로 교회를 개척하기에 가장 비옥한 지역 중 하나이다. 기독교 방송은 케이블TV를 통해 여러 곳으로 보급되어 일반 대중이 쉽게 복음에 접할 수 있게 한다. 에일라트 같이 관광객이 몰려드는 지역에서는 효과적인 선교활동이 행해진다. 아직은 맘몬**의 영이 거룩한 땅에 살아 있지만 기도로 적을 묶는 전략적 차원의 영적 전쟁을 통해 쫓아낼 수 있다. 모든 시대와 문화에서처럼 세속적인 물질주의로부터 벗어나게 된 사람들은 텅 빈 마음을 채우는 것은 오직 예수님뿐임을 알게 된다.

### 심령술

뉴에이지 철학, 힌두교, 불교와 구루guru들이 이스라엘 지식인들에게 "통한다"는 것은 내게 놀라움으로 다가왔다. 많은 젊은 유대인들이 한번쯤은 이스라엘 땅을 떠난다. 일부는 동쪽으로 인도, 태국을 여행하며 동방 종교를 탐험하는 것이다. 이스라엘로 돌아온 그들은 이런 동방 종교들이 유대교에서 선언한 하나님의 유일성과 모순 된다는 것을 모른다.

---

* Amharic, 에티오피아 공식 언어.

** 재물의 신 — 편집주

유대교와 이슬람, 심지어 전통 교회들도 자기 종교 체계 안에 신비주의 형태의 의식을 지니고 있다. 유대교의 카발라는 신비주의와 맞닿은 수점數占과 상징주의로 가득하다. 갈릴리 마을의 몇몇 무슬림 셰이크들은 코란의 구절을 사용한 '이잡' ihjab(주문 암송)과 기적 치료 등으로 인기가 있다. 갈릴리의 한 가톨릭 신부는 환상을 통해 시체와 잃어버린 물건을 찾아내는 것으로 유명하다. 일반 사람들은 이러한 체험을 받아들이지만 그것의 유래가 하나님인지 악마인지 구별하지 못한다. 사람들은 그런 것들이 어리석다고 느끼면서도 힘들어지면 인생의 불행을 통제하려는 마음에서 거기로 되돌아간다.

중동 특히 베두인 여인들은 지역 의사나 병원의 진료와 함께 신비주의 수련자에게 도움을 청한다. 내가 아는 한 베두인 여인은 고통스러웠던 등 수술 후에 셰이크에게 가서 '이잡'을 받았다. 그녀와 다른 여인은 기적적인 치유를 바라며 복비를 넉넉히 지불했다. 그렇지만 그중 몇몇은 집으로 돌아오는 차 안에서 아파오기 시작했다.

그런 의식을 따르는 사람들은 불면, 악몽, 자살 충동과 살인 등으로 불행한 결말을 맞는다. 고등교육을 받은 중동 출신으로 그 지역에서 중요한 지위에 있던 한 남자는 TV에서 보도된 폭력을 보고는 "왜 사람들은 저렇게 끔찍한 짓을 하죠?" 라고 외쳤다. 나는 사람들이 유일하신 참 하나님이 아닌 다른 영들에 스스로 굴복할 때 종종 폭력적이고 비이성적으로 행동한다고 설명하고 싶었다. 거룩한 땅에서 심령술의 영향은 희미하지만 매우 실제적이다. 이것은 예수님께서 구원과 구속을 위해 그분을 신뢰하는 사람들에게 주시는 성령의 권능으로 극복될 수 있다. 교회로 오는 많은 신자들은 사탄의 억압과 부정한 습관으로부터 자유케 될 필요가 있다. 사람들 사이에 악마적인 활동이 많기 때문에 영적전쟁을 위한 기도야말로 거룩한 땅 교회개척에서 우선적으로 필요한 부분이다.

### 가부장적 사회

잘 닦인 고속도로와 새 차, 케이블TV, 팩스, 인터넷이나 이메일 등으로 빠른 현대화가 진행되고 있지만 이 땅 사람들은 여전히 가부장적이다. 특히 아랍인과 아랍 국가 출신의 동방 유대인, 세파디 유대인*들은 더욱 그렇다. 조지 제닝스는 이것이 의사결정과 리더십에 미치는 영향을 이렇게 설명한다.

> 이 지배형태는 족장 지도자와 다양한 씨족 출신인 원로 협의회를 통해 이뤄진다. 샤이흐**는 독재자는 아니지만, 부족 관습의 테두리 안에서 상당한 힘을 가진다. 그는 어떤 관심사에 대해 부족이 전통적으로 내려온 해석에 따라 그 권한을 사용한다. 일련의 행동에 착수하기 전에 원로에게 자문을 구하고, 부족의 전체 의견뿐 아니라 선례에 따라서도 제한 받는다. 지도자 자리는 샤이흐의 아들에게 대물림되며, 혹 그럴 수 없을 때는 샤이흐의 다른 가족에게 넘겨진다. 지도자들은 신

---

* 스페인계 유대인.

** shaykh. 아랍 이슬람 사회에서 노인 또는 부족이나 가족의 장로. 종교적으로나 공적으로 권위를 가진 자에 대한 존칭.

중함과 지혜로 다스리는 용기, 그를 관대하게 하는 부富, 자기 부족을 향한 아버지와 같은 마음이 있어야 했고, 단호하면서도 정의롭고 친절해야 했다.[37]

유목생활에서 마을과 도시생활로 옮겨 가면서도 이러한 족장 사고방식은 수세기에 걸쳐 근대사회로 전해졌다.

중동은 온 가족이 한 집 또는 옆집에 사는 확장된 부계 동거(아버지의 거주지 또는 가까이에서 사는)의 형태를 띤다. 이곳에서 가족이란 남자와 부인과 결혼하지 않은 자녀들 및 결혼한 자녀의 부인과 아이들 모두를 의미한다.
또한 이러한 전형적인 제도에서는 아버지나 가장 연장자인 남자(가장)가 가족을 '지배' 하며, 아버지의 이름으로 온 집안이 평가받는다. 결혼할 때는 우선적으로 가족 내에서 짝을 찾아야 했다. 가능하다면 아버지 쪽 사촌 간의 결혼이 더욱 이상적이다. 이는 이상적인 가족 형태를 보호하려는 목적이다. 오늘날은 현실적으로 거의 존재하지 않지만, 이것은 가족이 어떠해야 하는가를 보여준다.[38]

연합되지 않고 분산된 서양의 가족과 비교할 때 부계 중심의 친밀함은 그 자체로 매력적이다. 그러나 불행히도 아랍인 가정에는 이로 인해 끝없는 다툼이 일어나기도 한다. 성경은 "사람을 지으신 이가 본래 저희를 '남자와 여자' 로 만드시고, '이러므로 사람이 그 부모를 떠나서 아내에게 합하여 그 둘이 한 몸이 될찌니라'"고 가르치신다.[39] 그런데 아랍인 가정에서 남자는 부모를 떠나지 않으며 함께 산다. 그리고 아내는 종종 시어머니의 종이 된다. 이것은 자연히 불화를 일으킨다. 형제나 자매 둘이 다른 집안의 두 명과 결혼하는 "베델"bedel(아랍어로 '교환') 제도는 한 쌍이 헤어져 부인이 떠나면, 비록 다른 부인이 자기 남편과 있고 싶어도 함께 돌려 보낸다.

그리고 젊은 아랍 미혼녀가 결혼 전에 성관계를 갖게 되면 가족 전체의 수치라고 생각한다. 그녀는 불행하게도 아버지나 다른 가까운 친척들에게 죽임당할지도 모른다. 남편에게 성실하지 않았다고 의심받는 여자도 마찬가지다. 조지 제닝스는 이렇게 말한다.

> 그렇게 되면 젊은 여인은 자기 가족의 이름에 중대한 위협거리가 된다. 혹시라도 몸을 그르친다면 그녀는 아버지나 오빠의 손에 죽음을 맞게 될지도 모른다.[40]

우리가 거룩한 땅에 사는 동안, "가족의 명예" 때문에 아버지나 친척들 손에 죽은 아랍 소녀들의 거의 매주 신문을 장식했다. 수많은 몰상식한 살인 사건들로 인해 아직도 여성 인권은 이스라엘에서 중요한 논쟁거리다.

코란이 아내 구타를 허용하기 때문에 무슬림 여인들에게 가해지는 정신적 폐해는 심각하다. 여인들은 남편의 재산으로 여겨지며 법적 가치는 남자에 비해 겨우 절반 정도다. 그녀는 즉시 이혼을 당하거나 집에 들어온 '넷째' 부인의 업신여김을 받을 수도 있다. 모든 아내들과 아이들 사이에서 괴로움과 경쟁의 골이 깊어간다. 아이들 역시 아버지의 주목을 받으려고 서로 티격태격 하기 때문이다. 불행하게도 아랍계 그리스도인 가정에서도 여인에 대한 평가는 여전히 낮다. 남자 아이들이 자기네 엄마들과 여자 형제들을 저주하는 것을 한 남자가 즐기며 방관하는 것을 목격하기도 했다.

가족과 이런 어려움에 처한 소녀들에게 살 집을 찾아주도록 성직자나 사회복지사들을 거드는 일도 내 중요한 사역 중 일부다. 오래 전 어느 밤이었는데, 한 사회복지사가 젊은 소녀를 데리고 우리 집을 찾아왔다. 엄마가 질투심 많은 남편 때문에 자살해서 그녀는 고아원에서 자랐다. 아버지는 딸을 받아들이지 않았고 소녀에게는 조금의 유산도 줄 수 없다고 위협했다. 나는 그에게 "좋습니다. 당신이 죽으면 소송을 해서 당신 딸 양육비를 받아낼겁니다!"라고 했다. 다음날 그는 사회복지사와 나를 자신의 변호사 사무실로 불러 자기 딸을 포함시킨 수정된 유서에 서명했다.

급격한 변화가 일어나면 기존의 가부장적인 권위는 위협받기 마련이다. 그럼에도 불구하고 남성 우위 문화는 여전히 이 땅의 아랍인과 유대인 가정 모두에게 강력한 요새를 형성하고 있다. 교회개척자가 복음으로 가족에게 접근할 때 마땅히 존경받아야 할 사람에게 존경을 표하는 법을 알아야만 한다. 만일 남자 어른이 긍정적인 영향을 받았다면 나머지 가족들을 주님께 인도하는 데 그가 큰 도움을 줄 수 있다. 혹은 그가 무서운 반대자가 될지도 모른다. 존경하는 마음으로 대한다면 그는 가족들에게 복음을 들려주는 것을 허락할지 모른다.

### 부족에 대한 충성심

겉으로는 공동체가 현대적이 되고 진보한 것 같지만 조상에 대한 충성심은 여전히 유서가 깊다. 그들이 사회적으로 연대하는 길이 된다. 종교, 국적, 언어 등 어디에 기반을 두었던지 이는 중요하다. 조지 제닝스는, 중동에서는 "3세대에서 7세대 전에 살았던 공동 부계 조상에 대해서도"[41] 존중하는 마음이 있다고 했다.

정치 동맹에 의해 이러한 확장된 가족■ 권력이 무너지던 시기도 있었다. 그러나 광신적인 무슬림과 유대인들이 등장하며 사람들은 다시 집단에 충성하기 시작했다.

부족에 대한 충성은 특히 아랍어 사용 지역에서 지역교회 형성에 영향을 미친다. 마을과 공동체들은 가족집단을 중심으로 구성되며, 목사들은 자기 가족이나 부족에서 사람을 모으는 게 훨씬 쉽다는 것을 알게 된다. 교회에서 다툼이 일어나면 상황과는 무관하게 사람들은 본능적으로 가족 편을 들게 되며, 사건이 원하는 대로 해결되지 않으면 항의차원에서 가족 전체가 떠나기도 한다. 내가 아는 대부분의 아랍 교회가 이런 문제로 나눠지는 것을 보았다.

긍정적인 면을 보자. 이곳의 많은 아랍인과 유대인 가정은 보편적으로 이방인과 새로운 사람들을 환대한다. 손님이 오면 시원한 과일

---

■ '하무라' (hamura, 아랍어) 또는 '미쉬파하 무르헤데트' (mishpacha murchedet, 히브리어) — 본문주

주스에 이어 과일이나 케익을 대접하고 마지막으로는 진한 커피를 내온다. 거하는 동안 손님은 편한 마음으로 지내게 된다. "너희를 손님으로 맞아줄 사람을 찾아서 떠날 때까지 거기 머무르라"라고 하신 예수님의 말씀은 거룩한 땅 교회개척자들에게 여전히 적절하게 들린다.[42] 그렇지만 그런 후한 대접 때문에 손님은 주인의 속마음을 알기 어렵다. 실수로 악명 높은 집안이나 경쟁자의 가문에 발을 들여놓는다면 앞으로 몇년 동안 사역에 부정적인 영향을 미칠 수도 있다. 반면 지혜롭게 첫 접촉을 선택하여 "평화의 사람"을 발견한다면 집주인은 교회개척 운동으로 이어지도록 사람들을 이끌 수 있다.

### 의사소통은 대화중심으로

보통 유대인 가정에는 커다란 서가가 있으며 그들은 무섭게 책을 읽는다. 그러나 의사소통은 주로 대화로 하기 때문에 그들의 종교적인 생각은 종종 우화나 수수께끼로 표현된다.

이스라엘의 가독률可讀率이 92%이고 서안과 가자지구는 70%라고 하니 이 땅 사람들은 논리적인 의사소통을 좋아할 것 같지만[43] 그렇지는 않다! 경험적으로 볼 때 이 땅 사람들은 대화로 자기 생각을 표현한다. 아랍인이나 유대인 두 명이 서로 대화하는 것을 처음 보았다면 그들이 싸운다고 생각할 정도다. 얼굴 표정하며 손 흔들고 소리 지르는 것 모두 겉으로 보면 곧 싸울 태세다. 그리고 대체 무슨 일인지 파악하기도 전에, 그들은 웃으면서 헤어진다.

기도문을 암송할 때는 몸을 흔드는데, 유랑생활을 마치고 낙타 등에 탄 채 돌아오는 사람이 연상되는 모습이다.

이스라엘에서 무선전화기가 빠르게 보급되면서 운전중 통화를 금지하는 법안을 통과시켜야 했다. 운전중에도 손을 사용하며 전화하는 사람들이 많았기 때문이다.

모레 버거Morroe Berger는 이렇게 설명한다.

> 아랍인들이 말에 얼마나 집착하는지 눈에 선하게 보일 정도다. 그들은 음식과 함께 대화의 기술에 대해 강한 존경심을 보인다.[44]

셰이크(무슬림)나 목사 같은 아랍계 종교인들에게 자신의 경전 구절을 인용해 달라고 해보라. 그들은 콧노래를 부른다! 아랍인들은 이야기 구술story telling의 달인들이다. 나는 갈릴리마을에 자주 찾아가 아랍 우화를 들으며 많은 시간을 보냈다. 아랍계 무슬림들은 논리가 잘 먹혀들지 않지만 같은 진리를 이야기 형태로 전하면 감을 잡는다. 이 땅에서 예수님 안에 있는 하나님의 진리를 전하고 싶다면 복음을 이야기로 구연하는 기술을 배워야 한다. 이러한 이유 때문에 예수님도 들을 만한 일부 청중들에게 결심을 촉구하실 때, 비유와 이야기로 가르치셨던 것이다.

### 셈족 언어

타국 복음주의자가 이 땅에서 교회를 개척할 때 극복해야 할 가장 만만찮은 장애물은 아마도 언어일 것이다. 사람들은 히브리어를 배우는 데는 두 평생이, 아랍어는 세 평생이 걸릴지 모른다고도 한다! 두 셈족 언어는 모두 세 개의 자음을 원형으로 사용하지만, 알파벳은 서로 다르다. 히브리어는 서기 70년 예루살렘이 파괴되며 거룩한 땅에서 쫓겨난 후 1900년 동안 거의 잠들어 있었다. 이것은 오직 종교적인 목적으로만 사용되었고 디아스포라의 유대인 강제거주구역 게토에서만 쓰였다. 그러다가 20세기가 시작되고 고토古土에 정착하려는 시온주의 운동을 통해 히브리어는 되살아났다. 이제 이스라엘 사람들 대부분은 현대 히브리어를 말할 수 있다. 여기에는 고대의 성경 히브리어가 포함되며 그 밖에 수많은 외래어가 섞여 있다. 반면에 아랍어는 중세시대 동안 의료, 천문, 지리, 철학을 아우르는 언어였다. 아랍 어휘집에는 2백만 개의 단어가 실려 있다. 둘 다 라틴어에 기초한 언어가 아니어서 서양인에게는 큰 도전거리다.

나는 각 언어의 형태와 소리가 유대인과 아랍인의 정신과 생활양식에 어떤 영향을 미쳤는지를 보며 적잖이 놀랐다. 인쇄된 형태의 히브리 철자는 사각형이며 각 글자는 따로 분리되어 있다. 이것은 날카롭고 논리적으로 사고하도록 한다. 그리고 히브리 성경 '토라'는 유대인 백성들의 삶을 규제하기 위한 율법과 가르침으로 구성되어 있다. 그러므로 그들의 삶은 율법과 상호성에 기초한다. 그들은 생각하는 것을 말하고, 말할 때는 진심으로 그렇게 한다. 그리고 그들은 무서운 전략가들이다.

반면 아랍어는 연속된 소용돌이처럼 모두 연결되어 있다. 모스크의 벽에 늘어서 있는 '칼라암 알라' kalaam allah 즉 "하나님의 말씀"

speech of God는 경배자들에게 코란을 각인시킨다. 무슬림들은 말 speech를 '임 알칼라암' ihm al-kalaam 즉 "과학"이라고 생각한다. 그들에게 있어 논쟁을 이기는 것은 논리가 아니라 말의 유창함과 힘이다.

그러므로 유대인과 무슬림이 관계를 맺으려 할 때마다 그들의 법과 언어는 서로 충돌한다. 정치 분쟁에서 유대인과 아랍인이 타협하기 위해 외부중재자의 도움이 필요한 것은 이 때문이다.

## 불화의 영

위에서 언급한 여러 특징들로 인해 거룩한 땅은 잔뜩 긴장하고 있다. 사람들의 공격적인 운전방식에서 이것을 느낄 수 있다. 이곳에서 최고의 사망원인은 바로 도로 사고다. 손님들마다 다른 사람을 제치려고 서로 떠밀고 점원은 당신을 무관심하게 대하기 때문에 은행이나 잡화점에서 줄을 서는 것도 인내심을 요한다. 그렇지만 경제가 관광객에 많이 의존하기 때문에 안내원과 가게점원은 공손한 태도로 손님을 대하도록 훈련받기 시작했다.

유대인과 아랍인들은 걸어 다니는 시한폭탄처럼 살고 있다. 최소한의 자극에도 폭발할 준비가 되어 있다. 그러나 정상적인 상태라면 그들은 매우 공손하다. 조지 제닝스는 이런 극명한 모순이 숨겨진 이유를 설명한다.

> 사막이라는 험한 환경 속에서는 '환대'를 통해 개인적인 무기력을 극복할 수 있다. 마을이나 도시에서 이것은 다르게 기능한다. 상존하는

적대감이 갑자기 폭력으로 변하지 않게 막아주는 것이다. 과장된 환대나 공손함은 부분적으로는 적대감을 해소하려는 반응이다.

중동 사람들의 삶은 대부분 경쟁심으로 가득하다. 사막 부족들간 불화, 정착한 공동체 내에서 가족 및 마을간 불화, 도시에서의 집단간 적대감 등으로 이것이 나타난다. 현지의 정치 평론가들은 논쟁을 좋아하는 그들의 성향이 중동의 단결을 방해했다고 퍽이나 강조한다.

그런데 이러한 공격성을 억제하고 충분히 거리를 유지하게 하는 것이 공손함이다. 환대와 관대함으로 우정을 표현하는 것이다.[45]

이슬람에서 불신의 문제는 빠지지 않는 부분이다. 코란은 만약 사람이 하나님을 속일 수 있다 생각하면 하나님도 그를 속이실 거라고 지적한다. 또한 하나님이 코란 한 구절을 취소하고 더 나은 말씀을 내려 보냄으로 코란을 바꿀 수 있다는 얘기도 나온다.[46] 최근에는 신문들이 횡령이나 재정 스캔들을 매주 보도하면서 유대 공동체는 자기 지도자를 늘 의심하고 있다. 불신과 충돌을 야기하는 이러한 불화의 영은 아랍계 기독 공동체에서도 넘쳐난다.

복음주의 그리스도인과 교회개척자는 나사렛 예수를 통해 계시된 공의롭고 자비하신 하나님의 메시지를 가지고 이 불화의 분위기 안으로 들어온다. 그런 분위기 속에서 중재자로 살려면 솔로몬의 지혜와 욥의 인내 그리고 예수 그리스도의 사랑이 필요하다. 연합을 파괴하는 분열을 막으려면 교회개척자는 기도 용사들에게 둘러싸여 있어야 한다.

### 전쟁

우리가 이 땅에서 30년 넘게 사는 동안, 앞에서 말한 것들이 축적되어 네 차례나 전쟁으로 폭발했다. 분쟁중인 영토와 종족 간의 종교적 · 정치적 결합은 확실히 폭발하기 쉬운 혼합물로 변하게 마련이다! 유대인과 아랍인이 서로 싸우지 않는다면, 불행히도 수세기동안 그리스도인들이 그랬던 것처럼, 그들은 자기들끼리 싸울 것이다. 그들에게는 모두 죄 많은 인간의 약점이 있다. 제닝스는 중재자가 실패하는 이유에 대해 이렇게 말한다.

> 지역주의, 분리된 국가들에 세워진 지배계급, 외국의 지배, 전통에 대한 충성(종교, 민족주의, 혈족), 도시와 유목 생활의 차이점들과 경제 · 정치 · 사회적인 억압 조건들로 인해 중동 국가들 간의 화합은 고사하고, 자국 내에 존재하는 요소들을 통일하려는 일도 버거운 게 사실이다.[47]

이 지역은 주기적으로 전쟁을 겪으며 많은 피해를 입었고 삶은 뒤죽박죽 되었다. 그러나 우리는 오히려 수세기동안 교회가 살아남았고 오늘날 거기서 성장하고 있음에 놀라야 한다.

거룩한 땅에서 섬기고자 하는 사람들에게 전쟁은 여전히 위험거리다. 사람들은, 사랑하는 이들을 잃고 지쳤으며 평화를 갈구한다. 그러나 그들은 계속 긴장 속에서 살아간다. 이스라엘에서 짓는 모든 새 집에는 "밀실"과 방공호가 있고 모든 시민은 방독면을 받는다. 그래도 삶은 계속된다. 한번은 나사렛의 한 사업가가 내게 전쟁이 또 한번 날 것 같은지를 물었다. "5년간의 평화만 보장된다면 호텔을 짓고 이익을 남길 수 있다"고 그는 말했다. 이것이 사실이더라도 해마다 이스라엘에서는 전쟁으로 죽은 사람보다 자동차 사고로 죽은 사람이 더 많다. 모든 가정이 전쟁으로 인한 손실로 고통 받고 있다.

특히나 과거 왕들이 전쟁에 나가곤 했던 봄과 여름에는 이러한 군사 정신이 여전히 이 땅을 지배한다. 지금도 아랍인과 유대인은 쉽사리 서로를 적대한다. 복음주의 교회개척자와 중보기도자들은 반대편 진영으로 끌려가지 않도록 스스로 조심해야 한다. 전쟁이라는 위기와 현실로 인해 평화를 찾는 많은 사람들의 마음이 열렸다. 우리에게는 예수님을 통해 하나님의 평안을 나누는 기회다. 그 평안은 기록된 말씀 그리고 살아계신 말씀이자 평화의 왕이신 예수님과의 개인적인 만남을 통해 온다.

과거 어떤 이들은 그리스도인이라 하면서도 호전적인 행동으로 평화의 참된 의미를 왜곡했으며 이것이 우리의 사역을 더욱 어렵게 했다. 21세기가 되자 많은 중동국가들이 핵무기와 치명적인 화학가스를 손에 넣고 있다. 이슬람 세계가 발전하면서 아마겟돈 시나리오가 점점 현실이 되어가고 있다. 우리 시대에 예루살렘의 성전산聖殿山을 얻어내려는 '지하드' (이슬람 성전聖戰)를 볼 수 있을지도 모른다. 『거인들의 최후』The Last of the Giants에서 조지 오티스 2세가 묘사했던 "격정과 불안"의 세월이 현실이 될 수도 있다.[48] 살아계신 하나님과 평화의 왕에 대항하는 골리앗의 영을 극복하려면 전략적 차원의 기도가 거룩한 땅에 집중되어야 한다.

## 난민 현황

수천 명의 아랍인과 유대인들이 전쟁으로 인해 집과 재산을 잃었다. 요르단 인구의 절반 이상과 상당히 많은 레바논 거주민들이 최근의 아랍-유대 전쟁으로 난민이 되었다. 이들을 위한 대규모 난민 수용소가 서안과 가자 지구에 있다. 그들의 가난과 이스라엘을 향한 분노는 더욱 깊어만 간다. 이 수용소의 젊은이들은 희망 없이 자포자기하고 있으며, 최근에는 이들이 몇 건의 자살폭탄 테러를 일으켰다. 팔레스타인 난민 문제는 아랍인에게 치유되지 않은 상처로 남아 있다. 수용소가 있는 한 유대인들도 결코 편할 수 없다. 예루살렘에 대한 최종 타결이 끝난 다음에도 난민문제는 여전히 이 지역을 불안하게 할 요인이다.

이들 아랍계 난민들은 아이러니하게도 중동에서 가장 교육받은 사람들 축에 속하게 되었다. 난민수용소 내의 유엔학교에서 아이들에게 일반 교육을 실시하고 있기 때문이다. 팔레스타인 사람들은 사촌격인 유대인과 비슷해서 매우 지적이며 활동적이다. 그들은 쿠웨이트, 요르단, 레바논 등 이 지역의 여러 국가에서 사무직 및 기술직 노동자가 되었다. 많은 학생들이 높은 학문적 수준에 올라 전 세계로 흩어졌으며 이것을 "팔레스타인 디아스포라"라고 부른다.

거룩한 땅의 유대인들 또한 정신적인 난민상태로 여러 세기를 지내왔다. 이스라엘에 사는 많은 유대인들은 원래 태어났던 나라에서 이곳에 난민으로 왔으며, 전에 아랍국가에서 살던 일부 유대인들은 아랍-이스라엘 분쟁으로 이 땅으로 이주했다. 부정적인 경험이 계속되면서 아랍계 난민들에 대한 유대인들의 동정심이 무뎌져 갔다.

전쟁과 분쟁을 피하려는 난민들은 또한 막대한 자산을 남기고 떠났다. 이스라엘 지역에서 부재자 재산관리소*와 정부토지공사*는 수천 두남**의 국토와 1948년 전쟁 중에 난민으로 떠난 아랍인들이 소유했던 많은 집과 건물들을 관리하고 있다.[49] 이들 재산 중 일부는 이스라엘에 남았거나 정착한 유대인과 아랍인들에게 임대되었다. 가끔은 권리증이 다른 토지나 재산과 교환되기도 한다. 이 부재자 재산 관리소의 숨은 목적은 결국 그 토지와 재산을 소유하는 데 있다. 그러나 최종 협상을 통해 아랍인과 유대인 모두의 손실을 보상할 수 있을 것인지는 숙제로 남아 있다.

강제 이주로 인한 상처가 치유되기를 바라면서 많은 기독교 단체가 난민수용소에서 땀 흘리고 있다. 난민생활로 고통 받는 이들을 돕는 노력은 모두 좋은 일이다. 그러나 가장 결정적인 해결책은 빼앗긴 땅과 집에 이들을 재정착시키는 것이다. 그리고 이것은 이미 거룩한 땅에 살고 있는 사람들을 이주시키는 식으로 해결되어서는 안 된다. 이로 인해 더 큰 문제가 발생되지 않도록 반드시 지혜와 기도가 동반되어야 한다.

나의 사역에서 일어났던 감동적인 이야기를 해보겠다. 우리는 예

---

*각각 '아미다'(Amidar)와 '미칼카예'(Mikalkayeh)라고 불림 — 본문주

** dunam. 1000m$^2$ 혹은 0.25acre

수님을 구주로 영접한 어느 무슬림이 살 집을 찾고 있었다. 많은 유대인들은 그에게 집을 빌려주려 하지 않았다. 마침내 자신도 이란 난민 출신이던 한 유대인은 그에 대한 얘기를 듣고 집을 빌려주는 데 동의했다. "나 또한 난민이라서 당신 얘기가 내 마음을 움직였다"고 말했다. 전쟁으로 찢겨진 이 땅에서 우리는 종종 이삭과 이스마엘의 후손들 사이에서 중재자 역할을 할 수 있다.

### 식민지 정신

거룩한 땅은 역사적으로 여러 외세의 침략으로 식민지 상태에 있었다. 로마, 비잔틴, 무슬림, 십자군, 투르크, 영국 그리고 이제 정치적으로 어디 출신이냐에 따라 시온주의자나 팔레스타인들이 모두 이곳을 점령해 왔다. 유대인들은 이제 겨우 50년 동안 국가의 지위를 누렸고 팔레스타인은 자기 것을 얻기 위해 계속 투쟁하고 있다. 이 땅은 외세의 점령으로 여러 세기 동안 지역 주도권을 빼앗긴 상태였다. 그들은 세금을 걷고 청년들을 군대로 징집했다. 이 땅에 살던 사람들은 정치 · 경제적으로 살아남기 위해 삶의 방식을 속여야 했다. 상인들은 "네 주머니"를 찼다. 한 주머니는 자기 윗사람에게 하나는 아랫사람에게 뇌물로 주고, 하나는 세금, 마지막 하나는 자신을 위한 것이다. 그러므로 이곳의 세금체계가 지나치게 까다롭고 사람들을 불신한다 해도 그리 놀랍지 않다. 부분적으로는 이런 이유들 때문에 이 땅 사람들은 최근까지 자신의 부유함을 드러내지 않았다. 마당과 집으로 들어가는 입구는 일부러 더럽고 지저분하게 내버려 두었다. 일부는 길에 쓰레기를 던졌다. 그러나 놀랍게도 집안은 날마다 박박 문질러 청소하곤 한다.

중동에서 정치적 변화는 대개 정복자의 죽음이나 폭력 혁명을 통해 왔다. 교회 사역자를 포함한 외국인들은 잠재적인 간첩으로 간주되었다. 사실 과거 많은 나라들이 군대를 침입시키기 전에 "그 땅을 정탐"하는 데 목사와 고고학자들을 이용했다. 현지 안보 전문가들은 종종 사람들을 정치적인 대화로 끌어들이고, 젊은이들을 불법 행동으로 부추긴 다음, 미래에 그들을 수단으로 사용한다.

이 땅에 처음 도착했을 때 나는 허리에 선글라스 케이스를 차고 있었다. 마을 어르신들은 그 안에 백악관으로 메시지를 보내기 위한 라디오가 있을 거라고 생각했다는 걸 나중에 알았다! 당신이 정부에 고용된 사람이 아님을 납득시키는 것은 정말 쉽지 않다.

점령 상태에 사는 사람들은 자신들이 외부 권력에 인질로 잡혀 있다고 느낀다. 생활방식을 바꿔도 소용 없어 보인다. 현지 교회 지도자들은 여러 해 자유로운 삶을 살았더라도 실패할 것을 두려워해 교회 개척을 주저한다. 그들은 외국인들에게 정치놀이를 피하라고 주의를 주는데, 교회를 어려움에 빠뜨린다는 이유에서다. 우리는 이런 그들에게 신약 말씀을 전할 수 있다. "또 누구든지 너로 억지로 오리를 가게 하거든 그 사람과 십리를 동행하라"[50]고 하실 때, 예수님은 유대인 신자들에게 로마군병을 다루는 윤리를 가르치셨다.

한번은 팔레스타인 아랍계 신자 하나가 서안지구에서 이스라엘 점령군에게 체포되었다. 그는 외로웠고 버림받은 것 같았으며 풀려날 소망도 없었다. 그러다가 어느 날 이스라엘 군대의 유대인 신자 하나가 그 젊은 아랍인이 성경 읽는 것을 보았다. 그는 자신이 신자라고 밝히고 마침내 그 아랍인의 석방을 얻어냈다. 감옥 밖에서 그들은 신자로 만날 수 있었다. 이 얘기는 유대인과 아랍인 사이에 생겨난 장벽을 예수님이 어떻게 허물 수 있는지를 보여준다.

## 상처받은 두 민족

거룩한 땅은 "두 번 약속된 땅"으로 불려왔다. 몇몇 영국 정치인들이 기독교 시온주의 이데올로기와 정치적 편의주의 때문에 이 땅을 유대인에게 약속했고, 어떤 이들은 1차 대전 중 투르크에 대항하여 원군이 되어준 대가로 아랍인들에게 정부를 약속해버렸다. 유대인과 아랍인은 같은 땅덩어리로 민족적 · 종교적 열망을 키워나갔다.

한번은 갈릴리의 잘 나가는 키부츠 식당에서 저녁을 먹다가, 나는 순진하게도 거기 사는 나이든 유대인 친구에게 이렇게 묻기도 했다. "이 키부츠는 누구 땅에 세워진 거죠?" 그는 대답했다. "어떻게 감히 그런 질문을 하는 겁니까? 당신네 미국인들이 인디언들에게 한 건 뭐죠!" 나는 1948년 이전에는 그 땅이 아랍인들에게 속했었으며 내가 아픈 부분을 건드렸음을 깨달았다.

거룩한 땅의 많은 유대인과 아랍인들에게는 오늘날에도 여전히 떠나온 아픔과 사랑하는 이를 잃어버린 상처가 있다. 잘잘못을 판단하기 전에 우리는 과거 자신의 불의를 인정해야 한다. 그렇지만 그 과거에서 계속 살 수는 없다. 많은 유대인과 아랍인들의 마음속에는 과거의 다툼을 해결하려는 갈망이 새롭게 싹트고 있다. 우리는 하나님이 용서하고 변화시킨다는 성경 메시지를 계속 전해야 한다. 그분만이 과거의 상처로 깨어진 마음을 치유하신다. 유대인이나 아랍인이 예수님을 구주로 고백하고 하나님의 평화가 마음에 흘러넘칠 때마다 이것이 증명된다. 예수님은 "중간에 막힌 담"을 허신다.

예수님을 믿는 한 무슬림 신자는 전에 유대인을 얼마나 미워했었는지를 내게 얘기했다. 그러나 성경을 읽기 시작하면서 그의 마음에서 증오가 떠나가는 걸 느꼈다! 에베소서 2장 14절의 약속은 그의 경험에서 실제가 되었다. "그는 우리의 화평이신지라 둘로 하나를 만드사 중간에 막힌 담을 허시고, 유대인과 이방인 사이에 평화를 가져오셨다."[51] 교회개척자들이 귀기울여 이해하고 극복하려 노력한다면, 그리스도 안에서 얻는 새 생명의 기적으로 이 땅의 도전들을 극복할 수 있다. 유대인과 아랍인 신자들이 과거의 상처와 불의를 서로 용서할 때 회개 운동이 일어나는 것을 나는 놀라며 지켜보았다.

복음주의 그리스도인과 교회개척자가 직면하는 이러한 도전들은 이 땅의 교회성장에 어떤 영향을 미칠까? 그것은 교회의 후퇴가 될까 아니면 성장을 가져올까? 3장에서는 21세기를 위한 긍정적인 징후들에 대해 생각해보겠다.

# 3장
# 21세기에 대한 전망

거룩한 땅에서 교회개척자들은 많은 도전들을 맞았지만 21세기에 희망을 주는 긍정적인 징후들도 많이 보인다. 주인은 일꾼을 준비하고 계시며 밭은 이미 추수할 때가 가까웠다. 많은 신실한 현지인과 타국에서 온 일꾼들이 우리 앞서 땅을 깨끗이 하고, 돌로 경계를 세우며, 씨 뿌리고, 많은 어려움 속에서도 힘써 싸워왔다. 복음에 대한 사람들의 반응에서 주목할 만한 변화가 시작되는 것이 분명히 보인다. 20세기의 마지막 25년 동안에는 교회가 증가하는 모습이 뚜렷이 보였다. 새로운 세기에 교회개척자들은 영적 황무지라고 불리던 이곳에서 중보 기도로 돕는 사람들과 함께 늘어나는 수확물을 거두게 될 것이다.

## 잘 훈련받고 동기 부여된 청년들

하이파에서 1년간 아랍어를 공부한 후 1966년에 나사렛에 도착했을 때 1950년대부터 시작된 청년 부흥이 눈에 띄기 시작했다. 2차 세계대전과 1948년 이후에 교회를 회복하려는 외국인 사역자의 노력과 기도로 주님은 움직이셨고 현지 청년들은 교회와 학교사역에서 지도력을 발휘하기 시작했다. 드와이트 L. 베이커 박사는 1952년 아크르 외곽의 여름 캠프에서 청년들에게 일어났던 전환점을 이렇게 회상한다.

> 하루 일과를 마친 소년들이 매일 밤 복음주의 예배에 참여하기 위해 캠프파이어 주위로 모여들었다. 매번 예배 후에는 일상에서 주님을 제대로 따르기 위해 자신을 온전히 드리는 시간을 가졌다. 소년들 모두 그리스도인 가정 출신이었지만 이는 쉽지 않았다. 그들의 신앙은 단지 전통에 따른 것이었고 희생과 섬김의 삶으로 적용되지는 않았기 때문이다. 그들에게 예수님은 역사 속에 계신 분이지 자신의 구주는 아직 아니었다. 주일 밤 마지막 예배를 마치고 캠프가 끝나기 전까지로 기회가 늘었지만 용기는 여전히 부족했다. 몇몇 청년들의 마음속에서는 싸움이 진행중이었다. 복음주의자는 마지막으로 도전했다. 그들이 하나님의 권능으로 변화되어 공동체에서 선한 일을 위하여 섬기게 될 비전을 제시했다. 그가 말하는 동안 신중하게 하나, 둘, 셋… 모두 11명의 소년들이 불길 앞으로 나왔으며, 어떠한 개인적인 희생에도 불구하고 그리스도를 따르겠다고 자신들의 갈망을 나타냈다.[1]

이 젊은이들은 나중에 나사렛 침례 학교의 교사는 물론 나사렛 침례교회와 갈릴리 근방에서 복음적인 집사와 목사가 되었다. 그 자녀들이 자라 이제 메시아닉 유대인 신자들의 자녀들과 함께 그리스도인 학생연합Fellowship of Christian Students, FCSI을 이끌고 있다. 이들 2세대 신자들은 여름캠프 프로그램의 리더들이자 전국적인 학생 컨퍼런스를 인도한다. 그들은 여러 교회를 순회하는 청년합창단을 만들었으며 또한 새신자들을 격려하고 훈련하기 위해 주간 성경공부를 지휘한다. 더불어 그들은 전국 복음주의 운동에 유대인 신자들과 함께 동참해 주요 도시에서 열리는 록 콘서트나 예술 축제에서 전도지와 간증을 나눈다. 모든 교파의 학생들이 이 활동에 참여하고 있다. 그들은 건축, 법률, 교사, 컴퓨터 프로그래밍, 컨설팅 등 다양한 분야로 진출하며, 많은 수가 국내 성경학교나 훈련 프로그램에 등록한다.

이렇게 잘 훈련받은 청년들은 거룩한 땅에서 21세기를 위한 가장 밝은 소망 중 하나다. 전 나사렛의 침례교 대표였던 잭 호지스 박사의 말에 따르면 "그들은 선교와 사역활동에서 현지 교회 대부분의 사람들보다 훨씬 열심이다!"[2]

## 중동 기독인들의 리더십

"아랍지역 선교협의회"AWEMA, Arab World Evangelical Minister's Association 의 구성은 21세기를 향한 또 다른 희망적인 징조다. 아랍인 복음 지도자 연합이라는 발상은 빌리 그레이엄이 후원했던 1983년과 86년 암스테르담 컨퍼런스의 비공식모임에서 처음으로 모양을 갖추기 시작했다. 이것은 "아랍을 섬기는 사람들의 모임"AWSF, Arab World Servants Fellowship의 구성으로 이어졌고 그들은 마침내 1992년 3월에 키프러스에서 만났다. AWEMA는 아랍어권 기독인 사역자를 격려하고 복음주의의 진전을 위해 만들어졌다. 이 집회에서는 "복음이 닿지 않은 지역에 교회를 세우기 위해 현재의 교회들과 협력"하는 것을 많이 강조한다.[3]

아랍인 복음주의 지도자들은 이스라엘이 이집트(1979년) 및 요르단(1994년)과 평화협정에 서명한 이후 서로 정기적으로 의사소통하고 교제해 왔다. 그들은 미래를 향한 비전을 공유하고 공통의 문제를 함께 해결하기 위해 노력한다. 그들은 1995년 3월 지도자간의 협의가 끝난 후 교회개척을 강조하는 "복음의 동반자 관계"에 관한 성명을 채택했다. 교회에 대한 외국의 재정 지원에 크게 의존하던 과거 아랍 기독 지도자들과는 대조적으로 이들 젊은 아랍계 지도자들은 "재정이 중요한 문제가 아니라 교회개척의 비전과 이해가 주요 관심사임을 깨달았다"는 결의안을 채택했다.[4]

교회개척 실무그룹은 목적을 다음과 같이 제시했다.

"현재의 기회를 활용하여 교회개척을 위한 문을 열고, 각 프로젝트의 필요에 따라 인프라와 자원을 발전시킨다."

기본 필요사항

1. 복음주의적인 선교 전략의 하나인 교회개척에 대한 이해 차원을 높인다.
2. 현지인 교회가 자체적으로 교회개척의 비전을 실현하도록 돕는다.

3. 아랍세계에서 효과적이고 검증된 교회 개척 방법을 연구한다.
4. 개종자가 교회로 들어오도록 좋은 방법들을 찾고 적용한다.
5. 그리스도인 사역자를 집중 훈련시키는 교회개척 세미나가 필요하다.
6. 새롭고 창의적인 방법으로 지역교회를 강화하고 현지인을 통해 교회개척을 장려한다.
7. 신구新舊 미디어를 활용, 아랍어로 교회개척에 대해 널리 알린다.

서안지구, 요르단과 이스라엘 출신의 아랍계 복음주의 지도자들은 1995년 7월에 예루살렘 감람산에서 확대회의를 시작했다. 의장은 베들레헴 성경대학 학장 비샤라 아와드가 맡고 AWEMA, 로잔위원회, 오픈 도어Open Doors, 빌리 그레이엄 복음전도협회의 지도부들이 참여했다.[5] 이집트, 요르단, 팔레스타인 자치정부, 이스라엘에서 복음주의 지도자들이 참여했다. 평화정착에 대한 무슬림 근본주의자들의 반대로 정치상황이 더 나빠질 수 있었지만 참석한 이들은 기쁨으로 충만했다. 교회개척에 있어서는 더 뒷걸음질 친 게 사실이었다. 팔레스타인 자치구가 폐쇄되고 기독교인들이 아랍인과 자유롭게 동행하며 여행하는 것을 막는 등의 일이 생겼기 때문이다. 그와 함께 서방으로 이민가는 아랍계 기독교인들에 대한 걱정도 있었다. 정치 문제들로 인해 곁길로 빠지지 않는다면 AWEMA는 21세기에 중요한 소망의 징조로 남을 것이다.

## 유대교 회중들의 연합

예루살렘에서 메시아닉 신자들이 생겨나기 시작한 이야기는 사도행전과 비슷하다. 예수님을 믿는 소수의 유대인들은 1965년에 하이파, 예루살렘, 텔아비브에서 그리스 정교의 반대와 박해에 맞서 일어났다. 언론에서는 이들이 자기네 종교의 개종자를 얻으려고 부정한 방법을 사용한다고 중상모략했다. 이런 압력으로 하이파 베델학교는 문을 닫아야 했다. 그들 입장에서는 기독교 학교에서 배우는 유대인 자녀들을 받아들이기 힘들었던 것이다.

그러다가 북부 훌라 계곡Hula valley 사건으로 유대인 신자들은 큰 변화를 겪게 된다. 유대 마을 로쉬피나Rosh Pina는 갈릴리 호수보다 높은 곳에 위치한 전통적인 "산 위에 있는 동네" 사파드Safad의 산기슭에 자리 잡고 있다.[6] 예전에 영국 초소와 세관이 있었던 로쉬피나에는 수백 명의 이주민, 예술가 및 전前 예시바■ 학생들이 살았는데, 1970년 초반에 하나님은 이곳에서 기적을 일으키셨다. 일부는 미국과 영국에서 온 젊은 이민자들이었고 다른 사람들은 "사브라"sabra 즉 이스라엘인들이었다.[7]

이 학생들은 모두 더 깊은 인생의 의미를 발견하기 위해 성경을 연구했다. 그때 예수님은 성경을 통해 이스라엘의 참 메시아로 자신을 드러내셨다. 흥분 속에서 그들은 자신이 깨달은 "기쁜 소식"을 가족과 친구들에게 전하기 시작했다. 그 반응이 매우 열정적이고 굉장했

■ yeshiva. 탈무드 학원 — 편집주

던 나머지 사람들은 로쉬피나에 있는 "형제들"을 방문하려고 전국에서 몰려들었다. 오래 지나지 않아 나사렛 근처의 큰 정착촌에 있던 수석 랍비는 좌불안석하기 시작했다. 그는 불량배들을 로쉬피나에 보내이 불이 확산되기 전에 끄려 했다. 고용된 깡패들은 그들이 모이는 집을 부수고 형제들을 두들겨 패고 가족들을 위협했다.

어떤 신자는 박해로 인해 자기 가족들을 아랍 공동체 한복판인 나사렛 마을에서 살도록 보내야 했다. 결국에는 나사렛을 내려다보는 언덕에 위치한 유대인정착촌 "상부 나사렛"으로 이사할 수는 있었다. 그는 유대인 친구들과 내 이웃인 데일과 아니타 소온Dale, Anita Throne을 위해 가정 성경공부를 시작했고 이들 메시아닉 유대인 신자들과 그 회중을 제자 삼았다.

다른 로쉬피나 출신 유대인 신자들도 박해를 받아 사도행전 8장에서 스데반의 순교 후에 흩어진 제자들과 비슷한 경험을 했다. 한 무리는 디베랴로 옮겨 갔고 그곳에서 수백 명으로 성장하여 유대인과 외국인 신자들 모임에서 중심이 되었다. 반대파들은 그들이 만나는 호텔에 불을 질렀고 그들은 도시 위쪽에 있는 숲으로 모임을 옮겼다. 그 후 겨울이 가까워지면서 근처 아랍인 마을의 한 목사가 자신의 교회를 모임 장소로 제공했다. 마침내 그들은 유스호스텔에서 모일 수 있었다.

그 동안 유대인 신자들은 직장을 구하기 힘들었다. 그래서 한 침례교인 엔지니어는 티베랴 지역의 메시아닉 유대인 신자들을 고용하기 위해 전자제품 공장을 시작했다. 그리고 이 공장은 최근에 이 지역에서 일자리 창출에 기여한 공로로 상무부장관상을 받기까지 했다.

티베랴 공동체의 한 교인은 기도와 복음전도를 전임으로 감당하기 위해 사역자가 되었다. 이 사람은 갈릴리호수 어부 출신으로 지금은 능력 있는 기도 사역으로 아랍인과 유대인 모두를 섬기고 있다. 그는 갈릴리 전역에서 유대인 신자들과 접촉하며, 그곳에는 더 많은 유대인 메시아 연합들이 생겨나고 있다.

로쉬피나 출신의 또 다른 메시아닉 유대인 신자는 예루살렘으로 이사했고, 그들 회중이 수백 명으로 성장하면서 그곳은 기독 교회 사역에서 중추가 되었다. 지도자들은 전국의 아랍-유대 신자들 컨퍼런스에 참석하고 전국적인 기도 운동에도 관여하고 있다.

2차대전과 이스라엘 정부 수립 후에 초라하게 시작했던 메시아닉 유대인 신자들은 1998년에는 6천 명 가량으로 늘어 100개가 넘는 회중과 가정교회에서 모인다. 이중 많은 수가 1970년대에 로쉬피나의 불꽃에 연료가 더해진 결과였다. 소수의 신자들 모임을 괴롭히기 위해 불량배를 보냈던 랍비는 이 불길이 거룩한 땅 전역에 옮겨붙는 데 자신이 큰 역할을 했으리라고는 미처 생각지 못할 것이다!

유대 회중의 지도부는 교제하는 일과 공동의 문제를 처리하기 위해 지역 모임을 세웠다. 지도자들은 정기적으로 만나며 유대인 축일에는 회중들이 함께 모인다. 모임은 이제 크게 성장했다. 그들이 연합 모임을 할 만한 큰 장소를 나라 안에서 찾기 힘들 정도다! 1997년 5월에는 전국적으로 '샤브오트' Shevout(오순절)를 기념하기 위해 크네세트 로즈가든 공원에 천 명이 넘게 모였다. 1997년 9월, 유대인들의 설날 동안 1500명이 넘는 유대인 신자들과 그 가족들이 침례교 마을에서 전국적인 기도와 금식의 날로 만났다.[8]

그들은 공식적으로는 어떤 외국 공동체와도 연계되지 않으려 한다. 부분적으로는 국내의 반反선교 집단들의 비난 때문이다. 오늘날 많은 메시아닉 유대인 지도자들이 외국단체와 협력하고 있지만 그들은 고집스럽게 독립적으로 활동하고 있으며 '그리스도의 몸'의 다스림을 받기 원한다. 일부 회중에서는 "유대교화" 되는 경향이 염려스러웠다. 배타적이 되려는 경향 말이다. 일부 극단적인 경우는 메시아닉 신자가 되기 전에 이방인들에게 모세의 율법을 받아들이라고 했다. 이로 인해 많은 사람들이 한꺼번에 회중을 떠났고, 일부는 결국 유대교로 개종하기에 이르렀다. 많은 세속적인 유대인 신자들에게는 그들의 뿌리를 구약에서 재발견하려는 경향이 자연스레 남아 있다. 이러한 연약함과 점점 커지는 고통에도 불구하고 메시아닉 유대인 회중이 증가하고 있다는 것은 21세기를 향한 희망의 표시다!

## 아랍-유대인의 화해

1970년대 로쉬피나 메시아닉 신자들의 박해를 통해 반가운 일이 일어났다. 아랍계 그리스도인 신자들이 그들 가족을 보호하고 모임 장소를 제공하면서 그들 사이에 더욱 견고한 결속이 이루어진 것이다. 아랍과 유대, 타국의 여성 신자들도 이때 만나 '갈릴리 여성연합'을 결성했다. 이들은 지난 25년간 갈릴리의 여러 교회와 그리스도인 가정 및 시설을 옮겨 다니며 매달 모였다. 모임은 성경공부와 기도,

교제가 포함되며 그들의 헌금으로 여러 사역과 시설들을 지원한다. 여성모임은 일 년에 두 번씩 갈릴리 중앙공원에서 소풍과 가족 모임 시간을 갖는다. 이들의 회합은 사도행전에 나오는 교제를 기억나게 한다. 그때는 배경이 각기 다른 신자들이 만나서 빵을 나누었다. 그리스도 안에서 나누는 결속으로 오늘날 그들은 아랍인과 유대인 간의 차이점을 극복할 수 있다.

이 두 문화 간 화해를 위한 또 다른 사역은 살림 J. 무나예르가 맡고 있는 '무살라하'Musalaha다. 이것은 아랍어로 "화해"를 의미한다. 무나예르는 로드Lod—성경 지명으로는 룻다Lydda—의 아랍-유대인 혼합 공동체에서 자란 이스라엘 출신 아랍인이다. 1977년에 예수님을 믿은 후로 무나예르는 유대인과 아랍인 간의 분쟁은 근본 원인이 하나님으로부터 분리된 죄에 있음을 깨닫기 시작했다. 그는 한 메시아닉 유대인 신자—지금은 '무살라하'의 이사로 섬기고 있다—에게 양육을 받았다.[9] 예수님을 믿는 두 명의 신자와 함께 이 교회 저 교회를 방문하며 유대인과 아랍인 사이에 화해를 호소하던 젊은 시절의 무나예르가 기억난다. 무나예르는 풀러신학교에서 석사를 마쳤고, 비슷한 생각을 가진 다른 아랍인 및 유대인 신자들과 함께 '무살라하'를 결성하기 위해 이스라엘로 돌아왔다. 그는 아랍인과 유대인들은 정치적이고 민족적 충성심을 뛰어넘어 예수님을 추구해야 한다는 자신의 철학을 세웠다.

우리, 이스라엘에 있는 유대인과 팔레스타인 신자들은 엄청난 압력을 받고 있다. 우리는 각각의 삶에서 공동체에 대한 충성심이 대단하다. 유대인과 팔레스타인 신자들의 작은 공동체들은 자기의 출생 민족과, 주님과 그분의 명령 그리고 하나님의 백성 사이에서 분명한 입장을 취해야 한다. …

자기 민족을 향해서는 "진영 안에" 있고 싶지만, 우리에게는 더 높은 부르심에 대한 요구가 있다. …

오늘날 팔레스타인 아랍인과 이스라엘 유대인들은 새로운 금송아지와 씨름하고 있다. 이들이 하나님과 그분의 계명보다 민족적이고 정치적인 충성을 더 강조하고 있기 때문이다. 자기 민족과 땅덩어리를 금송아지로 만들어버린 것이다. 모세가 그랬던 것처럼 자기 민족을 축복하고 싶다면, 우리는 하나님의 거룩함을 나타내기 위해 진 바깥으로 나가야만 한다. 그 과정에서 자기 민족으로 하여금 그분을 구하며, 그분 안에서 진정한 대답을 찾도록 도와야 한다.

이를 위해서는 대가를 치러야 한다. 히브리서 13장 13절을 보자. "그런즉 우리는 그 능욕을 지고 영문 밖으로 그에게 나아가자." 우리가 예수님의 참 제자라면, 아랍인과 유대인의 화해를 위해 부름 받은 조정자 역할을 해야 한다. 하나님의 거룩함과 공의와 의로우심을 말하기 위해 진영 밖으로 나가야만 한다. 우리 민족이 잘못할 때 그들과 맞서고, 무엇보다도 하나님이 우리에게 자비를 베푸시도록 민족을 위해 중보하는 것이 우리의 역할이다. 이 행동에는 희생이 따른다. 이를 위해서는 하나님의 은혜와 사랑이 절실히 필요하다.[10]

무나예르는 자신의 성경적인 철학을 실천하는 방법으로, 유대인과 아랍인 신자들이 며칠씩 실제로 몸을 부딪힐 수 있는 장場을 마련했다. 그 중 하나가 네게브 사막을 함께 여행하는 일이다. 거기서 유대인과 아랍인은 야영하면서 성경을 함께 공부한다. 사막 지역과 공동의 유산 그리고 거기서 어떻게 살아갈 것인가 등이 중요한 주제다. 내 딸이 이 여행에 참가했었고 무슬림, 그리스도인, 유대인 신자들 간에 하나되는 역사가 있었다고 증거했다.

〈무살라하〉 출판사는 최근 들어 기독 팔레스타인 아랍인, 이스라엘 메시아닉 유대인과 서구의 그리스도인이 성지에 대해 갖고 있는 다양한 관점들을 비교한 책들을 출판했다. 『성경과 그 땅: 만남』The Bible and the Land: An Encounter에는 기독교 시온주의자들의 관점이 빠져 있지만, 많은 신자들이 생각하는 민감한 주제들에 대해 소개하고 있다.[11]

이렇듯 무나예르를 포함하여 다시 화해하기 원하는 많은 유대인 아랍인 신자들의 갈망은 상당히 고무적인 일이다. 계속되는 혼란의 한가운데서도 우리는 그들을 위해 기도하고 후원해야 한다.

### 러시아교회

소련의 붕괴 훨씬 이전에 러시아 유대인들이 이스라엘로 대량이민을 오면서 성지의 얼굴이 바뀌기 시작했다. 잡화점에 러시아어 간판이 붙고, 새로운 교회가 생겨났으며 이민자들을 수용하기 위해 정착촌들이 지어졌다. 거리에서, TV와 라디오에서 러시아어가 들리기 시작했다. 걸프전 때는 미사일 공격 경고방송이 히브리어, 아랍어, 영어, 스페인어와 더불어 러시아어로 퍼져나갔다. 모스크바, 벨라루스, 우크라이나, 몰도비아와 우즈벡에서 온 사람들이 신규 이민자를 위해 세워진 특별언어학교인 '울르파님'ulpanim에서 히브리어를 배웠다.

만약 1990년대에 러시아인의 대량 이민이 없었더라면, 갈릴리의 아랍인 수는 이 지역 유대인들을 초과했을 것이다. 주택 임대료와 재산 가치가 두 배로 뛰면서 경제에는 부담이 늘었고, 고도로 숙련된 러시아인들이 노동시장에서 이스라엘인, 아랍인들과 함께 경쟁했다. 제한된 일자리 때문에 그 중 많은 러시아인들은 거리에서 기념품을 팔거나 푼돈을 바라고 고전음악을 연주하기 시작했다.

러시아인들에게는 전문성이나 음악적인 기교만이 아니라, 유대 유산과 성경을 알려는 목마름도 함께 있었다. 러시아어로 된 성경과 어린이용 이야기 성경 수천 권이 문화축제 때에 배포되었다. 전에는 비밀리에 믿었던 러시아인들이 이 땅의 그리스도인들과 교제를 시작했다. 아랍인 도시와 마을에 있는 그리스 정교 교회들은 촛불을 밝히고 기도하러 오는 수많은 러시아인 방문자들을 환영했다. 러시아인 회중은 아랍인 및 유대인 회중과 나란히 빠르게 퍼져나갔다. 오늘날 러시아 이민자 가운데 그리스도인들은 20% 정도로 추정된다. 70년간 공산주의가 행한 종교 탄압과 이방인과의 결혼 정책 때문에 일부 러시아계 유대인들은 복음에 매우 개방적이다. 그리스도께 돌아온 러시아인들의 숫자가 너무 많아 종교부 대표가 교회 단체들에 복음을 전하지 말라고 경고할 정도였다. "우리는 그들을 유대인으로 개종시키려고 이곳에 데려오는데, 당신들은 그들을 그리스도인 삼고 있다!"고 그는 외쳤다.

러시아인 목사들도 회중을 이끌기 위해 이민을 왔다. 그들은 전문적으로 훈련된 목회자로서가 아니라 의사, 엔지니어, 교수의 자격으로 온 것이다. 교제와 가르침을 위한 전국 컨퍼런스에는 수백 명의 러시아계 신자들이 모인다. 몇몇 성경대학들은 러시아어과를 열었다. 러시아인의 유입은 지난 10년간 메시아닉 유대인 교회의 성장에 많은 부분을 담당했다. 그들 교회의 성장은 이 땅의 또 다른 희망적인 징후다.

## 햇병아리 무슬림 교회들

인티파다intifadha 혹은 이스라엘 점령에 대항한 서안지구 아랍인들의 폭동으로 많은 아랍인들의 마음이 깨어났다. 아랍-유대인 분쟁을 폭력으로 해결하려는 것은 가망이 없음을 경험한 것이다. 그들은 무슬림 공동체 밖에서 유대인이나 그리스도인과 함께 일하면서 이슬람 근본주의에 대한 대안을 찾기 시작했다. 일단의 신자들이 모이게 된 이야기는 하나님이 역경을 통해 어떻게 일하시는지를 잘 보여준다.

어느 기독교 묵상 센터에서 사무실을 청소하다가 수년 전부터 보관되어 있던 많은 아랍어 소책자와 복음 안내지를 발견했다. 그걸 버린다는 말에 나는 그들에게 기다려달라고 부탁하고 서안지구 유대인 정착지에 사는 친구에게 센터에서 만나자고 했다. 그는 유대인 친구와 함께 낡은 폭스바겐 "풍뎅이"를 타고 왔고, 우리는 오래된 소책자들을 트렁크에 실었다. 그는 친구와 함께 서안지구의 모든 아랍인 마을에 그것을 배포했다. 한번은 이스라엘 점령군 군인에게 붙들렸는데, 군인은 그들이 아랍인들을 자극할 수 있는 문건을 퍼뜨리고 있다고 걱정했다. 드루즈[■] 장교가 그 중 하나를 보더니 "오, 이건 모두 예수님에 대해 말하고 있군. 그들을 풀어줘!"라고 말했다.

내 친구는 낡은 자기 차를 수리하러 차고로 갔고 어느 무슬림에게 그리스도의 메시지를 나누기 시작했다. 그가 히브리어로 말하면 옆에 있던 다른 아랍인이 아랍어로 통역했다. 그 과정에서 그 통역자가 첫 번째 신자가 되었다! 그리고 그는 테러리스트였던 자기 형제에게 전했고, 그 또한 신자가 되었다. 그렇게 해서 햇병아리 무슬림 교회가 자라기 시작했다.

다른 마을 출신의 어느 젊은이는 중고차를 샀다. 그는 차 안에서 예수님에 대한 안내지를 발견했는데, 거기에는 더 상세한 정보를 위한 주소가 적혀 있었다. 그는 연락하여 성경과 강좌안내서를 받았다. 하루는 단체의 대표사무실로 찾아가 얘기하기도 했다. "성경과 강좌자료만으로는 충분하지 않습니다. 난 그리스도인이 되었거든요. 날 교회로 데려가 어떻게 기도하는지 가르쳐 주세요!" 그리고 그는 마을로 돌아가 자신의 새로운 신앙을 친구들에게 전했다. 그의 아버지와 형제들이 주님을 영접했다. 무슬림 '셰이크'였던 친구가 그리스도를 받아들였는데, 가족들로부터 위협을 받고 마을을 떠날 것을 강요당했

---

[■] Druze. 이슬람에 기독교를 혼합한 듯한 종교. 1017년 칼리프 알하킴이 창시했다. 매우 폐쇄적이며 타종교로의 개종과 타종교인의 드루즈 개종을 인정하지 않는다.

다. 무슬림 출신 신자들이 모인 장소에서 폭발이 일어나고, 한 지도자는 어느 날 아침, 아들이 일하러 가는 중에 차에 치이기도 했다.

무슬림이 증오와 폭력의 과거와 단절하고 하나님의 사랑을 받아들이면서, 위와 같은 이야기들이 이스라엘과 팔레스타인 지역에서 많이 되풀이 된다. 예수님을 믿고 성경을 읽기 시작한 대부분의 무슬림들은 유대민족에 대한 증오를 버리게 된다. 중혼重婚, 줄담배, 재정문제, 습관적인 속임수, 갈등과 거짓말 같은 문제들은 좀 더 시간이 걸린다. 무슬림 출신 신자의 영성 형성spiritual formation에는 강한 영적전쟁과 양육이 필요하다.

그러나 무슬림들이 서로 침례를 주고 그들에게서 지도자가 세워지면서 교회개척 운동의 조짐이 나타나기 시작한다. 이 과정에서 무슬림 종교 단체와 충돌하는 것은 어쩌면 당연한 일이다. 이슬람 국가들은 경찰의 허가 없는 대규모 집회를 법으로 금지하고 있다. 그러므로 무슬림 출신 신자들은 이동이 자유롭고 소규모로 모임을 유지하는데, 그로 인해 더욱 성장하게 된다. 이제는 가족 전체가 주님께로 나아오는 경우가 많다. 이러한 부분을 볼 때 햇병아리 무슬림교회는 이 땅에서 또 다른 희망이다.

### 전통교회들의 쇄신

19세기, 개신교 교회개척자들이 거룩한 땅에 처음 들어왔을 때 그들은 고대 전통 기독교회가 쇄신될 것을 꿈꿨다. 그러나 교회들은 새 신자를 받아들이지 않았고 사람들에게 개신교 복음주의 교회에 합류할 것을 강요했다. 오늘날은 소수의 혁신적인 성직자들에게 복음주의 생각과 의식들이 조금씩 수용되고 있다.

깨어 있는 성직자들 중에서 가장 주목할 만한 사람은 갈릴리 이빌린 마을의 그리스 가톨릭 교회 사제인 엘리아 샤큐르Elias Chacour 신부다. 샤큐르 신부는 북부 갈릴리 레바논 국경쪽 비람 마을에서 성장했다. 1948년 이후 이스라엘군이 주둔하면서 이곳을 파괴했고 대법원이 그들의 귀향권을 인정했음에도 불구하고 마을 사람들의 복귀를 막았다. 샤큐르 신부는 베스트셀러가 된 그의 책 『의형제』Blood Brothers에서 이 비극을 용서하는 과정에 대해 적고 있다. 그리고 후에 쓴 책 『우리는 그 땅에 속한다』We belong to the Land에서 그는 팔레스타인과 이스라엘 간에 평화와 화해를 가져오기 위한 자신의 투쟁에 대해 적었다.[12] 쉼 없는 노력과 유럽, 미국 친구들의 지원을 통해 샤큐르는 이빌린 마을에 평화센터와 선지자 엘리야 고등학교를 세웠다. 더 최근에 그는 전문대학을 세웠는데, 교육부가 인가한 최초의 고등교육 기독교 학교가 되었다. 샤큐르는 갈릴리 아랍인과 유대인의 성경 지식을 증진하게 될 프로젝트의 일환으로 종교다원주의 센터Center of Religious Pluralism와 개신교 및 다른 사람들과 협력해 왔다.

이런 노력을 시작한 또 다른 사제는 나사렛 마리아의 벽에 위치한 성수태고지 그리스 정교 교회의 사제 바나바 아쉬카르Barnaba Ashkar다. 예전에 형제교인이자 침례교인이었던 바나바 신부는 자신의 임지에서 주일학교를 시작하고 교회에서 설교하기 시작했다. 정교회 공의회는 그곳에 젊은이와 어른들을 위한 레크리에이션 시설을 제공하기 위해 큰 자치센터를 세웠다. 나사렛 정교센터에서는 전 세계로부터 온 개신교 성가대가 매년 크리스마스 축하 행사를 벌인다. 그 외에도 신학연구원에서 공부하고 신학과 성경 연구로 학위를 받은 정교 및 가톨릭 사제들이 점점 증가하고 있다. 적대감 어렸던 분위기에는 서서히 대화의 물꼬가 트이고 있다. 진정한 부흥을 향한 희망이 엿보인다.

### 외국인 회중

거룩한 땅 내에서 외국인 회중이 늘고 있는 것은 분명 희망의 징후다. 영어와 기타 언어를 쓰는 교회들은 교회개척 전략에서 지금껏 오랫동안 잊혀져 있다가 이제는 가장 선두에 서 있다. 그들은 현지 유대인과 아랍 민족을 포함한 여러 언어 집단을 대상으로 한 사역에서 기준이 되었다. 몇몇 외국인 회중들에 대해서는 부록 B에 더 자세히 나와 있다.

페타크 티크바 근처에서 만나는 침례교 마을 회중은 해안 평지 지역인 중부샤론 지방의 외국인들에게 영어로 사역한다. 교회는 1996년 홍콩에서 옮겨온 남침례교 대표인 밥과 바바라 브래들리 부부의 혁신적인 리더십 아래 부흥을 경험했다. 교회에는 영어를 사용하는 현지 대사관 직원이나 회사원들이 필리핀, 아프리카, 아시아, 이스라엘 사람들과 함께 섞여 있다. 그들은 또한 러시아인을 위해 매주 성경공부 모임을 갖는다. 회중은 1999년에 미국 출신 목사인 로버트 로저스와 함께 외부 지원으로부터 완전 독립했다. 외국인 대사관 직원들로 구성된 다른 회중은 영국 국교-성공회의 지도 하에 헤르츨리아에서 모인다.

예루살렘에서 영어를 쓰는 외국인 신자 수백 명을 외국인 회중 두 곳이 섬기고 있다. 먼저, 앞서 언급한 나르키스가街 회중은 이 시설에서 수백 명이 모인다. 나르키스는 교파적으로는 침례교지만 그 지역 베테랑인 찰스 콥 목사와 존 앤터니 박사의 역량 있는 리더십 아래서 국제적이며 초교파적으로 활동한다. 나르키스는 토요일 오전에 모이며 앤터니 박사는 이 지역 그리스도인들의 대중적인 요구에 힘입어 일요일 예배를 도입했다. 팻 활드리지 목사는 현재 히브리어 사역자가 인도하는 히브리어 회중을 시작했다. 나르키스 건물은 계속해서 유대 극단주의자들에게 방화-폭발과 파괴의 표적이 되고 있는데, 이것은 그들의 선교활동이 성공하고 있음을 입증하는 것이다.

두 번째로 왕의왕 회중King of Kings Congregation은 예루살렘의 "주일 저녁 행사"이다. 왕의왕은 서예루살렘 YMCA에서 모이며, 이곳은 영어를 사용하는 예배자 수백 명의 모임장소이다. 그들 중 일부는 텔아비브 등 멀리서 참석한다. 이 모임은 웨인 힐스던 목사와 척 코윈이 시작한 성경공부에서 비롯됐으며, 경배와 찬양 모임이다. 소그룹 셀 모임을 조직하게 되면서 많은 예배자들을 수용할 수 있도록 예배를 두 번으로 늘렸다.

북부의 갈멜산 회중은 갈릴리에서 가장 빠르게 성장하는 회중 가운데 하나다. 데이빗 데이비스 목사와 지도자들은 약물재활 사역에 열심이다. 서부 갈릴리와 하이파 전역에서 온 영어권 거주자들이 예배에 참석한다. 1996년에는 스텔라 카르멜 수련원 뒤쪽에서 새 예배 장소 건축을 시작했다. 『십자가와 깡패들』The Cross and switchblade의 저자 데이빗 윌킨슨 목사가 1998년 건물 봉헌 때 기조연설을 했다.

그리고 서안지구가 폐쇄되는 동안 이스라엘에 온 남미출신 일꾼 수천 명에게 사역을 시작한 이후부터는 스페인어 회중이 전국적으로 생겨나고 있다. 이들 회중 소속 교인 중 많은 수는 노동비자가 만기되어 강제추방을 당할 처지다. 그럼에도 불구하고 그들은 다양한 언어로 역동적인 사역을 계속한다. 텔아비브의 스페인어권 회중 가운데 규모가 큰 어떤 곳은 늘어난 인원을 시설에서 수용할 수가 없어 1997년에 여러 개의 침례교와 오순절파 모임으로 나누기도 했다.

이들 외국인 회중의 혁신적인 사역은 현지 아랍인과 히브리 회중들에게 선례가 된다. 일부는 지역 연합과 총회에 가입하고, 청지기 정신과 복음적인 열정으로 현지 이스라엘인과 아랍인들에게 역할모델이 되고 있다.

### 활발한 복음주의 선교활동

2000년을 목전에 둔 10년 동안 이스라엘-팔레스타인에서는 1세기 이후 전에 없던 복음적인 선교활동이 폭발적으로 늘어났다. 유대인과 아랍 청년들이 전국 복음전도를 위해 선교활동을 결성하고, 국내의 록 콘서트나 문화 축제 기간 동안 활발하게 전도지를 배포하고 전도운동을 한다. 그들은 매년 에일라트에서 아크르까지 수십만 장의 전단지와 성경, 신약성서 수천 권을 배포한다. 놀랍게도 행사에 참석한 세속 유대인들은 이를 기꺼이 받으며, 많은 수는 신자들과 영적인 문제에 관해 대화한다. 중동TV 시청자들은 매년 아랍어와 히브리어 성경 수백 권을 요청하기도 한다.

1995년 3월에 푸에르토리코 산후안에서 열린 빌리 그레이엄 복음 집회가 위성 생방송으로 방송되었다. UCCIUnited Christian Council in Israel and West Bank에 가입한 많은 교회와 교파들이 위성 생방송을 비디오로 녹화하고 배포하는 일에 협력했다. 예루살렘, 베들레헴과 나사렛을 포함한 여섯 개 지역 복음주의 회중에서 3천 명이 넘는 사람들이 참석했다. 최소한 60명이 영적 출생을 경험하거나 그리스도께 다시 헌신했다. 중동TV는 나중에 프로그램들을 재방송했는데, 이집트에서는 30만 명이 넘게 보았고 요르단과 레바논에서도 수천 명이 시청했다.[13]

한 아랍어성경 통신강좌에는 만 명이 넘는 사람들이 신청해왔으며 그중 6,000명은 무슬림이었다. 최소한 10%는 자신이 예수님을 믿는 신자라고 했다.[14] 다른 성경강좌에서는 예수님을 믿는 신앙을 인정한 무슬림이 1,000명이 넘는다고 보도했다. 이들 "비밀 신자"들은 대부분 가족이나 공동체의 반대를 두려워 하여 신앙을 공개적으로 선포하는 것을 원하지 않는다. 그들은 21세기의 잠재적인 추수의 대상이다.

텍사스 달라스의 GMFGlobal Mission Fellowship는 복음주의와 교회개척에서 이스라엘의 침례교 연합회와 협력하여 최근의 협력 사역을 후원하고 있다. GMF는 목표 지역에서 일주일간 종교에 대한 조사를 실시하고, 통역자로 활동하는 현지인 신자들과 복음을 나누며 함께 지낼 평신도들을 모집한다. 그들은 이 사역을 준비하며 현지 목사와 평신도를 위한 훈련세미나를 인도했다. GMF와 여러 교회에서 온 현지 신자들은 아랍어 사용 지역을 개별적으로 방문하기 위해 하이파, 아크르, 나사렛으로 팀을 보냈다. 수백 명이 개인적으로 그리스도를 받아들였으며, 1994년과 95년에는 두 개의 설교센터가 새로 문을 열었다. 이런 형태의 개척 과정에서는 외국 사역팀이 떠난 후에 열정을 유지하고 필요한 후속지원을 계속하는 것이 큰 도전으로 다가온다. 이로써 신자들에게 다문화 상황에서 복음을 나눌 기회를 제공하고 현지 신자들을 격려한다.

OMOperation Mobilization 같은 단체는 아랍인 마을과 도시에서 그들의 문화를 고려하여 체계적으로 방문 프로그램을 수행한다. 그들은 성경 관련 자료들을 잘 받아들이는 편이고, 그리스도께 헌신한 무슬림을 찾게 되면 지속적으로 방문하며 이들을 격려한다. 그러나 무슬림을 다른 신자들과 연결하는 것은 무슬림 공동체 내의 높은 불신 때문에 문제가 된다.

1993년에 DAWN에서 실시한 전국적인 조사를 통해 이스라엘에는 총 104개의 복음주의 회중이 있음을 알게 됐다. 이들 중 25개는 지난 10년 사이에 시작되었다. '그리스도의 교회' 가 아홉 개, 메시아닉 유대인계가 여섯 개, '하나님의성회' 가 다섯 개의 회중을 새로 시작했다. 이 모두가 조사할 때를 기준으로 10년 이내에 시작되었다는 사실이 놀랍다. 이를 언어별로 살펴보면 아랍어 회중이 57개, 히브리어 회중 33개, 영어 회중 6개, 기타 언어 회중이 8개였다.[15] 글을 쓰는 지금은 5년 만에 히브리 회중과 가정 모임의 수가 200% 증가하여 100개가 되었다! 회중의 전체 수는 92% 증가하여 200개에 달한다.

가정모임은 그 숫자를 헤아리기 힘들 정도로 생겨나고 있다. 그러나 DAWN은 그 이후를 책임질 현지의 "존 녹스들"*이 없음을 문제점으로 지적했다. 그러한 후속조치가 있어야 미전도 지역에 자원과 사람을 동원할 수 있기 때문이다. 그럼에도 불구하고 DAWN은 진지하게 교회를 개척하고 있는 집단을 발견했다. 그들의 방법은 21세기의 추수 모형으로 참고가 된다. 그 중 일부가 부록 B에 포함되어 있다.

메시아닉 유대인 회중에 대한 최근의 조사는 예루살렘 카스파리 센터에서 〈이스라엘 내 메시아닉 회중에 대한 사실과 신화〉Facts and Myths about Messianic Congregations in Israel라는 제목으로 1998-99년에 그 결과가 나왔다. 카이 카이제 한센과 보딜 F. 스콧이 주도한 이 조사에서는 82개 회중과 가정 모임에 대한 정보가 담겨 있다. 그 중 57개가 1990년대에 시작되었고, 대부분이 러시아 이민자들이다.[16]

급진적인 종교인들이 대립하는 현상을 보면, 거룩한 땅 내에서 복음주의 선교활동이 성공하고 있음을 알 수 있다. 반反선교 집단에서는 이스라엘 내에서 예수님을 믿는 유대인 신자가 이제 2만 명이라고 말한다! 이스라엘 의회 크네세트의 한 정치 · 종교지도자는 개종을 목적으로 한 문건의 소지, 인쇄, 배포를 금지하는 법안을 1997년 3월에 제안했다. 외국의 기독교 서적이 이스라엘 사람들에게 대량으로

---

* John Knoxer. 자기 모국을 위해 기도하는 이를 말함. 존 녹스(John Knox)는 16세기 스코틀랜드의 종교개혁가로 평생 스코틀랜드를 위해 기도했음.

우편배달된 것에 따라 법안이 제출된 듯하다. 이 법안이 통과된다면 위반 시 1년형까지 선고받을 수 있었다. 특히나 이 "반反선교법안"은 예수님을 믿는 유대 신자들이 모인 비영리단체를 불법화시키려 했다. 이에 대한 여론과 국제적인 반대로 인해 법안은 위원회에서 폐기되었다. 전국의 기독 지도부는 이스라엘 대중과 다른 나라에 정보를 배포하고 그들이 제안한 '메시아닉 행동위원회'를 결성했다.

급진적인 종교인들은 법안이 통과되지 않으면 정부에서 물러나겠다고 협박하며 이를 방해하려고 애썼다. 이 글을 쓰는 동안에도 다른 사람에게 자기 종교를 설득하다 유죄선고를 받으면 5년까지 선고할 수 있는 또 다른 법안이 크네세트 의원들 사이에서 나돌고 있다. 만에 하나 그 법안이 입법된다면, 예수님을 믿는 메시아닉 신자들뿐 아니라 정교 유대인들에게도 적용된다. 담당 수사관에 따르면 같은 기간 공격적인 전도로 인한 불만은 정교가 메시아 모임의 두 배로 나타났다.[17]

내 생각에는 이러한 법안들이 오히려 복음주의 활동에 힘을 실어 줄 것 같다. 20년 전 악명 높은 아브라모비치Abramovich "반선교법안"이 통과되었을 때도 그랬다. 이 사회복지법은 소수자를 다른 종교로 개종하게 하거나 개종을 위해 돈을 제공한 사람에게 벌금을 부과했다. 그러나 이 법안은 한 번도 적용되지 않았다. 법이 통과된 후 5년 동안에 법이 생기기 전 10년이라는 기간보다 두 배나 많은 새신자들이 침례를 받았다! 그런 법은 신자들에게 주님을 따르는 대가를 헤아려 본 후에 더욱 힘을 내도록 하는 게 틀림없다.

반선교법을 통과시키려다 오히려 예상치 못한 결과가 생겨났다. 메시아닉 행동위원회가 1999년 7월에 이스라엘 내무성 장관에 의해 합법적인 비영리 우호단체('아무타' Amuta)로 인정된 것이다. 기독교 운동을 파괴하려던 의도로 시작된 방해였지만, 실제로는 이스라엘 정부가 메시아닉 유대교의 존재를 공식적으로 인정하는 결과를 낳았다.[18]

### 신학교육

많은 신학교, 성경대학, 제자훈련 과정은 성지에서 성장하는 몸된 지체들을 위해 이스라엘 내에서 훈련코스를 제공한다. 복음주의 지도자들은 1979년에 서안지구(아랍인 지역)에서 일할 공립학교 기독인 교사를 훈련하기 위해 베들레헴 성경대학Bethlehem Bible College을 설립했다. 침례교, 메노파■ 등이 교사와 아랍어 교과과정을 제공하면서 학장인 비샤라 아와드 박사를 도왔다. 대학은 모든 개신교 복음주의 공동체가 승인했으며 그 지역 고대 전통교회들의 인정도 받았다.

그들은 최근에 새 캠퍼스를 구입하기 위해 백만 달러 이상을 모금했다. 옛 캠퍼스는 헬렌 켈러 재단에서 지어주었다. 베들레헴 성경대학은 1996년 가을 학기에 20명의 학생을 모집했는데, 불안한 서안의 정치적 상황 속에서 그들에게 많은 제약이 있음을 생각할 때 이는 놀라운 일이다. 1999년에는 다양한 프로그램으로 130명이 넘게 모였고

■16세기 종교개혁의 급진 개혁운동인 재침례파에서 생겨난 개신교.

21명의 지도자들이 졸업했다. 이 대학은 또한 오늘날 활발한 복음 활동을 위해 장소를 제공하고 있다. 성경을 배포하는 일에 중심 역할을 할 기독교 센터와 지역 도서관을 열었다.[19]

그리고 하이파와 나사렛에서는 연계 과정을 가르친다. 여기에는 침례 총회 신학교Theological Institute of the Baptist Convention와 나사렛 교회가 함께 협력한다. 침례 총회 신학교(전前 그리스도인 훈련센터)는 갈릴리 마을에 흩어져 있는 아랍계 신자들에게 캠퍼스 외부 훈련을 제공하기 위해 드와이트 L. 베이커 박사가 1965년에 세웠다. 침례 총회 신학교는 1994년에 국제성경연구학교International Institute of Biblical Studies의 프로그램으로 채택되었다.

국제성경연구학교는 전前 필리핀 침례 신학교의 웰던 비어텔 박사에 의해 개발된, 다양한 수준으로 체계화된 분산형 성경공부 방법을 사용한다. 이 학교는 5~15명의 학생을 위해 캠퍼스 외부와 연계된 훈련을 제공하는데, 여기에는 기초훈련, 지도자 훈련과 성경대학 과정에다 성경 연구 마스터 과정까지 있다. 대략 30명의 아랍인 학생들이 갈릴리의 네 곳에 흩어져 훈련을 받으며 커리큘럼과 장소 선택에는 융통성이 있다. 집이나 교회 등 학생들이 함께 모일 수 있는 곳이라면 어디서든지 만난다. 학기마다 한두 과정밖에 제공할 수 없다는 한계가 있지만, 캠퍼스 프로그램과 겹치지 않으며 목사나 평신도들이 자신의 일터나 가족, 교회를 떠나지 않고도 훈련받을 수 있다. 공부에만 전념할 수 없는 학생들을 대상으로 캠퍼스 프로그램에 대한 보양제 역할을 한다. 또한 베들레헴 성경대학과 협력, 하이파 신학교에 강좌를 제공한다. 1999년에 국제성경연구학교는 신학연구원과 협력하고 커리큘럼을 강화하기 위해 도서관과 사무실을 예루살렘으로 옮겼다.

히브리 지역에서 눈에 띄는 캠퍼스 프로그램으로는 예루살렘과 텔아비브 욥바에 캠퍼스를 갖고 있는 이스라엘 성경대학Israel College of the Bible이 있다(전에는 왕의왕 대학이었다). 프로그램은 예수님을 믿는 메시아닉 유대인 신자였던 고故 일란 자미르가 이끌었는데, 그는 2세대 '사브라'(본토 이스라엘인)였다. 왕의왕 교회와 캐나다 오순절파 교회 및 다른 교파들의 응원 덕분에 자미르는 수준 높은 교수진과 교직원들을 모았고 꽤 규모 있는 도서관을 준비했다. 이러한 노력으로 1996년에 왕의왕 대학은 아시아 신학교 인준협회에 의해 1위로 선정되었다. 1996년에는 약 15명이 졸업했는데 대부분이 본토 이스라엘 사람들이었다.

예루살렘 카스파리센터Casbari Center도 주목할 만한 성경 훈련과정을 내놓고 있다. 카스파리는 히브리어로 된 TELEM 커리큘럼을 사용한다. TELEM은 국제성경연구학교와 비슷한 가정학습 세미나를 활용하지만, 에일라트부터 하이파까지 각 센터에서 히브리어로 진행된다. 그들은 예비대학 수준으로 가르치며 러시아인에게도 확대했다.[20]

다른 좋은 예들을 살펴보자. 예루살렘의 나티비야 센터Nativiya Center는 메시아닉 유대인을 위해 예쉬바를 모델로 한다. 하이파에 있는 하나님의성회 성경학교Assembles of God Bible School는 이스라엘과 서안에서 교회를 섬기는 젊은 아랍인 목사들을 열 명 이상 훈련시켰다.

라맛 하샤론에 있는 MAOZ 같은 단체는 해마다 유대인과 아랍인 목사나 지도자들을 위한 컨퍼런스를 후원하고 있다.

이러한 훈련과정을 위해서는 특정 교파의 신학만이 아니라 학생들의 유익을 위해 훈련과정에서 다양성이 필요하다. 이것은 아랍 지역에서 특히나 중요하다.

그럼에도 불구하고 이러한 성경훈련 프로그램과 과정들은 21세기의 성숙한 지도력을 향한 희망적인 징후를 보여준다.

## 평화 이행

1994년 5월 이스라엘과 팔레스타인해방기구PLO, 1994년 10월 이스라엘과 요르단왕국 간의 평화협정 조인은 이 땅에 사는 대부분의 이스라엘과 아랍인들에게 희망을 주는 것 같았다. 그렇지만 불행하게도 이스라엘 내에서 계속된 자살 폭탄 테러들과 1995년 11월, 이스라엘의 라빈 수상이 한 정통파 유대인에게 암살당하면서 그 열정은 사그러들었다. 2000년에는 예루살렘 성전산과 나란히 인접한 구舊 하스모니안 터널이 개통되면서 팔레스타인 경찰과 이스라엘군 간에는 더욱 긴장이 높아졌다. 이러한 방해에도 불구하고 양측은 평화이행을 계속 진행하기로 결정한 것 같다. 나하리아Nahariya의 종교 다원주의 센터 책임자 폴 샬롬 트리트는 이렇게 설명한다.

> 평화이행은 뿌리째 흔들렸다. 우리는 유대인과 팔레스타인 모두에게 안전을 보장하고 평화를 제공하게 될 구조물에 돌 하나하나씩을 올리

고 있다. … 평화는 지속되어야 한다. 양측 모두에게 이것은 본질적인 문제이기 때문이다. 다른 대안은 없다. 팔레스타인인이든 유대인이든, 이스라엘계 아랍인이든 유대인이든, "대중"은 모두 이것을 알고 있다. 소위 터널사고 후에 나는 더욱 평화에 대한 희망으로 가득하다. 유대인과 팔레스타인 사람들의 망상이 벗겨지고 있기 때문이다. … 우리는 평화를 향해 양측 모두에 더 현실적인—적어도 내게는 그렇게 보이는— 길을 뚫고 있다. 신중하게 지속적으로 진전해 가야 한다.[21]

1997년 마하네 예후다 시장과 벤 예후다 쇼핑몰 자살 폭탄테러는 멈춰 있던 화해 이행을 재개시키는 계기가 되었다. 하마스 이슬람 근본주의자들이 벌인 테러로 인해 이스라엘 정부는 안전에 더욱 관심을 갖게 되었고, 팔레스타인 정부는 평화이행에 반대하는 이슬람 근본주의를 어떻게 다룰지 더욱 고민하게 했다.

성전산에 관한 다양한 주장들이 좌충우돌하면서 예루살렘은 평화를 위한 최대의 장애물로 남아 있다. 많은 유대인과 그리스도인들이 바위 사원(현재 이슬람사원)이 있는 곳에 성전을 다시 세우려고 한다. 이스라엘 메시아닉 모임에서 남침례회 대표로 13년 동안 사역했던 짐 시블리는 성전과 관련하여 유대인들이 어떤 모습들을 보이는지 설명한다.

일반적으로 정통파 유대인들은 성전이 다시 건축되고 제사제도가 다시 세워질 것을 믿는다. 그리고 대다수는 메시아가 오셔서 그 일을 할 것으로 믿고 있다. 그 중 일부는 이 일에 자신들이 뛰어들어야 한다고 생각한다. 그래서 그들은 '코하님' cohanim(제사장)에게 성전 전례를 가르칠 '예쉬보트'(학교)를 예루살렘에 갖추고, 성전에서 사용할 기구들까지 만들고 있다. 일부 정통파들은 무심코 지성소를 가로질러 걷게 될지도 모른다는 두려움 때문에 성전산에 가는 것은 무조건 잘못이라고 믿을 정도다. 사람들은 그 지역 방문이 허용되지만, 주의 깊게 정해진 경계 안에서만 가능할 뿐이다.[22]

일부 그리스도인들은 장차 올 적그리스도를 준비시키려면 성전이 세워져야만 한다고 믿는다. 또 어떤 이들은 성전의 신성모독이 기원전 165년에 마카베오 폭동*을 불러 일으켰던 안티오쿠스 에피파네스** 시대에 이미 일어났다고 생각한다. 그들은 예수님의 죽음과 부활로 인해 교회를 구성하는 신자들의 성전 된 몸 안에 성령이 거하시기 때문에 성전을 재건축할 필요가 없다고 본다. 동물 제사가 다시 시작되는 것은 이들 눈에는 영적인 퇴보에 해당된다.

무슬림들로 인해 성전 문제는 더욱 복잡해진다. 예언자 무함마드의 후손인 요르단의 후세인 왕(1999년 작고)은 자신을 예루살렘 무슬림 성지를 지키는 자라고 생각했다. 그는 1994년에 650만 달러에 해당되는 80kg의 순금으로 바위사원을 덮었다. 또한 1996년에는 20

---

*B.C. 168~141. 유대인들의 독립전쟁. 예루살렘을 장악하고 성전을 정화하였음.

**Antiochus Epiphanies. 시리아 왕국 셀레우코스 왕조의 왕. B.C. 175~164 재위. 유대교를 억압하고 헬레니즘 문화를 강요하여 성전에 제우스 신상을 세웠음.

만 달러를 들여 사원 내의 이란제 카펫을 터키제로 새로 바꾸었다.[23] 후계자인 요르단 압둘라 왕은 이스라엘, 팔레스타인과 더불어 예루살렘의 최종 타결에서 큰 역할을 할 것이다. 그렇지만 1999년에 에훗 바락이 선출된 것은 리쿠드* 정부 시절 수년 간의 교착상태 이후, 평화 이행을 후퇴시킨 셈이다.

예루살렘의 상태와 팔레스타인 난민의 고향 귀환 문제는 최종적인 평화정착에 있어 모두 중요한 논점이 될 것이다. 사람들은 예루살렘 교외 감람산 뒤편의 아부디스Abu Dis가 팔레스타인의 임시수도가 될 것이라고 추측한다. 그렇게 되면 독실한 무슬림들이 이스라엘 지역을 통과하지 않고 성전산 바위사원에서 기도할 수 있게 된다. 동예루살렘은 인티파다 기간의 교통량 폭주와 우울한 인상을 덜어보고자 인프라를 새롭게 할 것이다.

이스라엘 노동부 내 팔레스타인통 요시 카츠는 난민 문제에 대해 가능한 돌파구를 제안했다. 그는 가족 재결합 프로그램이라는 이름으로 10만 명의 팔레스타인 사람들을 이스라엘로 돌아가게 하자고 제안했다. 이스라엘이 난민 상황에 부분적으로 책임이 있음을 인정한 것이다.

평화이행으로 가는 길은 울퉁불퉁하고 장애물이 많다. 이 땅에 사는 아랍인과 유대인들은 그 과정에서 모두 인생의 더 깊은 영적 의미를 찾게 된다. 물질적 풍요와 정치적 해결이 전부가 아니라는 사실이

---

*Likud. 이스라엘의 우익성향 정당.

자명해진다. 이로써 복음주의 신자들은 그리스도의 사랑의 메시지를 그 땅 사람들에게 점점 더 많이 나누게 될 것이다.

이 땅이 중동 전체 선교를 위한 핵심 요충지가 되고 있다. 이곳에서 교회가 개척되면서 그 결과를 전 세계가 경험하게 될 것이다.

## 비전

30여년 전, 처음 이곳에 왔을 때 나는 갈릴리 모든 마을마다 침례교 및 복음주의 교회가 곳곳에 세워지길 마음속으로 그렸다. 저녁에 모임이나 심방을 마치고 집에 가는 길에, 산 위나 언덕에서 수백 개 마을에서 반짝이는 불빛들을 볼 때마다 하나님은 이 비전을 기억하게 하셨다. 결과적으로 침례교가 모든 마을에서 개척을 하지는 못했다. 그러나 형제교회, 오순절파, 그리스도의 교회들이 그 틈새를 성공적으로 메워주었다. 신자가 한두 명뿐인 무슬림 마을이라도 OM 같은 단체들이 문서사역으로 그들의 신앙성장을 돕고 있다. 전에는 불가능하다고 생각됐던 곳에서도 메시아닉 유대인들 모임이 많아지고 성경공부가 활발히 진행된다. 아직 남은 일이 많지만 하나님은 이곳 갈릴리에서 비전을 이루어가신다. 중동의 미전도 종족을 위해 드려졌던 수많은 기도의 결과가 느껴진다.

이러한 비전이 커져서 이스라엘-팔레스타인과 거룩한 땅 전체를 포함하게 될 수는 없을까? 요르단과 시리아, 레바논, 이라크, 이집트와 심지어 사우디아라비아까지 말이다. 하나님은 이들도 추수하신다. 하나님은 오늘날 거룩한 땅과 중동에서 "새 일"을 행하신다.

이렇게 교회개척 운동을 위해 기도하다 보면 중대한 문제들을 만나게 된다. 강력한 비전이 있으면 통찰을 갖고 용기 있게 일할 수 있다. 4장에서는 이러한 논점 가운데 일부를 살펴보자.

4장

# 지뢰를 피하라! - 중대한 논점들

고속도로를 따라 서안지구와 골란고원을 여행하다 보면 늘어선 철조망에 매달린 자그마한 세모 표시를 볼 수 있다. 상당수는 오랫동안 묻혀 있으면서 바래지고 녹슬었지만 거기엔 우리가 주의해야 할 경고문이 적혀 있다. '위험! 지뢰가 묻혀 있음!' 유물이나 야생 수퇘지 사냥을 하려고 이런 금지구역을 기웃거리는 사람들도 있다. 내가 아는 이웃 하나는 거기 들어갔다가 그만 한쪽 다리를 잃고 말았다. 거룩한 땅에서 복음을 전하고 교회를 세우는 일을 하다보면 가끔씩 이런 지뢰밭을 걷는 것처럼 느껴진다.

사람들은 자기도 모르게 역사, 문화, 종교로 둘러싸인 울타리를 넘어 지뢰밭으로 들어간다! 의견과 입장 차이로 서로 충돌하는 일도 다반사다. 교회개척 정책과 전략을 수행함에 있어 거룩한 땅은 지뢰밭과 같고 많은 사상자도 발생했다. 중대한 논점들을 정리하다보면 이 위험지역을 통과하는 길을 더 잘 찾아낼 수 있을 것이다. 또한 2장의 거룩한 땅에서 교회개척자들이 직면하는 도전들을 다시 참고하면 문제들의 배경을 더 잘 알게 될 것이다.

의욕적인 교회개척자가 직면하는 가장 결정적인 문제 중 하나는 선교 지원과 리더십에 있어 외국에 장기적으로 의존해야 하는 부분이다. 최근에는 외국인 사역자와 현지 교회들 간의 이런 비정상적인 관계를 "상호의존"co-dependency이라는 단어로 설명하기도 한다. 상호의존은 미숙하거나 병든 구성원을 다른 이들이 보완해주는 것으로써, 역기능 가정에서 발견되는 증상이다. 그렇게 해서는 어느 누구도 건강하고 성숙하게 성장하지 않으며, 비정상적인 관계가 치료되지 않는다.

외국인 교회사역자들과 현지 지도자들 대부분은 거룩한 땅에 세워진 신약 교회에서 활력 있는 모습을 보고 싶어한다. 그들은 서양교회의 풍요함에 죄책감을 갖고 있다가, 여기에서 "이상적인" 신약 교회를 꿈꾸지만 실망만 하게 된다. 비현실적인 기대를 품다가 현지인들도 자기들처럼 물질주의에 물든 모습을 발견하는 것이다.

이곳에서 교회개척자들이 부딪히는 중대한 논점들을 살펴보자.

## 토착화에 대한 외국인과 현지인의 다른 생각

외국인 교회개척자에게는 "토착"이 외국의 지원을 의미한다는 사실이 큰 충격으로 다가온다! 최근에 어떤 선의의 외국 교회단체는 대도시의 유대 주민들에게 자기들의 시설을 넘겨주기 시작했다. 그들은 여덟 명의 메시아닉 유대인 신자들을 이사회에 임명했는데, 놀랍게도 그들 중 일곱 명이 외국단체로부터 지원을 받았다! 바울이 신약교회들로부터 헌금을 모금한 이래로 예루살렘의 가난한 이들에게 전해지는 지원 형태는 그리 바뀌지 않은 것 같다.

종종 비현실적인 기대를 품고 오는 외국인 개척자들이 있는데 그들은 현지인들에게 기대했던 자립 모형을 구현할 수 없다. 데이빗 J. 보쉬는 『변화하는 선교』Transforming Mission의 "적응과 토착화의 변천"이라는 장에서 이렇게 언급했다.

> 문화로 "번역"되지 않은 기독교 신앙이란 존재하지 않는다. … 콘스탄틴 황제 때, '불법종교'가 국교가 된 이후로 교회는 문화의 운반자 역할을 했다. … 당연히 기독교가 침투한 문화는 분열이 예견됐었다. … 서방교회에서 토착화는 수세기 동안 당연한 문제였다. 서양에서 복음은 완전히 제 집 같았지만 다른 곳에서는 낯설었던 것이다. … 끝으로 이러한 토착을 처음 주장한 사람들은 주로 새로운 개종자가 아니라 외국 문화에 대해 감상적인 관심을 가진 선교사들이었다. 그들은 젊은 교회들의 "타자성"他者性, otherness을 주장하며 이전 시대 형태로 보전되어야 한다고 했다.[1]

나는 무슬림이었다가 믿음을 가진 이들과 함께 짧게 일한 적이 있었는데, 그들은 자신의 새로운 신앙이 모스크나 무슬림의 관습을 따르는 걸 원치 않음을 발견했다. 그들은 새로운 신앙과 더 잘 맞는 새로운 형태의 기도나 가족생활을 배우고 싶었다. "새 포도주는 새 부대에"라는 예수님의 가르침은 새로 생겨나는 교회에도 적용될 것이다.[2] 우리는 교회에 "토착화"를 강요하기 보다는 셔우드 링엔펠터 Sherwood Lingenfelter가 『문화와 선교』Transforming Culture에서 지적한 대로 복음이 유대 및 아랍 문화로 변화되는 것을 인정해야만 한다.

> 오랜 유대인의 신앙 체계는 오순절에도 흐트러지지 않았고, 오히려 그들이 받아들인 복음 메시지의 관점에서 새로 형성되고 해석되었다. 마찬가지로 그리스 신자들의 문화 체계도 없어지지 않고 복음이 제공한 새로운 정보와 신앙적인 관점에서 재형성되었다. … 이 과정 안에서 사람들은 복음 진리인 기독 신학을 배우고 자신들의 문화체계로 통합시킨다.[3]

어쩌면 "문화화"가 "토착화"보다 더 자연스럽고 적당한 말이 되겠다. 데이빗 보쉬는 문화화가 어떻게 다른지 확실히 밝힌다.

> 문화화inculturation는 문화가 파괴되고 그 잔해 위에 어떤 새로운 것이 세워지는 것이 아니다. 특정한 문화가 단순히 현재 형태로 승인되는 것도 아니다. … 서양은 종종 복음을 자기 문화에는 잘 길들여 왔으면서도 다른 문화에는 필요 이상으로 낯설게 해왔다. 그러나 지극히 현실적인 면에서 복음은 모든 문화에 낯설다. 이것은 언제나 모순처럼

> 보일 수 있다. … 우선은 "토착화"라는 원칙이 있다. 복음이 모든 문화에서 제 집처럼 편하며, 모든 문화는 복음이 제 집처럼 편하다는 것이다. 그러나 또한 "순례자"의 원칙이 있다. 그것은 복음이 우리를 사회 바깥으로 내딛게 할 거라고 경고한다. … 그래서 하나의 씨앗에서 꽃이 나왔지만 그 씨와 비교할 때 근본적으로 새로운 식물이 눈앞에 나타나 있는 것이다.[4]

거룩한 땅에서 교회를 개척하다 보면, 아랍인과 유대인들에게는 외국인 사역자들이 성경을 더 잘 이해할 수 있게 하는 특별한 성경적 지식과 전통들이 있다는 사실을 알게 된다. 무슬림들은 아직도 성경적인 결혼 풍습을 따른다. 거기에는 신랑이 신부를 데리러 언제 올지 불확실한 채로 진행되는 긴 결혼 축하연도 포함된다. 유대인들은 아직도 예수님과 제자들이 최후의 만찬에서 가졌던 유월절을 지킨다.

토착화에 대한 우리의 관점을 강요하기 보다는 이 땅의 현지인들에게 배울 게 많지 않을까? 장래 교회의 모습은 둘의 한계를 인정하며 양쪽에서 가장 좋은 것을 공유하는 쪽이 되어야 한다. 교회개척 운동은 외부로부터의 계속적인 지원이나 통제에 의존하지 않고 자기 민족을 제자 삼고자 도전할 때에 시작된다.

### 지원받을 것인가 vs 현지 해결할 것인가

"삼자"三自, 3-Selves 형식만큼 교회개척자나 현지 교회 지도부 모두를 "당혹스럽게" 한 문제는 없을 것이다.

미국 해외선교위원회의 국제부 간사인 루퍼스 앤더슨은 1866년에 앤도버 신학교에서 전한 은퇴연설에서 현지 교회개척을 위해 "자치自治, self-governing, 자립自立, self-supporting, 자전自傳, self-propagating"이라는 개념을 처음으로 제시했다.

> 사도 바울은 선교 전략으로 다음과 같은 것들을 채택했다.
> 지역교회를 세울 때 그는 할 수 있는 대로 최선의 사람들을 장로들로 임명했고 그 후에는 교회를 그들에게 맡겼으며, 교회들은 자치, 자립, 자전이라는 원칙 아래 관리되었다. 그가 세운 "모든 교회의 장로들"은 확실히 교회를 목회자답게 보살폈다.
> … 〔각 교회는〕 전적으로 현지인 개종자들로 구성되고 목회자는 교인들과 같은 민족 출신이며, 스스로 신뢰할 만한 유능한 교회를 개척하고 배가시키는 것이 중심되는 목적이다.[5]

앤더슨은 해외에서 사역한 적이 없었다. 그리고 그의 생각을 따랐던 선교사들은 어려움을 겼었다. 교회개척 전략가들은 종종 목사나 신흥 교회에 대한 재정 지원 중단을 정당화하기 위해 이러한 "삼자" 원칙을 이용한다.

존 리빙스턴 네비우스는 1800년대 후반에 중국에서 교회를 개척하고 신학을 가르쳤다. "삼자" 원칙은 "네비우스 계획"이라고도 불린다. 네비우스의 전기에서, 그는 자격 있는 평신도 사역자를 대상으로 재정 지원을 선호했다고 그의 부인은 말한다.

선교 사역에 평신도를 고용하는 것이 타당한지를 묻는 편지에 네비우스 박사는 이렇게 답했다.

> 중요한 자격을 갖추었고 영향력 있는 직분에다 특별한 은사가 있지만, 체계적인 전임교육을 받지 않았다 해서 교회가 그런 사람들에게 문을 닫는 것은 잘못이라고 생각합니다. 적당한 사람에게 낮은 급료로 일하게 하거나, 할 수 있으면 전적으로 자립하도록 권했으면 합니다.[6]

그렇지만 이런 생각은 신자들을 자국민들과 분리시키는 경향이 있었다. 그 후에 네비우스는 가르치고 설교하는 일에 현지 중국인을 고용하는 문제에 대해 자신의 견해를 수정하기 시작했다.

> 고용 시스템은 삯군 정신을 갖게 하고 그런 그리스도인을 늘어나게 한다. … 고용된 설교자는 자석이 철을 끌어당기듯이 자연스럽게 친척 등 다른 사람들을 끌어당긴다.[7]

그리고 그는 고린도전서 7장 20절에 적힌 바울의 가르침을 옹호하기 시작했다. "각 사람이 부르심을 받은 그 부르심 그대로 지내라." 현지인 목사와 복음전도자들이 월급을 받으며 일한다면 긍정적인 면보다 부정적인 면이 훨씬 많다고 느꼈다.

당시 중국은 재정 지원이 당연한 일이었기 때문에 중국 내의 다른 개척자들의 강한 반대가 예상됐으며 "삼자" 원칙을 수행하는 데 어려움을 겪었다. 그는 1890년에 한국에 초대되어 자신의 생각을 나누었다. 이 지역에 적용된 "삼자" 원칙은 큰 성공을 거두었다.

우리는 앤더슨과 네비우스, 그리고 롤랑 알렌이 "자립"이 아닌 "자치"에 강조점을 두었음을 주목해야 한다.[8] 알렌은 그의 유명한 저서 『바울의 선교방법론』Missionary Methods : St. Paul's or Ours?에서 교회 개척과 성장을 위한 "삼자" 원칙을 소개했다. 네비우스와 알렌은 학문적이거나 관리적인 위치가 아니라 현장 사역자였기 때문에 "자립"의 적용에는 더욱 실제적이고 관대했다. 그들은 헌신되고 자격을 갖춘 현지 사역자들에게 성경과 예배 훈련을 강조하면서 한시적으로라도 재정적인 지원을 제공했다.

보쉬는 "삼자" 원칙이 제3세계 문화에 서양식 모델을 강요하는 것이라고 비판했다.

> 개신교 선교는 달라야 한다. … 약 150년 전 루퍼스 앤더슨과 헨리 벤이 만든 "삼자"(자치, 자립, 자전)를 목적으로 하더라도 마찬가지다. … 젊은 교회들은 장기간에 걸쳐 고단한 길을 따라 "삼자"의 관점에서 제시된 자기다움selfhood 또는 "성숙"에 도달하기 위해 힘써야 한다고 말한다. 그러나 연륜 있는 교회가 보기에 젊은 교회는 "자라지" 않는 것처럼 보인다. 단호하게 스스로를 주변 문화와 분리하고 낯선 무리로 남는다면 설립자들이야 기뻐하겠지만 그들 대부분은 간신히 살아남기만 할 것이다.[9]

라일 밴더 베르프Lyle Vander Verff는 1900년대 초에 예루살렘과 카이로의 성공회 교회에서 무슬림들을 대상으로 복음 전도자 및 교회개척자로 일했던 템플 가드너의 말을 인용한다.

> 가드너는, 해외 사역자들이라면 자기가 사역하는 나라의 교회들과 계속하여 상호 격려해야 한다고 강조했다. "삼자" 원칙을 밀어붙이다보면 새 교회를 진정한 교회 생명catholic life에서 분리시키게 된다. 이 점에서 가드너는 주민들과 외국인이 진정한 평등 안에서 참 형제로 동역하는 교회를 머릿속에 그렸다.[10]

밴더 베르프는 중국 공산당들이 민족교회를 고립시키기 위해 "삼자운동"을 어떻게 이용했는지 지적했다.[11] 거룩한 땅의 교회개척에 이 원칙을 엄격히 적용하자는 사람들은 이 역사를 간과하는 경향이 있다. 또한 그들은 이스라엘-팔레스타인 문화가 얼마나 다양한지 잘 모른다. 각 문화는 토착화에 대해 다르게 반응한다.

비잔틴 교회의 영향이 큰 아랍계 기독 문화는 이와 관련된 많은 문제들을 보여준다. 그들은 성직자, 교회 건물, 묘지 문화와 외세 보호에 있어 2천 년이나 오래된 기대감을 갖고 개신교 복음주의 교회에 합류한다. 칼 가이 박사는 이것을 "건물 강박관념"이라 부른다.[12] 그래서 그들은 자연히 "삼자" 원칙을 매우 천천히, 억지로 따라온다.

반면에 사업적 예민함을 갖춘 유대인들은 회당과 외부 권위부터 독립할 필요성이 있다. 재정을 지원받지 않으면, 그들은 당신을 그냥

지나쳐 다른 기부자를 찾는다!

무슬림들은 교회 생활에 대한 모델이 없고, 서로를 가족으로 도와주는 경향이 있어 함께 일하기는 아마도 더 쉬울 것이다. 가장 큰 문제는 그들이 서로에게 뭔가를 늘 빌리기 때문에 항상 빚을 지고 있다는 점이다!

"삼자" 원칙은 이론적으로는 옳지만 재정지원이 이미 정착된 지역에서는 실행하기 매우 어렵다. 외국의 한 교회개척 단체가 1948년 이스라엘 정부 수립 이후에 아랍계 교회에 대한 재정지원을 중단하기로 결정했다. 그들은 매년 20%씩 재정지원을 줄이기로 했다. 2년 후에 자신이 쪼들리는 것을 보며 목사는 다른 기부자를 찾기 시작했다. 단체는 그 나라에서 많은 아랍계 교회를 잃었다.

다른 어떤 단체는 후원금을 연간 10%씩 줄이려는 계획을 세웠다. 절박해지는 재정 위기를 놓고 고민하면서 교회는 "자립"하기 위해 관광 서비스를 시작했다. 게다가 그들은 다른 교회에 대한 모든 재정 보조를 중단했다. 그 교회는 살아남았으나 결과적으로 주변 마을 교회와 센터들은 재정 보조가 없어지면서 거의 무너졌다. 이 긴 시간 동안 교회개척은 힘겨운 싸움이었고 그 결과물인 교회들도 별로 늘지 못했다.

외국의 교회개척 단체들은 대개 "삼자"라는 토착화 방식에 대해 현지인 지도자들이 부정적인 반응을 보이는 것을 보고 분노한다. 여러 중동국가들에 흩어져 있는 외국의 교파 지도자들은 키프러스에서 만나 현지인 교회 성장을 격려할 최선의 방법은 개척을 위한 재정 지원을 중단하는 것이라고 결정했다! 이런 과감함 뒤에는 현지 교회들이 개척을 위해 재정을 확보할 수 있다는 논리가 숨어 있다. 그런데 직접 교회 개척을 해보았던 행정가들은 극소수였다. 현지인 지도자들은 당황하고 불신했다. 그들뿐 아니라 함께 사역하는 외국인 교회개척자들은 아무도 그 결정과정에 참여하지 못했다. 하나님의성회 전 현장 간사였던 맬빈 호지스는 "삼자" 원칙과 토착화를 강력히 옹호하면서도 일방적으로 강요하는 것에는 우려의 목소리를 보낸다.

> 일부 선교사들은 사역이 토착화되어야 한다는 사실을 깨닫고 나서, 이제부터 자립할거라고 간단히 발표하면 다 되는 줄 알았다. 그들은 그때 성급하게 지원을 거절했다. 그러나 여기에는 사역자들의 재정지원 중단 이상의 많은 문제가 있었다. 복음 전도에 대한 동기 부여나 지도력은 민족 자체의 정신에서 나와야 하며, 여기에는 시간이 걸리기 마련이다.[13]

이 주제에 대한 더 나은 접근은 가드너가 수년 전에 주장한 대로 '협력'이 아닐까 한다. 전 남침례 국제선교부의 중동 현장대표이자 은퇴한 나의 멘토 핀리 그레이엄 박사는 "본토인들은 십시일반의 힘을 믿는다. 우리가 나누면 그들도 나눈다!"고 했다. 그렇다면 이제 우리의 질문은 "어떻게, 언제, 얼마나 많이 자신의 '지갑'을 열어야 할까?"로 넘어간다. 나의 오랜 경험에 따르면 그곳 사람들은 우리가 동역자로서 기꺼이 나눌 때 도전적인 대의大義에 관대하게 반응했다. 네

비우스 자신이 새 건물 비용의 10%를 신학생을 위해 기부함으로써 이 "십시일반"을 모델화했다.[14]

일부 교회개척 전략가들은 이제 "삼자"에다 "자기 신학"self-theologizing이라는 또 다른 "자自"를 추가한다.[15] 본토인들이 성경의 가르침을 따르면서 자신의 고유한 교회개척 신학을 만들어 낼 때, 그들은 고유의 문화적 색채로 그것들을 수행해 나갈 것이다. 이것이 "삼자" 원칙의 이상理想이다.

일부에서는 교회를 위한 대출기금을 만들어 자립하려 한다. 남침례회는 이스라엘 현지 연합회에 교회 보조 프로그램 예산을 통째로 맡겼다. 그리고 현지 연합회는 교회에 대한 지원기간을 10년에서 3년으로 줄였다. 새로운 교회들이 가능한 빨리 자립하기를 원하는 마음에서다. 현지인 지도자들은 이제 적절하게 예산을 관리한다.

자기 양떼가 성경적인 청지기 훈련을 받고 교회개척에 활발히 참가하도록 격려하는 소수의 현지인 목사나 역동적인 지도부들에게서 희망의 조짐들이 엿보인다.

우리에게는 교회개척에서 교회개척 운동movement으로 어떻게 옮겨갈 것인가 하는 문제가 큰 과제로 남았다. 그래야만 콘스탄틴 시대 이후로 거룩한 땅과 전세계 교회를 병들게 한 "건물 강박관념" 문제를 극복할 수 있기 때문이다.

## 서구식 이상주의 vs 현지의 실용주의

성경에 나오는 많은 장소들에 전통교회, 여러 정교 및 가톨릭 교파의 수녀원과 수도원 등이 위치해 있다. 현지 주민들의 눈에는 이런 건물들이 신뢰를 주는 대상이다. 초기 개신교 복음주의 선구자들은 무슬림이 우세한 지역에서 그들의 "존재"를 각인시키는 데 있어 건물이 중요함을 깨달았다. 그래서 19세기에 그들은 그리스도 교회, 성조지 성당, 루터 교회Lutheran Church of the Redeemer 등을 그곳에 세우려 애썼다. 고바 학교Gobat's School, 나사렛 병원, 성마가렛 고아원 같은 시설들은 교육과 의료 분야의 필요를 채웠다. 20세기 들어 침례교는 나르키스가街 교회, 나사렛 침례교회 및 학교, 침례교 마을과 많은 교회, 예배당들을 세우면서 그 뒤를 이었다. 그런 건물들은 정부에게도 마찬가지로 중요했다. 이스라엘 정부는 이 나라에서 운영되는 많은 건물들을 보며 외국인 교회 사역자에게 비자를 주었다.

지역 주민들은 건물들을 수입창출의 수단으로도 활용했다. 여러 세기를 거슬러 올라가면 무슬림들은 가게 위에 모스크를 지었고 그렇게 재산을 유지했다. 교회들은 2층 이상으로 집을 짓는 아랍계 마을의 관례를 따랐다. 1층은 정육점, 가게, 차고 등 수입을 가져 올 다양한 가족 사업에 사용되었다.

교회개척에서 서방 교회가 건물의 가치에 대한 태도를 바꾸는 데에는 몇 가지 이유가 있다. 먼저는 생명력 있는 현지 교회를 통해 "존재"가 확립되면, 건물의 필요는 감소된다. 둘째로, 건물 운영 특히 병원은 엄청난 비용이 든다는 점이 고려된다. 그리고 셋째로, 현지 지역 교회들이 성장해 건물의 관리와 재정 책임을 맡게 되는 경우가 있다.

우리는 이전에 외국교회들이 현지 무슬림과 유대인을 대상으로 교회를 개척하다 어려움을 겪으면서, 그 대신 전통 교회의 그리스도인들에게 집중하는 것을 보았다. 또한 박해를 겪는 새신자 가족들을 위한 학교나 다른 기초 시설들도 필요해졌다. 나라의 경제사정이 점점 나아지면서 기독 학교 학생들의 가정도 대부분 좋아졌다. 이런 학교들은 공동체에 "사회적 상승" 효과를 가져왔다.

지역교회가 학교의 발전에 항상 발맞추지는 못했다. 많은 수의 교인들이 도시와 마을의 하층민 출신이다. 아이들은 더 나은 기독교 학교에 입학할 만한 학력도 재력도 없다. 이 학교들이 지역의 인사들에게 맡겨지게 되자 교회는 교육받은 사람들을 따라잡지 못했다. 학교 이사회 또한 보수적인 리더십—목사나 교회지도자들—에 저항했다. 데이빗 헤셀그레이브는 그의 통찰력 있는 저서 『타문화에서의 교회 개척』Planting Churches cross-culturally에서 건물과 교회 간의 경쟁 뒤에는 다음과 같은 숨은 원인이 있다고 설명한다.

> 이러한 긴장은 병원이나 교육시설 같은 기관들이 재정과 에너지를 선점할 수 있기 때문에 일어난다. 그러면서 복음전도는 소외되어 버린다. 다른 이유는 봉사기관에 있는 사람들 중 일부는 구두口頭 전도를 낮게 평가하고 긍휼의 실천이 우선이라고 주장하기 때문이다. 또 다른 이유로는 일부 전문기관들은 특정한 형태의 기독교 봉사에만, 어떤 이들은 복음주의 선교사역에만 전문화되어 있다는 점을 들 수 있다. 즉 교회 내에 경쟁을 조장하려는 경향이 있는 것이다.[16]

내 생각에, 이 땅에서 가장 복음적인 단체들은 증거와 봉사 사이에서 균형을 유지하려 애쓴다.

많은 본국 이사회들은 의도적으로 재정적인 관련성을 줄이거나 현지 지도부의 책임으로 돌린다. 일부는 그냥 재정 지원을 중단하고, 다른 교회나 정부 기관에 책임을 떠넘기기도 한다. 이렇듯 일부 재산을 본토 지도부에 넘기려는 외국 교회단체의 노력은 예상치 못한 어려움을 만나게 된다. 토지양도수수료와 개발세 등으로 합법적 재산의 양도가 막힐 수도 있다. 현지교회도 외국 소유주에게도 이득될 게 없다. 정부토지기관과 세무서만 득을 본다. 일부 지역교회 지도자들은 본토인들이 교회재산을 관리하는 것을 주저한다. 아랍 공동체의 경우는 더욱 그렇다. 그들은 교회가 재산을 차지하고 지도부는 통제권을 잃을까 두려워한다. 외국의 교회 행정가들은 일단 현지인들이 재산에 대한 완전 소유권과 관리권을 갖게 되면 돈버는 게 목적이 될 수도 있다고 두려워한다. 특히 재정보조 감소로 후원금이 중단된 것을 겪어본 목사라면 있을 법한 일이다.

어떻게든 이러한 서구식 이상주의와 현지의 실용주의는 절충되어야만 한다. 교회나 시설 소유권이 지역교회로 이전되는 경우에는 외국단체들이 지역교회를 법적으로 받아들여야 한다. 이 경우 외국 지도부는 본토 지도부가 교회 재산을 어떻게 사용하는지 통제하지 말아야 한다.

지역교회야말로 가장 기본이 되는 기관이다. 하나님의 도우심을 받을 때만 지역교회는 자기 힘으로 유지될 수 있다. 교회개척자들의 목적은 장기적인 교파 체제를 튼튼히 하는 게 아니라 복음을 듣지 못한 사람들과 접촉하는 것이 되어야 한다. 누군가 말했듯이 "우리의 목표는 목적 있게 사는 것이지, 영구 소유권을 갖는 게 아니다!"

## 누가 의사결정을 할 것인가?

이 땅에서 교회를 개척할 때 누가, 어떻게 결정을 내리는가는 중요한 문제다. 서구에서는 "누가 돈줄을 쥐고 있는가"로 판단한다. 대체로 중역들이 결정을 내리고 부하들이 실행한다. 군대를 닮은 명령 체계다. 비용 면에서는 효율적이다. 사람들은 잠자코 앉아 결정을 수행하던가 아니면 떠나야 한다.

불행한 일이지만, 해외에서 적절한 정보 없이 내려진 결정으로 이 땅에는 가끔 비참한 결과가 나타난다. 1967년 전쟁 후에 일어난 한 사건을 살펴보자. 해외 어느 교회단체에서는 예루살렘 내에서 진행되던 아랍인 사역과 유대인 사역을 합치자는 현지인 목사의 제안을 받아들였다. 그의 조언에 따라 한쪽 교회 재산을 팔았고 노련한 개척자는 고향으로 보내졌다. 설상가상으로 조언했던 목사는 제 갈 길을 찾아 나라를 떠나버렸다! 나중에 이 단체는 새 현지인 목사를 고용했는데, 그는 전임자가 했던 대로 외국인 목사의 권위를 무시했다. 그러나 이내 외국단체는 사건의 전말을 알아차렸고, 상황은 현지인 목사에게 불리해졌다. 이에 대한 법정 소송이 끝나기까지는 시간이 오래 걸렸고 현지인 목사가 패소했다. 오랜 분쟁을 해결하는 데 소모된 에너지와 돈을 생각하면 실제로는 승자가 없다.

어떤 단체에서는 예루살렘에 우량 사업체를 세웠는데, 잘 나갈 때는 중동의 지역교회와 여러 시설에 수만 달러를 댈 수 있었다. 단체 내의 일부 서양인들은 사업을 통해 수입을 창출하려는 현지 교회의 철학에 반대했다. 그들은 현지 교회가 십일조와 신자들의 헌금으로만 운영되어야 한다고 생각했다. 그렇지만 사업이 서양식 기준에 따라 운영되지 않았기에 그들은 계속 비난했다. 목사와 사업가로 구성된 현지 이사회는 그들의 요구에 상응하도록 기준을 채택했으나 소용이 없었다. 투표 결과 현지인 지도부의 반대를 무릅쓰고 사업을 접기로 했다. 아이러니하게도 그 서양 단체는 도시 건너편에서 비슷한 사업을 시작했다. 같은 형태로 운영 되던 현지인 주도의 사업체를 간신히 폐쇄했다가, 수년 만에 재정적인 어려움으로 허덕이게 됐던 것이다.

현지교회와 외국교회 모두는 결정을 함께 공유하고 힘써 해야 한다. 고통스럽지만 여러 차례 불가피한 결정들이 필요하다. 이때 현지 지도부와 외국 지도부 모두가 그 결정에 "주인으로 참여"하도록 노력해야 한다. 현지 지도자들은 외국인에 의해 내려진 결정들을 처음엔 거부하다가도 나중에 반성하고 경험한 후에는 스스로 일부 채택한다. 성급하게 일을 처리하거나 외부에서 강요된 결정들은 종종 해결할 수 없는 괴로움을 남기며, 그것을 극복하려면 시간이 많이 걸린다.

## 교회개척, 누가 모금하고 주도할 것인가

외국인 교회개척자들은 혹여나 이민을 가지 않는다면, 거룩한 땅에서 사역을 마친 후에 다른 미전도 지역으로 옮기거나 고향으로 돌아갈 꿈을 갖고 있다. 우리 사역은 현지인들이 교회개척 운동을 계속하도록 돕는 것이다. 지상 대명령Great Commission을 완수하기 위해 현지인 지도부를 훈련하고 격려하기도 한다. 기꺼이 함께 일하려는 현지인 목사나 복음전도자들이 있다면 외국인 교회개척자가 그들과 관계를 맺는 것이 이상적이다.

다른 교회들을 배가시키는 교회를 세우는 것이 교회개척 단체가 복음을 전하는 목적이다. 이것은 가능한 한 현지 지도부와 협력 하에 이루어져야 한다. 어떤 현지인 지도자들은 교회개척을 할 마음이 별로 없는데도, 외국인 교회개척자들이 지도부에 협력하고 따를 것을 요구한다. 이때 외국인 사역자는 특권을 포기하기 전에 데이빗 하셀그레이브의 조언에 귀를 기울이는 것이 좋을 것이다.

> 하나님이 주신 사명을 향한 비전이 없는 교회와 일하느라 책임과 기회를 빼겨서는 안 된다. 그렇지만 이것은 알아두자. 지역교회를 견고히 하고 증가시키기 위해 선교가 존재함을 인식한다면, 전적인 협력을 통해 새로운 회중을 개척할 수 있다.[17]

복음주의 개신교가 가장 많이 생겨나는 전통 아랍계 교회들은 기존의 교회를 유지하려고 애쓴다. 그들은 새로운 회중을 모아 시작할 시간과 에너지가 별로 없다. 선교활동의 비전을 가진 현지인 목사가 있다면 외국인 교회개척자가 큰 도움이 될 수 있다. 이를테면 신자가 될 만한 사람들을 아랍인 목사후보생과 함께 방문하는 게 활력을 준다. 그의 충고는 내게 용기가 되었고, 후에 그는 다른 사람들을 양육했다.

재정은 현지의 교회 연합회나 본토 교회 및 교회개척에 관심 있는 사람들에게서 나온다. 대부분의 새로운 사역은 관심 있는 사람들의 집에서 시작하지만 곧 공간이 비좁을 만큼 성장한다. 현지인 및 외국인 교회개척 단체들에게는 새 일을 위한 "착수기금"이 필요하다. 한시적으로 교통비, 자료 준비, 모임 장소 임대 등에 쓰일 곳이 많다. 현지인들이 재원 없이 교회를 시작하는 일은 없도록 격려해야 한다.

일부 교회개척단체들은 회중을 위한 땅이나 건물을 구매하기 위해 대출기금을 만든다. 이것은 이미 성장한 교회를 돕는 데는 효과적이지만, 새 모임에서는 대부금 담보가 없기 때문에 교회개척에는 한계가 있다. 그리고 새로운 회중의 운영비는 현지 헌금으로 충당해야 한다. 그래야 개척자가 떠난 후에도 현지인끼리 모임이 유지될 수 있다.

오늘날 히브리인 지역의 교회개척은 현지 이스라엘 신자들이 거의 이루어간다. 일부는 새로운 지역으로 이사해 히브리어를 사용하는 신자들을 모아 집이나 임시 처소에서 모임을 시작한다. 이런 밀접한 관계로 인해 새로운 지역에 가서도 교제는 계속된다.

거룩한 땅의 무슬림들을 대상으로 한 교회개척 결과는 아직 미미하다. 그렇지만 무슬림 출신의 신자들은 자신의 새로운 신앙을 친척과 친구들에게 소개하면서, 외국인 교회개척자들에게는 자신을 양육해 달라고 요청한다. 팔레스타인 지역에서 무슬림들이 당하는 억압에도 불구하고 그들은 성도의 교제와 하나님의 말씀을 더욱 갈망한다.

한 무슬림 출신 신자는 주 안에서 새로 태어난 4번째 생일에 친구 25명을 초대해 하나님이 그에게 행하신 일을 간증했다. 어떤 이는 다른 무슬림을 예수님께 인도함으로써 정치 · 종교적인 위협에 맞섰다! 무슬림들이 믿음을 갖게 되었을 때, 그가 영향을 끼칠 수 있는 가족 구성원과 친구들이 대략 10명에서 20명 가량 된다.

하나님이 일하시고 성령님이 사람의 마음을 움직이실 때 경쟁과 이기심은 열정에 압도된다. 오늘날 거룩한 땅에서 그리스도 안에 있는 소망을 아는 사람들은 이러한 감각이 있다. 일부 현지인 모임은 빠르게 성장하여 "포화상태"에 이르렀으며, 외국인 사역자들은 현지 지도부와 협력하는 일이 점점 더 중요하다는 사실에 눈을 떠간다. 외국인은 처음부터 외부 자금 확보나 해외 지도부에 대한 지나친 의존을 피해야 한다. 이것이 교회개척 운동을 억누르거나 방해할 수도 있기 때문이다. 진정한 교회개척 운동이 시작된다면 필요한 자원들은 수확물 안에서 얻어질 것이다.

### 자비량 vs 월급 받는 교회개척자

새로운 교회들이 월급 받는 교회개척자에 의해 시작되지 경우는 드물다. 위에서 살펴보았듯 유대인과 아랍인 신자들은 아무런 금전적 대가 없이 교회를 시작한다. 갈릴리의 플리머스 형제단은 사례금 받는 설교자나 개척자 없이 교회를 시작한다. 각자 현지나 해외에서 자금을 모으는 방법들은 있다. 재능 있는 교회개척자를 돕지 말라는 게 아니다. 재정 모금은 외국 단체보다 현지인들이 하는 게 훨씬 유익하다는 사실이 요점이다. 교회개척 프로젝트에서 현지인들의 "주인의식"을 격려하는 것은 참 중요하다.

당신이나 단체가 현지인 개척자를 재정적으로 후원하려 한다면 현실을 직시해야 한다. 그의 급료 부분은 필요한 전체 비용의 일부에 불과하다. 이스라엘 노동법에 따르면 13번째 달 급료, 사회보장, 소득세, 건강보험, 휴가비 등도 지급해야 한다. 따라서 모든 비용을 합치면 급여보다 최소한 1.5배 많은 예산을 책정해야 한다. 교회 사역자들을 그만두게 했다면 그들은 망설임 없이 자신의 몫 일체나 그 이상을 합법적으로 청구할 것이다. 법에 의해 집행된 고용인들의 퇴직금을 지불하지 못해 파산을 선언해야 했던 현지 비영리단체도 있었다!

외국인 교회사역자인 우리들은 자비량 모델을 내세우기가 쉽지 않다. 우리 중 상당수가 급여, 집, 여행비를 후원 받고 있으며, 따라서 심방과 공부 그리고 기도에 우리 시간의 대부분을 바칠 수 있다. 생계를 위해 일하는 현지인 신자들은 지쳐서 교회개척과 성장에 자신의 모든 노력을 바치기가 힘들다. 100년 전 중국에서 이 딜레마와 투쟁했던 네비우스는 외국인 교회개척자가 재정 후원을 받는 게 정당하다는 결론에 도달했다.

> 우리의 환경…은 거의 모든 세부적인 면에서 사도바울 시대와는 다르다. 그는 로마제국에서 로마시민이었으며, 자신이 태어난 환경에서 일했다. 그는 일하는 데 필요한 그리스어와 히브리어에 정통했다. 그가 받은 육체적 · 지적 훈련 수준은 자신과 동역하던 사람들과 동일했다.

우리…는 말하고 쓰기가 매우 어려운 언어를 익혀야 하고, 마음과 육체는 크게 혹사당하며, 이를 위해 우리의 모든 시간과 에너지가 필요하다. 우리는 바울이 어릴 때와 청년시절에 익혔던 일들을 상대적으로 나이든 상태에서 배우는 고된 단조로움도 감수해야만 한다. 게다가 자비량 외국인들이 … 다른 수작업 노동에서 토착민들과 경쟁하는 것은 분명 비실용적이며, 그런 시도는 오히려 그의 영향력을 줄어들게 할 것이다. 제 손으로 일하면서 기독교를 전파하는 사례를 … 보여줄 수 있는 사람들은 우리 같은 유럽인들이 아니라, 자기 민족을 위해 함께 수고하는 그곳 사람들임이 분명하지 않은가?[18]

네비우스의 관점은 대부분의 외국인들에게 잘 받아들여진다. 이스라엘 정부는 외국인 선교사가 외국단체의 후원을 받으며 사역을 마친 후 귀국 비용을 보장받는 경우에만 종교 비자를 준다. 노동허가는 노동부 장관의 보증이 첨부되어야만 발급된다. 정부는 자국내 현지인들의 일자리를 보호하려 하고, 그들과 경쟁하게 될 외국인들에게는 비자를 내주지 않으려 한다.

이상을 생각할 때 외국인은 현지 교회와 지도자들에게 자기 존재를 돋보이게 할 필요가 있다. 비록 우리가 재정 독립을 이루는 모범적인 모델을 보여줄 수는 없더라도, 시간과 재능과 돈의 선한 청지기가 되어야 하는 것이다. 사람에게 물고기 잡는 법을 가르치는 것이 물고기를 매일 한 마리씩 주는 것보다 더 낫다.

## 반대 세력들

믿지 않는 유대인이나 아랍인들로부터 경험하는 반대도 물론 크다. 그들의 사회 결속이나 종교 전통에 위협이 되기 때문이다. 그렇지만 가끔은 현지 복음주의 사역자들로부터 예기치 못한 반대를 경험하기도 한다. 새 교회에 교인을 빼앗긴다고 위협을 느꼈을 수 있다. 어떤 아프리카계 목사는 자기 지역 내 500여 개 침례교회를 조사한 결과를 이렇게 발표했다. '교회가 7년 안에 스스로 배가되지 않으면 그 교회는 나누어진다!' 이런 사실에도 불구하고 일부 목사들은 기존의 교회를 더욱 견고하게 해야 한다고 생각하기 때문에, 자기 지역에서 교회가 개척되는 것을 반대한다. 그들은 새로운 교회가 그리스도의 몸을 나뉘게 한다고 생각한다. 유럽과 중동의 교회개척 컨설턴트 빌 와그너 박사는 유럽 교회에 대한 연구에서 이와 비슷한 저항들을 발견했다.

> 교회개척 전략에 있어 가장 큰 장애물은 국교파이든 비국교파든 기존의 교회 지도자들이 반대하는 것에 있다. 이 운동이 탄력을 받게 되면 의심을 부풀리는 소식들이 오간다. 좋은 위치에, 근사한 건물을 가진 다른 많은 개신교 교회들이 죽어간다는 이유다. 새로운 교회를 반대하는 사람들은 기존에 있는 교회를 소생시키는 데 더 많은 자원을 투입해야 한다고 여긴다. 유럽 내 현대 복음주의 사역의 경우를 보면, 교회가 채 자립하기도 전에 "원치 않는 아이"에 대한 책임을 국가가 떠맡게 된다는 사실을 지적한다. 사역은 다시 자유로이 "아이를 갖게" 되

고 … 그래서 같은 형태가 반복된다. 맥가브란McGavran 박사는 그 결과로 사역은 살지만 교회는 죽어간다고 경고했다. … 새로 "개척"될 때마다 복음주의자들은 성공에 박수를 치겠지만, 반면 다른 편에서는 그것을 교회의 추가적인 분열로 여길 것이다.[19]

다른 복음주의 사역들 주변에서 새로 개척하는 것에 반대하는 사람들은 중요한 부분을 하나 빠뜨리고 있다. 사람들은 자기 나이나 사회계층이 비슷한 집단에 합류한다는 사실을 모르는 것이다. 그러므로 특정한 형태나 어떤 교파의 복음주의 교회가 그 지역의 모든 사람들에게 맞을 수는 없다. 내 생각에, 모든 계층과 나이 그리고 다양한 지위의 사람들에게 전도하려면 지역마다 최소한 침례교, 형제회, 오순절 형태의 교회들이 필요한 것 같다. 아마도 성공회, 루터파 또는 전통교회를 택할 사람도 있을 것이다. 그리스도의 몸은 교파를 넘어선다.

여러 반대가 있겠지만, 우리는 복음을 나누고 그들을 신자들의 회중으로 데려올 의무가 있다. 물론 전도하며 사역을 개척하는 지역교회를 부지런히 격려해야 하지만, 우리는 우리의 사명을 포기해서는 안 된다.

흥미롭게도 와그너는 새로운 교회에 나오는 대부분이 최근 그 지역으로 이사한 사람들이라고 지적했다. 그들은 새로 도착했거나 외국인들이며, 어차피 기존 지역교회의 일원은 아니었다. 시골이나 키부츠에서 이주해오는 이스라엘-팔레스타인 대도시에서도 비슷한 상황이 발견된다. 이들에게는 새로운 모임이 더 매력적일 수 있다.

이스라엘-팔레스타인에는 핵심 교리는 같지만, 나머지는 다른 교파들과 상이할 수도 있는 메시아닉 유대인과 무슬림계 신자들의 모임이 성장하고 있다.

헤셀그레이브는 교회개척에 대한 기초이자 성장이론인 "동질성 집단"에 대한 연구를 소개한다.

> … 여기에는 계층, 특권계급caste, 연령층, 비밀사교계, 친족 집단 등 지속하려는 경향이 있는 집단을 분류하고 통합하는 일이 포함된다. 도널드 맥가브란이 "동질성 집단"을 언급할 때 기본적으로 이런 집단을 얘기한 것이다. (물론 이 밖에도 많다.) 그의 지적처럼 사람들은 자기 집단을 다른 곳과 구별해주는 경계를 넘지 않은 채로 그리스도인이 되고 싶어한다. 대부분의 교회들은 그리스도의 교회에 더하여 계층, 특권계급, 민족적이거나 인종적인 교회가 되려는 경향이 있다! … 그렇다 해도 다계층, 다민족, 다언어 교회는 많이 존재한다.[20]

도널드 맥가브란이 1970년에 『교회 성장의 이해』Understanding Church Growth를 출판했을 때, 나는 그의 "동질성 집단" 이론이 이스라엘-팔레스타인 지역 내 아랍인 공동체를 완벽하게 묘사한다는 것을 알았다. 이는 여러 다양성을 가진 유대 공동체에도 직접 적용된다. 나는 아랍 마을에는 최소한 3가지 사회집단 즉 다스리는 집단, 대립하는 집단, 중립 집단이 있음을 알게 되었다. 한 집단에 관심을 가지면 자동적으로 다른 집단은 배제하게 된다. 그래서 공동체 내에서 한 교회만으로 시야를 제한하게 될 때 교회에 올 수 있는 사람 수가 제한되는 것이다. "문지기들"을 어떻게 다루거나 피할 것인가가 교회개척 운동에서 핵심적인 요소다. 이런 대립은 양떼를 위한 영적인 관심에서보다는 주로 주도권 문제로 시작된다. 이 장벽은 용기와 인내와 기도로 맞서가야 한다.

### 종교 공동체 vs 영적인 회심

기독교에서 말하는 "새로운 탄생"은 이 땅 종교 공동체 내의 유대교, 이슬람, 전통 그리스도교 사상 체계를 위협하는 것이다. 교회개척자는 커다란 영적 충돌의 영역에 들어갔음을 처음부터 확실히 해야 한다.

이 땅의 종교집단 지도자들 입장에서는 사람들이 그리스도께로 회심하는 것에 강한 저항감이 있다. 유대교와 이슬람도 모두 활발하게 선교 활동을 한다. 오히려 여러 면에서 오늘날 이스라엘에서 가장 활발한 선교활동을 하는 이들은 정통 유대교인이다. 모든 유대인들을 정통 유대교로 이끌기 위해 화려하게 색칠한 개조 차량 "토라탱크" Torah Tanks가 전국을 순회한다. 정통 유대교로 돌아가자고 외치는 사람들의 열심과 재치는 감탄할 만하다. 기독교 배경을 가진 많은 이들이 이스라엘과 해외에서 유대교로 개종하고 있다. 그들의 이야기는 일간지에 소개된다. 일부는 진정 종교적인 갈망 때문에 개종하지만, 이스라엘 정부에서 유대인들에게 제공하는 금전적인 이익 또한 만만치 않은 보상이다.

나는 25년간 갈릴리의 한 키부츠 근처에서 살아왔다. 거기는 유대교 개종 센터였다. 유대교 개종과정에 있는 다른 젊은이들에게 영향을 미칠지도 모른다는 이유로 그리스도인 청년은 키부츠에서 머물 수 없고, 단체로 게스트하우스에서만 지내야 한다. 그러다가 젊은이가 유대교에 관심을 보이면 이 키부츠로 보내진다.

이슬람은 미끄러진 무슬림들이 모스크에 기도하러 돌아오도록 하거나 사람들이 이슬람을 종교로 선택하게 하려고 '다와' da'wah(초대)를 실천한다. 순회하는 셰이크들은 서안지구와 이스라엘 여러 마을을 집집마다 무리지어 방문하면서 무슬림들에게 기도하러 모스크에 참석하도록 격려한다.

나는 서안지구 마을에서 그런 무리를 만났다. 모두 다 흰 겉옷을 입고 있었다. 그들은 정중하게 행동했다. 한 젊은 셰이크가 하나님과 기도에 신실할 것을 진부하게 반복하는데도, 모든 참석자들은 끈기 있게 경청했다. 어느 날 갈릴리 그리스도인 마을의 중심가에 서 있는데 내게 다가오는 낯선 사람들을 발견했다. 턱수염을 기른 셰이크가 터번과 흘러내리는 아랍식 가운인 붉은 갈라비야 차림으로 무리를 이끌었다. 그는 커다란 지팡이를 짚으면서 단호하게 걸음을 내딛었고 추종자들은 그 뒤를 따랐다. 그들을 보면서 갈릴리 여러 마을을 다녔던 예수님과 제자들이 저랬을지도 모른다는 생각이 들었다. 그 지도자에게는 모두를 이슬람으로 개종시키려는 갈망이 있었다.

복음적인 신앙의 기독교 신자라면 누구나 "너희는 온 천하에 다니며 만민에게 복음을 전파"해야 한다는 신약의 가르침을 지킨다.[21] 마태복음 28장 19절에서 예수님은 "너희는 가서 모든 족속으로 제자를 삼아 아버지와 아들과 성령의 이름으로 세례/침례를 주라"고 하셨다.

K. 맥킴은 『종교적 회심에 대한 안내서』Handbook on Religious Conversion에서 복음주의자들 대부분이 무엇을 믿는가에 그 초점을 맞추고 있다.

> 기독교의 회심은 예수 그리스도께 초점을 맞추는 것이다. 회심은 그리스도 안에서 행하신 하나님의 역사로 가능해진다. "개종된" 사람들은 "돌아왔으며", 죄의 속박에서 벗어났고, 하나님의 은혜로 말미암아 성령의 능력을 통해 예수 그리스도 안에서 하나님께 즐겁게 복종하는 새로운 삶을 살 수 있게 되었다. 이 회심에는 삼위일체가 관여하신다. 그러나 "새로운 삶"의 초점은 예수 그리스도 안에서 하나님을 알게 되는 만큼 그 뜻에 복종하는 데 있다. 따라서 회심은 특히 구원론에 초점이 맞춰지며, 인간 존재의 완전한 재설정reorientation 및 "보이지 않는 하나님의 형상"(골 1:15)이신 예수 그리스도 안에서 하나님의 형상(엡 4:23-24)을 회복하는 부분과 관련이 있다.[22]

그리스도께로 회심하는 것을 일반적인 용어로 "거듭남"이라고 한다. 이 새로운 영적 탄생을 경험한 유대인과 무슬림, 전통주의 그리스도인들은 자신의 삶이 근본적으로 변화되었음을 알게 된다. 마약이나 동성애, 매춘 등 예전의 파괴적이고 부정적인 생활양식을 무너뜨리는 새로운 능력을 받는 이들도 있다. 많은 사람들이 성경을 공부하면서 적대자들을 대하는 자신의 태도가 변했음을 느낀다. 하나님과의 새로운 관계 속에서 서로를 격려하는 교제를 신자들 안에서 발견한다. 또한 많은 경우 결혼생활이 더 안정되었음을 느낀다.

그렇다면 자연히 이런 의문이 생긴다. '유대인과 전통주의 그리스도인들이 그리스도 안의 새 삶으로 회심할 필요가 있는가.' 자유주의 신학자들은 "이중 언약" 신학을 만들어 유대인은 옛 언약을 통해, 그리스도인들은 새 언약을 통해 하나님나라에 들어간다고 주장했다. 이 신학의 결론은 유대인들에게 복음을 전할 필요가 없다는 것이다. 그런 가르침은 거짓된 안전감으로 유대인들을 미혹하고, 그리스도인들의 복음 전도를 낙심시킨다. 이것은 복음이 먼저 유대인을, 그 후에 이방인을 위한 것이라고 분명히 가르치는 신약을 부정하는 것이다. 1996년에 남침례교 총회에서 통과된 결의에 대해 유대인 단체들은 크게 저항했는데, 내용인즉슨 유대민족을 위한 하나님의 사랑이 얼마나 큰지와, 그리스도를 유대인들에게 전하는 것이 그리스도인의 책임임을 분명히 한 것이었다. 여기에는 새로운 내용이 없었다. 신약이 가르치는 바, 즉 유대인을 포함하여 오직 예수님 안에서만 구원이 있음을 분명히 상기시킨 것일 따름이었다.[23]

전통주의 그리스도인들에 관해서, 신약은 예수 그리스도를 메시아, 구세주, 주님으로 믿는 개인적인 신앙이 없는 남자나 여자는 누구든 하나님나라에 들어갈 수 없다고 분명하게 가르친다. 그리스도를 믿는 개인적인 신앙이 없다는 면에 있어 전통주의 그리스도인은 그리스도를 믿지 않는 유대인이나 무슬림과 똑같이 영적으로 타락한 상태에 있다. 요한복음의 처음 세 장에서 가르치는 것처럼 사람은 누구나 자연적인 출생이 아니라 그리스도를 메시아로 믿는 개인 신앙을 통해 언약의 공동체 안에 들어간다.

예수님을 믿게 된 후에 예전의 출생 공동체와 어떤 관계를 갖는가의 문제는 주로 각자가 처한 상황에 달려 있다. 유대인은 그가 예수님을 믿는다 해도 여전히 유대인으로 남는다. 두 언약 사이에는 연속성이 있기 때문이다. 무슬림들은 예수님이 하나님께 참 이슬람 즉 참으로 항복한 사람이라는 믿음에서, 참으로 영적인 의미의 무슬림이 된다. 그러나 이슬람이 역사성과 성경을 거절하고, 이슬람의 역사와 무함마드로 이를 대신한다면 불연속적이라 할 수 있다. 새로운 탄생을 경험한 전통 그리스도인들은 자신의 고대교회식 기도에서 새로운 의미를 찾을 수 있지만, 성인과 마리아에 대한 숭배가 성경적 기준에서 벗어났음을 보게 될 것이다. 거룩한 땅의 복음주의 그리스도인들 대부분은 여전히 고대 기독 교회 안의 정체성을 버리지 않는다. 참으로 거듭난 그리스도인들이 가족과 친구들에게 증거하는 삶을 살기 위해 그들 문화와 유산 안에 남을 방법을 찾아야 한다.

### 상황화 또는 역상황화

"상황화"는 교회개척자들이 전도하려는 민족의 배경, 문화, 언어 등을 잘 고려하여 납득할 만한 방법으로 복음을 나누는 것을 말한다. 용어는 현대적이지만, 그 개념은 주님의 성육신과 "모든 사람을 기쁘게 하여 … 저희로 구원을 얻게 하라"[24]는 바울의 본보기만큼이나 오래 되었다. 헤셀그레이브와 로먼은 복음을 상황화하려는 시도와 관련해서 두 가지 위험요소가 있다고 했다.

1) 전달자 자신의 문화적 유산일 따름인데, 그것을 복음의 필수 요인으로 인식하는 것.
2) 듣는 자가 복음의 무결성을 대체하거나 제거할 수도 있는 것들을 섞는 것.[25]

교회개척자는 거룩한 땅에서 히브리어, 아랍어, 고대 관습은 물론 성경의 원래 내용을 공부하는 학생이 된다. 약 30년 전 여기 도착했을 때, 나는 가지고 있던 성경 주석 대부분이 거의 필요 없음을 알게 되었다. 이 땅과 사람들이 성경의 의미에 대한 최고의 주석이었기 때문이다! 그럼에도 불구하고 상황화를 시도할 때 주의할 점이 있다.

우리는 복음을 그 본래의 기원으로 다시 가져오려는 중이다. 그것은 여기에 살았었고, 여기서 쓰였다. 복음을 상황화하려는 시도들은 이 땅에서 특별한 문제에 부딪힌다. 그것은 종종 "비상황화" 또는 "역"상황화가 발생한다는 점이다.

거룩한 땅에서 "토착화된" 예배와 그 조직 안에서 미국, 영국, 독일, 스코틀랜드의 흔적을 찾아내는 것은 어렵지 않다. 또한 고대 교회들에서는 이집트, 그리스, 라틴, 레바논, 시리아의 모습들 역시 쉽사리 드러난다. 아주 소수만 원原복음의 형태를 지니고 있다. 현지 신자들은 종종 해외의 혁신적인 부분들을 받아들이고, 거기에 만족해버린다. 반면 개척자를 보낸 교회들은 자기 나라의 예배 형태나 조직 구조를 지속적으로 변화시킨다. 신약의 환경이 히브리, 아람, 그리스 문화 중 하나였음을 깨닫지 못하면, 우리는 지역교회나 회중의 조직이나 예배 형태에 대해 지나치게 비판적이 될지도 모른다. 모든 사람들에게 모든 것이 되고자 했던 바울의 갈망은 거룩한 땅에서 복음을 전하는 데 있어 오늘날에도 여전히 통하는 유일한 접근법이다. 원래 형태로 돌아가려는 교회개척자들의 다양한 시도들에 대한 반응은 가지각색이다.

상황화가 어느 정도 성공을 거둔 영역은 성경 번역과 예배 음악이었다. 그리스도의 생애에 대해 문화적인 상황을 잘 고려한 아랍어판 번역은 1980년대에 데이빗 오웬즈와 애드난 베이둔에 의해 빛을 보았다. '시랏 알마쉬아' Sirat al-Mashiah는 코란의 용어를 사용하여 종교적인 무슬림들에게 복음을 호소하기 위해 작성되었는데, 이것은 코란과 비슷하게 아랍어로 노래를 지어 부르게 되어 있었다. 이 땅의 소수의 그리스도인들은 부정적인 반응을 보였지만 페르시아만 주변국의 무슬림들에게는 일부 성공을 거뒀다. 더 최근에는 1990년대에 고 베이둔에 의한 사복음서 번역본이 서안지구 아랍어 공동체에 널리 배포되었다.[26] 살림 무나예르와 필 고블은 종교적인 무슬림들의 기도방식을 수정하기 위해 『무슬림을 위한 새 창조』The New Creation Book for Muslims를 썼다. 당시 정치 상황 때문에 아랍어 버전의 배포는 제약을 받았지만, 이 책을 읽은 무슬림들에게는 인정을 받았다.[27] 〈소망을 위한 부르심〉Call for Hope과 스위스 · 독일에 있는 〈청년센터〉The Youth

Center의 아랍어 자료와 오디오 카세트는 질적인 우수성과 학문성으로 그 지역 무슬림에게 인기가 높았다.

상황화에 가장 성공한 시도는 〈예수〉 영화일 것이다. 그들은 현지 아랍인과 유대인 배우들을 기용하여 이 영화를 만들었다. 아랍어, 암하라어, 영어, 히브리어와 러시아어 버전이 있는데, 이 정도면 이 땅에서 사용되는 대부분의 언어가 포함된다.

히브리어 신약은 1991년에 고어체와 오해하기 쉬운 표현들을 바로잡기 위해 새롭게 번역했다. 또 이스라엘 신앙 공동체는 러시아 유대인의 대량 유입에 대비해 1991년에 히브리어와 러시아어 대역 완역성경을 출판했다.[29]

이 지역 전체의 교회와 회중은 더욱 성경적인 형태의 음악과 예배로 돌아가게 되었다. 거룩한 땅 주변 아랍국들의 아랍인 목사와 음악인들이 쓴 아랍어 시편과 성경이 1970년대에 교회 부흥의 길을 닦기도 했다. '오우드' oud(아랍식 만돌린)와 '데르베키' derbeki(아랍 드럼), 탬버린은 가정모임과 회중에 보편적으로 보급됐다. 히브리 회중은 시편 및 다양한 느낌을 표현하는 춤과 더불어 현악기, 관악기와 탬버린을 사용하기 시작했다. 유대인 축제와 성일聖日은 기독교적 의미를 새롭게 부여받았다. 이 모든 것으로 이 땅 안에서 드리는 예배는 상황화되었다.

성경의 토라, 선지서, 서신서들은 현대화된 유대인들에게 증거하는 데 있어 가장 상황화된 자료다. "옛 약속"이 메시아의 예언으로 가득 차 있으며, 오직 예수님만이 그것을 충족하기 때문에 아무 방해없이 신약 성경을 사용할 수 있다. 아랍계 그리스도인들은 전통 교회들에게서 감화를 받는 부분이 있다. 바로 순결하고 하나님께 순종했던 성모마리아에 대한 존경과 견진성사의 형태로 신자에게 주는 세례 등이 그것이다.

무슬림들은 코란의 용어를 사용하여 성경의 사실을 설명하면 복음을 더 잘 이해한다. 코란에서 하나님께서 아브라함의 아들을 동물로 대신하신 것과 관련된 "큰 희생"을 통해 인류를 위한 예수님의 죽음을 강조하면 그들에게 통한다. 이처럼 거룩한 땅에서는 한참 상황화가 진행중이다.

### 새로운 패러다임 vs 낡은 가죽부대

우리는 교회개척 개념이 이메일과 인터넷처럼 빠른 속도로 변화하는 시대에 살고 있다. 낡은 용어와 개념들은 정신없이 뒤쳐지고 있다.

단일 교회개척이라는 이전 개념에 반反하여 "교회개척 운동"이라는 새로운 패러다임이 나타났다. 이 운동은 1세기 모형—자기 증식과 교회의 빠른 확산—을 잘 따라가고 있다. 구원이 오직 예수님 안에만 있음을 모르는 사람들을 전도하려면 힘을 집약해야 하며, 이를 위해서는 먼저 낡은 부대를 버려야 한다.

남침례교 국제선교부 회장 제리 랜킨은 이를 위한 이론적 근거를 설명한다.

우리는 시간 소모적인 과정을 탈피해야만 한다. 즉 전략적 결정을 연례 선교모임으로만 제한하거나, 혁신안을 시작할 때 큰 집단의 동의를 필요로 하는 절차를 간소화해야 한다. 특정 민족 집단이나 지리학적 측면에 초점을 맞추어 더 작은 팀으로 나누어 협력하게 될 때 더 많은 전략 계획과 효과적인 상호 책임이 가능해진다. 이를 통해 효과적이고 융통성 있게 되어, 전략을 실현하는 일에 누구든지 자유롭게 기여하게 된다.[30]

동반자 개념은 "미전도 종족 집단"에서 나왔다. DAWN의 짐 몽고메리는 그의 책 『DAWN 2000』에서 성경에 나오는 "족속"이라는 단어로 부를 만한 집단이 전 세계에 약 9천 개가 있다고 했다. 문화, 언어, 민족의 정의에 따라서는 십만 개가 될 수도 있다.[31]

10/40창이 처음으로 소개되었을 때 레바논, 시리아, 요르단, 이스라엘, 서안지구, 가자, 이집트를 포함하는 거룩한 땅의 1억이 넘는 무슬림들은 미전도 종족에서 제외되었다. 이것은 성경이 그들 언어로 번역되었고, 그 나라들에 복음주의 교회가 있다는 가정에 따른 것이었다. 이러한 정의는 수정되어 이제는 팔레스타인 무슬림, 드루즈, 베두인, 체르케스족*과 엄청나게 다양하게 흩어져 살아가는 유대 사람들이 우리 기도와 관심의 대상이다. 새로운 패러다임에 따르면 이들에게 우리의 관심이 최대한 집중되어야 함을 역설한다. 복음주의 교회들은 더 큰 미전도 무슬림 공동체에 증인이 되는 일에 그들의 생존이 달려 있다.

---

*북서부 카프카스어를 쓰는 카프카스인의 일파. 18세기에 이슬람 수니파가 보급됨.

## "교회"란 무엇인가?

교회개척자들은 전략적 토론 과정에서 이 단순한 질문에 엄청난 시간을 쏟아붓고 있다. "…둘 이상이 내 이름으로 모인 곳…"에서부터 성인남자 10명에서 30명까지 모이는 '민얀' minyan까지 관점은 다양하다. 필리핀에서 교회개척자로 그리스도인과 무슬림들을 섬겼던 찰스 브룩은 그리스도에게 헌신한 여섯 가정이 새로운 교회의 훌륭한 기초라고 했다.[32] 그는 지역교회를 이렇게 정의한다.

> 그들은 죄악에서 돌이키고 예수님을 구세주이자 주님으로 온전히 신뢰하게 된 사람들이다. 이들은 물 속에 들어가 침례를 받고 하나님 가족의 일원으로 정기모임을 계속한다. 이들은 그리스도를 영화롭게 하고, 그분의 나라가 이 땅에서 확장되도록 기도와 찬양, 성경공부로 교제할 것이다. 이것이 교회다.[33]

미국 남침례회 국제선교부는 지역교회를 "예배, 교제, 전도, 양육, 봉사를 목적으로 하며, 성령님에 의해 가시적인 교제에 함께 인도된, 침례 받은 신자들의 모임"이라고 정의한다.[34] 개인적으로 나는 이 정의에 만찬이나 성찬식을 더하곤 한다. 또한 일부 메노파는 세족식을 더한다.

앞에서 언급했듯이 나는 둘 이상의 신자들이 예수 그리스도의 이름과 영으로 모이는 것을 "태교회"로 여긴다. 결국 우리의 문제는 교회란 무엇인가에 대한 영적인 정의와 실제 정의 간의 차이로 요약된다. 거룩한 땅의 많은 아랍계 신자들이 갖고 있는 "건물 강박관념"은 문제를 더욱 복잡하게 한다. 비잔틴 출신들은 임명받은 목사나 사제의 인도로 특정한 건물에서 예배하는 신자들을 교회라고 여긴다.

아랍어로 교회라는 말이 '카니사' kaneesa인 것은 흥미로운데, 이것은 분명 '모인 사람들'을 의미하는 히브리어 '케니스' kenis과 관련 있다. 또한 회당을 뜻하는 아랍어도 '카니스' kanees다. 신약 그리스어 '에클레시아' ekklesia는 기본적으로 "부름 받은 사람들"을 의미한다. 베드로는 출애굽기 19장 6절을 기초로, 교회를 "택하신 족속이요 왕 같은 제사장들이요 거룩한 나라요 그의 소유된 백성"이라고 불렀다.[35] 메시아닉 유대인들은 자신들의 모임을 이방 언어인 "교회" 대신 "회중" congregation 또는 히브리어로 '케힐라' kehila로 부르는 것을 선호한다. 무슬림들의 기도장소를 가리키는 모스크는 무릎 꿇는 곳 또는 기도하는 곳을 의미하는 아랍어 '맛지드' masjid에서 유래했다. 모스크의 다른 이름은 교회나 회당처럼 모임 장소를 의미하는 '자미아' jami'a다. 그들의 용어 '운나' unnah(백성들)와 '무미닌' mu'miniin(신자들)은 "교회"라는 개념에 매우 가깝다. "하나님의 편"이라는 '히즈발라' hizballah는 신자들의 모임을 나타내기도 하지만, 현재는 과격하고 정치적인 뜻으로 오염되었다.

모임의 이름이 무엇이든지, 교회는 예수 그리스도를 구주, 메시아, 주님으로 받아들인 이들의 모임이다. 그들은 교회라는 이름이 붙은 건물에서 만나야 된다거나, 성직에 임명된 목회자가 인도하지 않아도 된다. 우리가 이런 덫에서 자유로울수록 이 땅에서 교회를 개척하기가 더 쉬워질 것이다.

"셀교회" 개념은 교회개척에 있어, 특히 무슬림 출신들에게는 놀랄만한 발전이다. 기본적으로 이것은 두세 사람이 예수님의 이름으로 함께 모인 곳이란 의미다. 이것은 특히 가족이나 정부로부터 박해받는 사람들에게 적용된다. 집에서, 차에서, 나무 밑에서, 건축 작업장에서라도 신자들끼리 성경을 나누고 공부할 수 있다면, 셀교회는 어디서든 모일 수 있다. 또한 상황이 허락하면 다른 큰 회중에 참석할 수 있다. 초대 교회는 신자들의 정기적인 모임을 의미했다. 그것은 이동성이 있었고, 세상으로 나아갔다. 복음이 이스라엘로 돌아오면서, 우리는 오늘날 똑같은 일들이 일어나는 것을 본다.

이번 장에서는 교회개척자들이 거룩한 땅에서 직면하는 중요하고 결정적인 문제들을 다루었다. 이 밖에도 역사 속에서 하나님의 계획 안에 있는 이스라엘, 무슬림들 간의 중혼 풍습, 새로 세워진 팔레스타인 정부 내의 교회의 상태 등 좀더 생각해볼 부분들도 있다. 이런 관심사들은 이에 좀더 정통한 다른 사람들이 다루게 될 것이다. 이런 내용들이 외국인과 현지인을 막론하고 교회개척자 모두에게 격려가 되었으면 한다. 새로 생겨난 교회들이 거룩한 땅에서 살아가는 모든 이들에게 긍정적인 영향을 주는 성숙한 신자들로 성장할 수 있도록 그들을 격려하고 싶다. 유대인, 아랍인은 물론 세상 모든 사람들에게는 예수님이 하나님의 성령을 통해서 주시는 '샬롬' 의 평화가 절대적으로 필요하다. 특정한 민족 집단 내에 '교회를 키우는 교회' 를 개척하는 것이 거룩한 땅에서 장기적으로 영향을 미치는 가장 효과적인 방법이다. 고국에서도 이러한 추수 준비를 할 수 있음을 당신은 아는가?

# 제2부

## 교회개척 운동을 위한 방법론

# 5장
# 추수할 일꾼을 기다림

하나님께서 중동, 특히 거룩한 땅에서 새 일을 하고 계심을 드러내는 징조들은 많다. 여러 장애물에도 불구하고, 많은 아랍인과 유대인들이 메시아요 주님이신 예수님께 돌아오고 있다. 이렇게 새로이 복음을 받아들이고, "10/40창"에 사는 무슬림과 유대인을 위해 수백만의 그리스도인이 기도로 도우면서 더 많은 일꾼들이 추수할 밭을 향한 하나님의 부르심을 느낀다.

이러한 부담을 느끼는 사람들은 이렇게 많이 묻는다. "이 추수를 위해 내가 준비할 것은 무엇일까?" "내가 이 일에 부름 받은 것과, 이 땅의 아랍인과 유대인 신자들과 함께 일할 수 있다는 것을 어떻게 확신하지?" "가라고 부르심 받은 이들을 위해서는 어떻게 기도할 수 있을까?"

### 집에서 시작하기

가장 분명한 것은 당신 나라에 사는 아랍인, 유대인들과 가까이 하라는 것이다. 미국에는 약 400만 명의 무슬림이 살고 있으며 이 중 많은 이들이 팔레스타인 사람이다. 오스트레일리아, 중남미, 영국, 독일과 스칸디나비아에도 수백만이 산다. 학업과 사업을 위해 무슬림들이 전 세계를 다니면서 세계 곳곳에 모스크들이 생겨난다. 또한 우리 주위에는 대규모의 유대인 공동체들이 있다. 만일 거룩한 땅의 아랍인이나 유대인을 위해 부르심을 받았다면, 당신 주위에 사는 그들과 먼저 친구가 되어 보라.

쇼핑센터 등에 가서 중동에서 온 듯 보이는 사람들이 얼마나 되는지 세어보라. 열 명 중 한 명은 중동 국가 출신이다. 그 가운데 많은 사람들은 외로움을 타고 친구를 원한다. 일부는 당신의 친절에 감사할 것이며, 심지어 교회 특별 행사에 초대했을 때 올지도 모른다.

고국에서 맺어진 아랍인, 유대인과의 사회적 · 사업적 접촉은 당신의 미래에 결정적인 영향을 줄 수 있다. 버지니아 주립 대학교 1학년 시절 YMCA 신입생 환영회에서 나는 다마스커스 출신 무슬림을 만났다. 그는 나를 자기 방으로 초대했고, 나는 그의 벽에 걸린 타피스트리에 감탄했다. 그는 이렇게 말했다. "그건 내 기도 깔개야. 이걸 바닥에 놓고 하루에 다섯 번 기도해." 그 당시 나는 정기적으로 기도하지 못하고 있었다. 그럴 때 이 무슬림은 내가 기도를 시작하도록 도전을 주었다!

나중에 해군 구축함에서 장교로 복무할 때, 나는 젊은 유대인 해군사관생도를 만났다. 우리는 자기 신앙에 대해 토론을 시작했다. 하루는 그가 나의 접견실로 와서 물었다. "당신은 정말로 성경을 믿으십니까?"

나는 말했다. "예. 물론이죠."

그러자 그는 물었다. "당신은 십일조를 합니까?"

나는 대답했다. "아직 하지 않아요."

그렇게 나는 한 무슬림의 영향으로 정기적인 기도생활을 시작했고, 한 유대인의 도전으로 십일조를 시작했다! 이 사건들은 내가 중동 사역을 위한 부르심을 느끼기 수년 전에 일어났다.

하나님께서 당신을 거룩한 땅과 중동을 위한 교회개척자나 기도협력자로 살도록 인도하신다면, 당신 나라에 사는 중동 사람들과의 친분은 훌륭한 다문화 경험을 선사한다. 실제로 많은 사람들이 2장에서 언급했던 문제에서 벗어나려고 중동을 떠났다. 그들은 이제 더 높은 교육과 더 나은 삶을 찾아 "상향 이동중"이며, 물질적인 동기로 가득할지도 모른다. 그럼에도 불구하고 그들은 중동을 위한 접촉점으로 가치가 있다. 그들과의 친분으로 우리는 해외로 떠나기 전에 그들의 풍습과 언어에 익숙해지게 된다. 그들 중 일부는 하나님을 영접하고, 고국을 향한 부담을 받아들인다.

나는 1974~76년 2년간의 국내 사역기간 동안 미국에서 팔레스타인계 아랍인들의 목사로 섬겼다. 내 먼 친척 하나는 거룩한 땅 출신의 무슬림과 결혼했다. 그녀는 "무슬림에게 사역하고 싶다면, 먼저 우리에게 해보세요!"라고 말하며 나를 자기 집에 초대했다. 아랍계 무슬림 남편과 함께 부엌에 앉아 그녀는 이렇게 말했다. "어릴 적에 주일학교에서 배웠던 요한복음 3장 16절이 기억나곤 해요. 내 남편에게 아랍어로 그 의미를 설명해주시겠어요?" 그녀는 자기 남편에게 그리스도 안에 있는 하나님의 사랑을 나눌 수 있는 기회를 내게 주었다. 그들은 그 후 노스캐롤라이나에 흩어져 있는 이스라엘-팔레스타인 출신 아랍계 무슬림 수백 명을 차례로 소개했다. 그 다음에는 노스캐롤라이나 주립대학교의 아랍인 모임을 소개했다. 그리스도인 1명에 무슬림은 99명이었다! 거기서 나는 무슬림 학생 연합회 회장을 소개받았다. 나는 무슬림들에게 그 지역교회에 속한 그리스도인 친구를 소개하면서 2년을 보냈다. 이렇게 고향에서도 무슬림과 대화하고 전도할 수도 있다는 사실을 알았다. 이제 수백만의 무슬림들이 사는 미국, 유럽, 남아프리카, 오스트레일리아나 다른 나라에서도 똑같은 일이 일어날 수 있다.[1]

마찬가지로 당신 고향에서도 유대인을 만날 기회가 있다. 많은 유대인들은 이스라엘을 방문하며, 일부는 결국 그곳으로 이민을 간다. 그들은 유대인을 "개종"시키려는 우리의 바람을 의심할 수도 있다. 지난 수세기 동안 기독교를 강요하는 분위기로 인해 그들에게 두려움이 있었기 때문이다.

1492년은 콜럼버스가 신대륙을 발견한 해로 기억된다. 또한 유대인에 대한 스페인의 이단 심문■이 시작된 해이기도 하다! 무수한 사

■1492년에 이슬람의 스페인 지배가 끝난 후 유대인 추방령이 내려졌다. 이때 약 10만 명이 쫓겨남.

람들이 기독교로 개종하지 않으면 죽거나 고향에서 쫓겨날 처지였다. 그러나 오늘날에는 유대인들과 진지한 대화를 나누며 믿음을 강요하지 않으면서 참되고 지속되는 우정을 맺을 수 있다. 그들과의 우정을 통해 우리는 예수님과 제자들이 유대인인 사실을 감사했다. 그들 중 일부는 예수님을 참 유대인이요 메시아로 보기 시작했다. 예수님을 증거하는 데 초조해 할 필요는 없다. 이스라엘과 전 세계에서 메시아닉 유대인 수천 명이 예수님을 활발하게 전하고 있다.

### 훈련 기회들

해외사역 프로그램을 갖춘 성경대학이나 신학교도 교회개척자로 준비하는 데 있어 필요한 기회를 제공한다. 교회개척 분야의 석사과정을 제공하는 신학교도 몇 곳 있다. 거기서는 보통 2년간의 공부와 2년간의 해외사역으로 전임 사역을 준비한다. 몇몇 전문학교와 성경대학들은 미국, 영국 등에 있는 무슬림들에게 전도하도록 돕는다. 수많은 대학교들에는 아랍학, 이슬람학, 유대학 관련 과정이 있다. 많은 무슬림이나 유대인들보다 이슬람과 유대교에 대해 더 잘 알 수도 있을 정도다!

그럼에도 불구하고 성경에 대한 철저한 경험적 지식이 그러한 연구보다 선행되어야 한다. 당신은 영적 전쟁터에 들어서고 있기 때문이다. 또한 신뢰하는 신자들과의 교제와 기도도 꼭 필요하다. 남침례회 국제선교부는 미국에서 파송하는 각 교회개척자들에게 최소한 200명 이상의 기도 협력자를 구하도록 한다.

인터넷을 통해 무슬림과 유대인에 대해 배울 수도 있다. 그들의 홈페이지는 여론에 영향을 미치고 무슬림들의 신앙을 고취시키거나 다른 종교를 가진 사람들을 이슬람으로 개종시키려고 만들어졌으며 많은 단체의 후원을 받는다. 유대 민족, 이스라엘, 중동 분쟁과 관련된 주제에 힘을 쏟기도 하고, 일부는 무슬림이나 유대인 전도에 관심이 있는 그리스도인들에게 정보를 제공한다. 무슬림 사이트의 일부 용어들은 그리스도인의 감정을 상하게 하고, 모욕적으로 들릴 수도 있다. 당신은 이러한 의사소통수단을 통해 해외 사역에서 직면하게 될 상황을 미리 맛볼 수 있다.

또한 인터넷을 통하면 사역 기회를 직접 점검하기 위해 거룩한 땅이나 중동을 방문하는 데 드는 비용을 절약할 수 있다. 일부 과정은 대학이나 신학원에서 학점으로 인정되며, 역량 있는 지역 전문가가 인도한다. 보통 열흘에서 2주 정도인 그러한 단기 여행은 정보의 과부하로 당신을 혼란스럽게 할 수도 있다. 이 땅에 대해 가졌던 낭만적인 관점이 현실로 자리잡아가도록 도와준다.

단기 자원봉사 사역을 통해 그 지역과 더욱 친해질 수 있을 것이다. 남침례교와 OM은 2달부터 최장 2년까지 거룩한 땅과 다른 중동 국가에서 자원 봉사할 기회를 제공한다. 중동의 성공회도 비슷한 단기사역을 제공한다. 자원봉사자들은 이스라엘의 집단농장 키부츠에서 일할 수도 있다. 그렇지만 당신은 도덕적으로 안이해지거나 그리스도인과의 교제 없이 고립될 수도 있음을 주의해야 한다. 그것으로 당신의 영적 생활은 큰 부담이 될 수도 있다.

GMF는 단기 복음전도와 교회개척 경험을 바탕으로 이스라엘과 서안지구의 현지 교회들과 협력한다. 그들은 미국 내 아랍계와 유대계 교회에서 단기 오리엔테이션을 제공한다. 남동 침례 신학대학원 Southeastern Baptist Theological Seminary에는 교회개척 석사과정이 있다. 이 프로그램으로 국제선교부의 임명 선결조건인 2년간의 해외 실무 경험을 제공할 수 있다. 국제선교부는 또한 3년간의 실습 프로그램을 제공하는데, 교회개척자로 정식 임명되기 전에 현장에 빠르게 적용하고 더 젊은 나이에 언어를 습득하도록 하기 위함이다. 사우스캐롤라이나의 콜럼비아 성서신학교 및 대학원과 런던성경대학에서는 이슬람학 석사학위를 제공한다.

당신이 거룩한 땅이나 중동을 향한 기도의 전사요, 더 나은 교회개척자가 되기로 했다면, 할 수 있는 대로 이슬람과 유대교를 더 많이 배워야 한다. 더 잘 준비할수록 그 곳 사람들에 대해 더 깊이 이해하게 될 것이다.

거룩한 땅과 중동에서 일어나는 끊임없는 혼란은 지금도 우리 삶에 영향을 준다. 이에 대한 유일한 해결책은 유대인과 아랍인이 예수님과 그분의 사랑을 알고, 생활 속에서 멘토링 관계를 통해 제자훈련을 받는 것이다. 미전도 종족을 모으시는 하나님의 비전을 사람들이 알게 되면서, 교회개척 운동이 시작되고 있다. 하나님이 이 짐을 지워 주신다면 자신과 이 땅의 사람들을 위해 잘 준비해야 한다.

### 교회개척 운동의 촉진

이 일에 촉매가 되기 위해 당신이 살아가는 터전에서 할 수 있는 것은 무엇일까? 교회개척자들은 에릭 브리지즈의 제안을 수정한 접근법을 사용한다.

1. 특정 민족이나 집단에 다가가기 전에 교회에 비전을 달라고 주님께 구하라.
2. 열정을 키워라. "이 민족을 위해 무엇이 필요할지" 주님께 여쭈어보라. 주님이 답하실 때 움직일 수 있도록 준비하라.
3. 교회와 당신 주변에서 품은 민족을 위해 기도로 섬길 헌신된 기도 모임을 만들어라.
4. 대상 민족에 헌신된 교회개척자나 사람들을 연결하고 협력하라.
5. 이를 도와 줄 자원봉사자, 팀과 자원들을 동원하라.

기억하라. 무엇이든 취하라![2]

6장과 다음 장에서는 거룩한 땅에서 교회개척 운동에 참여하는 실제적인 단계를 살펴보자.

6장

# 참호로 내려가서, 즐겨라!

거룩한 땅에서 교회를 개척하는 일은 영적인 전투다. 사탄은 에덴 동산의 첫 만남에서부터 사람 마음에 침입했다. 하나님은 이스라엘 자손들을 통해 이 전투가 어떤 것인지를 보여주셨다. 예레미아 선지자는 그들이 하나님을 배반함으로써 그분으로부터 분리되었고 죄의 포로가 됐다고 기록했다. 그는 이스라엘 백성이 "목이 곧아 고집이 세고 반역하는 백성이어서, 나에게서 돌아서서 멀리 떠나고 말았다"고 고발했다.[1] 참 유대인이신 예수님이 그들의 배반에 대한 값을 치르셨다. "그가 찔림은 우리의 허물을 인함이요 그가 상함은 우리의 죄악을 인함이라 그가 징계를 받음으로 우리가 평화를 누리고 그가 채찍에 맞음으로 우리가 나음을 입었도다. 우리는 다 양 같아서 그릇 행하여 각기 제 길로 갔거늘 여호와께서는 우리 무리의 죄악을 그에게

담당시키셨도다."[2] 예수님은 십자가에서 죽으심으로 죄를 이기셨고, 무덤에서 영광스럽게 살아나셨다. 교회 개척은 사탄과 그의 졸개들에게 빼앗긴 사람 마음의 본래 영토를 되돌려 놓는 일이다. 중동의 아랍인과 유대인, 외국인들도 여기에 포함된다. 승리도 있고 사상자도 있다. 거룩한 땅에 세워진 모든 교회는 하나님이 예수님을 통해 각 사람의 마음 안에서 승리하신 증거다. 이 장에서는 교회개척자들과 그들을 위해 기도하는 분들에게 도움이 될만한 조언을 나누려 한다. 당신을 전쟁터에서 열매 맺는 전사로 살게 하기 위함이다.

### 교회개척자는 이렇게 살아남는다

해외에서 왔든 현지인이든 상관없이 그들에게는 서로다른 도전거리가 생긴다. 현장에서의 "달콤함 허니문"은 몇 달 내에 사라진다. 고국에서 무의식적으로 기대어 왔던 문화적 · 영적 버팀목들은 떨어져 나간다. 그리고 벌거벗은 채로 궁지에 몰리고, 감정적 · 영적 · 육체적으로 텅 빈 느낌이 온다. 이것은 전 세계의 다문화적 환경에서 교회개척자들이 느끼는 공통적인 경험이다.

대개의 경우, 거룩한 땅에서는 뭔가 다를 거라 생각하지만, 상황은 더욱 심각하다! 부르심에는 위기가 닥쳐온다. 가족들은 각자의 위기를 헤쳐나가며 서로에게 조금밖에 관심을 기울이지 못하면서 "문화충격"은 강화된다. 현지 교회나 사람들과 함께 일한다면, 교회개척자의 생각이 후원단체와 다르거나 반대될 수도 있다.

이스라엘에 왔던 첫 해, 아내는 장에 탈이 나서 구역질을 하며 지새운 밤들이 많았다. 아이들은 울면서 물었다. "아빠는 우리를 왜 이렇게 멀리 데려왔어요?" 한창 아랍어를 공부하고 있는데, 나의 후원 단체는 내가 생각하기에 합리적이지 못한 요구를 하기도 했다. 역기능적인 가정 환경이 나를 괴롭혔고 다른 사람들과의 관계를 힘들게 했다. 나는 제대로 준비되지 못한 채 영적 전쟁터 한복판에 있음을 알게 되었다. 만약 하나님이 인내하지 않으셨다면 나는 살아남지 못했을 것이다. 하나님께서는 독일계 유대인 의사와 환자 친구들, 동역자를 보내셔서 이 적응 기간 초반에 우리를 격려하셨다.

사탄은 당신이 하는 일(교회 개척)을 전혀 기뻐하지 않는다! 그는 당신을 겨냥해 무기고에서 무기를 꺼내고 있다.

## 오기 전에 부르심을 확실히 하라

당신은 앞으로도 여러 차례 부르심을 확인해야 한다. 위기의 순간이 찾아올 때 당신을 계속 앞으로 나아가게 하는 힘이 그것이다. 이것은 현지 교회개척자들에게도 마찬가지다. 다른 나라를 떠나 이스라엘로 돌아온 유대인 신자들은 교회를 개척하기 위해 고향인 하이파나 나사렛을 떠나 갈릴리 마을로 이주한 아랍인들과 같은 위기 상황에 놓인다. 분명 시련은 찾아온다. 이 때 하나님을 원망하지 말라! 당신은 이 질문에 대답해야 한다. "당신은 언제 하나님의 부르심을 들었는가? 언제 와서 언제 떠날 것인가?" 하나님이 교회를 세우시고 당신의 사역이 끝나는 때가 온다. 그때가 옮길 때다.

기억하라! "전쟁터"로 가는 것은 부르심의 전부가 아니다. 어디에서 어떻게 섬길 것인지가 관건이다. 가끔은 고기가 낚이고, 추수가 진행되는 곳으로 가야 할 때도 있다. 씨를 뿌릴 수 있도록 기꺼이 바위를 치워야 할 때도 있다. 부르심에 따라 도착했을 때 눈앞에 나타나는 현실에 따라 계획이 수정되기도 한다. 그분은 종종 매우 실제적인 방법으로 일하신다.

### 진지하게 언어와 문화를 습득하라

현지 언어를 배우는 것은 평생의 과정이며 여기에 완벽이란 없다. 그렇지만 찰스 브룩의 주장처럼 "자신의 모국어로 분명하게 말하는 외국인들은 확실히 비신자들의 주목을 끄는 부분이 있다. … 그들이 이해할 수 있는 언어로 말하는 것보다 사랑을 더 잘 전할 수 있는 방법은 없다."[3] 짐 슬랙은 이것을 다른 말로 표현했다.

> 상황화는 복음을 타협하라는 의미가 아니다. … 복음을 삶과 입술과 언어로 메시지를 전할 때, 그 뜻을 하나도 잃지 않도록 그 문화에 적절한 언어로 올바르게 전달하는 것을 말한다.[4]

아랍어, 히브리어, 러시아어의 기초적인 활용법을 익하고, 문화를 이해하는 데 들인 시간, 노력, 고통과 기쁨은 미래에 대한 현명한 투자다. 그러므로 크게 생각하라. 장기적으로 생각하라.

1965년 이스라엘에 도착하기 전에 나는 하트포드 신학교Hartford Seminary Foundation에서 이슬람학, 유대인의 삶과 전통 아랍어, 언어학을 배웠다. 생활 아랍어를 배우는 것은 큰 도전거리였다. 나는 작고한 아랍인 무슬림 시인 이삼 누레딘 압바시로부터 하이파에서 1년간 집중적으로 생활 아랍어를 공부했다. 나는 밤낮으로 언어와 문화를 흡수하고자 영어를 사용하는 사람들과의 만남을 제한했다. 나사렛에서 1년 반을 지내고 보니 영적인 메마름이 느껴지는 것 같았다.

그러다가 나사렛 침례교회의 저녁 목요 성경공부 시간이었다. 그때 내 귀가 아랍어에 초자연적으로 열리는 것을 경험했다. 나는 처음으로 아랍어를 통해 영적인 공급을 받게 되었다! 그때 성경 말씀은 사도행전 1장 8절, 성령님이 오심에 관한 구절이었다. 압도되었던 나는 달려 나갔고 기쁨으로 울었다! 이 체험 이후 나의 아랍어는 계속 늘었다. 나중에야 나는 허드슨 테일러가 중국에서 그랬듯이 많은 교회개척자들이 언어 습득 도중에 비슷한 극적인 경험을 한다는 사실을 알게 되었다.

"하늘나라에 들어가려면 어린아이와 같이 되라"는 예수님의 말씀과 "그리스도를 위해서 바보"■가 되겠다는 바울의 의지에서 언어와 문화 학습에 대한 영적 열쇠를 발견할 수 있다.

아랍어를 배우려면 스스로를 비웃는 일과 비웃음 당하는 것을 배워야만 한다. 언어를 배우던 초기에 나는 교회지도자들과 나사렛 교회의 연세 드신 부인을 태우고 모임에 가고 있었다. 나는 최고로 격식을 차린 아랍어로 부인에게 물었다. "안전벨트를 채우시겠습니까?" 그녀는 충격을 받은 듯한 얼굴로 나를 보았다. 목사님과 집사님들은

■ 고전 4:10, 공동번역.

크게 웃었다. 내가 그녀에게 한 말은 "임신하고 싶으십니까?"였다. 나의 말실수를 간과해 준 성도들께 고마울 따름이다.

새로 이민 온 이스라엘 사람들이 많아서 이제는 히브리어 배우기가 조금은 쉽다고들 한다. 그들에게 다양한 수준의 히브리어 학습을 제공하기 위해 "울판"ulpan이라는 특별 언어학교들이 세워졌다. 이곳에서는 러시아인, 아르헨티나인 등과 함께 히브리어를 배울 수 있다. 나는 부족한 히브리어로 러시아인과 우즈벡인 이웃들과 대화를 나눌 수 있었다.

언어 학습에 있어 아이들은 언제나 우리를 부끄럽게 한다. 녀석들은 현지어를 빨리 습득하기 때문이다. 아이들이 현지 학교에 다닌다면 더더욱 그렇다. 내 아이들은 아랍어로 서로 농담을 주고받곤 했다. 녀석들이 가장 좋아하는 식후 즐거움은 내가 테이블에 앉아 아랍어로 말할 때에 남부 억양을 흉내 내는 것이었다. 아이들의 억양은 너무 훌륭한 나머지, 본토 아랍인들은 진짜 아랍인이 어디 숨었는지 보려고 아이들 뒤를 둘러볼 정도였다!

남침례회는 언어학자 돈 라슨의 도움으로 비용 면에서 효과적인 언어와 문화 습득 프로그램을 개발했다. 아랍어와 히브리어를 말하는 공동체에 교회개척자가 처음부터 함께 하는 것이다. 이 공동체 기반 접근법은 "문화권간 의사소통 능력"을 키워준다. 학생들은 현지 공동체 일원으로부터 언어 학습과 문화 지식 및 생활양식을 습득한다. 이 과정에서 경험 있는 도우미가 새로운 학습자에게 조언을 해준다. 나는 초기 아랍어 학습도구 개발 과정에서 라슨 등을 도왔는데, 라슨 박사의 의도대로 활용이 가능한 것을 보면서 이 방법에 감탄했다. 효율성의 극대화를 위해서는 학생들의 MBPIMyers-Briggs Personality Inventory 정보가 이용된다. 그래서 필요하다면 교회개척에 필요한 읽고 쓰는 능력을 갈고 닦기 위해 히브리어나 아랍어 고급과정을 시작할 수 있다.[5]

더 체계적인 아랍어 학습 환경이 필요한 사람에게는 요르단의 켈시 학교Kelsey School를 추천한다. 아랍인의 집에서 생활하면서 집중적으로 언어를 공부할 수 있다. 이 학교 출신들은 아랍어 억양과 아랍어로 기도하고 성경 읽는 것을 배운다. 서안지구 라말라 북부 베이르 제이트Beir Zeit 대학교도 좋다. 이곳에서는 학구적인 환경과 함께 3단계 아랍어 학습 프로그램을 제공한다.

언어와 문화를 배우는 데 있어 관건은 현지 친구들과 얼마나 친하게 지내는가에 있다. 그들은 신발바닥이나 발바닥을 보이지 않고 앉으라고 알려 준다. 그곳 사람들이 불쾌하게 생각하는 것이기 때문이다. 여성의 노출을 피하기 위해 다리를 수건이나 담요로 덮는 일이나, 오렌지를 벗겨 알맹이를 잘 꺼내 먹는 법도 가르쳐 준다. 또 하나님 말씀에 합당한 영광을 돌리기 위해 성경을 바닥에 놓거나 허리 아래로 들고 다니지 말라고도 얘기할 것이다. 또한 왼손은 부정不淨한 목적에 사용하므로 인사할 때는 오른손을 사용하라고 충고한다. 먹을 때는 말하지 않는 것과 일부 시골마을에서는 식후에 속 시원한 트림이 허용된다는 것도 친구들을 통해 배운다!

이처럼 현지인 친구들은 짐 슬랙이 경고했던 "위험신호들"에 대해 일깨워 준다.[6] 그들은 당신이 성모마리아에 대해 존경심이 부족한 것에 마음 상할지도 모른다. 무슬림들은 당신이 예수님을 하나님의 아들이라고 하거나 삼위일체나 십자가 사건을 언급하면 거부감을 드러낸다. 유대인들에게는 대학살과 심문사건이 매우 쓰라린 일이다. 만일 피할 수 없는 자리라면 이 위험신호들은 거듭난 그리스도인인 당신이 믿는 바를 더 분명히 전하는 다리가 될 수도 있다. 어쩌면 그들이 생전 처음 듣는 말일지도 모르기 때문이다.

많은 수고를 기울이고 이따금 창피를 당하면서도 이곳에서 언어와 문화를 습득하는 일은 즐거운 일이다. 당신이 아랍어나 히브리어로 간단한 복음메시지를 전하고, 사람들이 그에 응답할 때 이 말을 확실히 알 수 있다. 영어 사역을 담당하거나 자원봉사자로 그곳에 갔다면 1-2년 동안은 언어와 문화 습득에만 전념하는 것이 좋다. 장기적인 결과는 종종 언어와 문화를 이해하는 능력에 따라 달라지기도 한다.

### 당신의 부르심에 대해 더욱 인내하라

남침례회 국제선교부의 교회개척 전략가들이 만난 자리에서 누가 이렇게 말했다. "아프리카에서는 나무 한 그루마다 교회가 하나씩 시작되고 있습니다." 그러자 중동 및 북아프리카 지역 책임자 데일 소온은 "예. 그런데 중동에서는 나무를 찾기가 어렵답니다!" 하나님은 세계에서 교회를 개척하기 가장 어려운 곳으로 당신을 부르셨다. 거룩한 땅에서는 '인내' 라는 경기가 벌어지는 중이다.

무슬림 가정에서 목탄木炭 불을 쬐며 긴 밤을 보낼 계획을 세워보

라. 달고 진한 차를 마시고 이국적인 음식을 먹으며 예수님과 세 도적 이야기에 귀 기울이고 그들이 전에 들어보지 못했을 방법으로 복음을 나누며 말이다. 어떤 그리스도인 가정을 갔을 때 "왜 성모마리아에게 경의를 표하지 않느냐?" "'거듭남' 이 무슨 뜻이냐?"라는 질문을 받을 것이다. 유대인들에게는 아랍과 진행중인 전쟁에 대한 두려움과 더불어, 대학살과 거기에 그리스도인이 연루되었던 사실이 잊혀지지 않고 따라다닌다. 많은 사람들이 모든 종교에 냉소적이다. 예수님 안에 있는 하나님 사랑에 사람들의 마음이 열릴 때 당신은 하나님이 일하고 계심을 알게 된다. 그분만이 그러한 영적 황무지에서 그런 일을 하실 수 있기 때문이다.

거룩한 땅에서는 일상의 기본적인 일들을 수행하는 데 시간이 많이 걸린다. 투르크 제국, 영국, 독일, 러시아와 다른 여러 문화에서 전승되거나 들어온 관례들로 단순한 절차도 복잡해지는 것이다. 처음 이스라엘에 왔을 때의 일이다. 나는 특정 세관원의 서명을 받아야 했다. 그는 나를 이 사무실 저 사무실로 보냈고, 결국 나는 처음 사무실로 다시 가게 되었다. 화가 나서 그의 책상을 탁 내리치며 서명을 요구했다. 그는 조용히 서류에 서명하더니 웃으며 말했다. "이제 당신은 이스라엘에서 일이 어떻게 진행되는지 배웠습니다!" 격론과 논쟁 없이 일이 진행되는 경우는 아주 드문데, "친절한 섬김"에 익숙한 미국인과 유럽인들은 여기에 힘이 빠진다. 샤하르와 쿠르즈는 그들의 책 『경계를 넘어서』Border Crossing에서 이스라엘 사람들은 그들이 원할 때만 웃으며, 너무 많이 웃는 미국인들을 가식적이라고 생각한다.[7]

이 책은 이스라엘 사회의 다른 사회적 규범과 기대, 행동 형태들을 이해하는 데 도움이 된다.

아랍문화에서는 대개 남자들이 쇼핑을 많이 하는데, 서양과는 정반대다. 당신은 또한 매일 근무 시간에 이런저런 대화에 참여해야 한다. 나는 내 시간의 3분의 1을 무슬림 사역에, 3분의 1은 교회 일에, 3분의 1은 바보 같은 일에 보낸다고 말하곤 한다!

교통량이 많을 때 예루살렘이나 텔아비브, 하이파 시내로 가는 길은 어지간한 사람도 인내심을 시험받는다. 나사렛에서는 크게 붐비는 일차선 도로 때문에 운전자들이 도로 한가운데서 U턴할 수가 없다. 이제는 요령이 생겨 출퇴근 시간에는 시내를 피하거나 설교나 음악, 언어학습 테이프를 듣는다. 많은 아랍인 상점에는 이런 문구가 적혀 있다. "주님, 나를 도우셔서 내 인내에 인내를 더하소서!" 중동에서 시간은 시계와 달력이 아니라 사건들로 측정된다. 하나님이 뭔가를 일어나게 하시기로 결정한 때가 곧 역사다. 그래서 나는 여러 번 스케줄을 망쳐본 다음에야 비로소 한낮의 더위에 몸과 마음이 상쾌하도록 30분 일찍 집으로 향해 오후의 낮잠을 즐기기 시작했다.

### 현지의 기독교인, 유대인, 무슬림 친구들과의 사귐

아랍어나 히브리어 등의 언어를 배우기 시작하면, 주님께서 여러 친구들을 보내주신다. 그들은 자기 문화 안에서 교회나 회중을 어떻게 세울지에 대해 장기적인 조언자가 되어 줄 것이다. 그들은 자기 민족들이 어떻게 생각하고, "어떻게 가려운 곳을 긁는지"도 알려 준다.

내게는 아랍계 그리스도인 친구 몇 명과 특별한 무슬림 둘이 있다. 그들은 내가 어떤 계획을 세우기 전에 조언을 해 주었고, 내가 자리를 뜬 후 나와 복음에 대해 사람들이 무슨 말을 하는지 알려주었다. 이 조언을 듣는 데 돈이 들진 않았지만, 가치로 따지자면 상상할 수 없다! 그들은 갈릴리의 모든 교회와 소수 무슬림 신자들의 연합을 위한 구심점이었다.

그 땅에 간 지 얼마 안 된 이들을 위해 조언 한 마디를 하겠다. "외국인에게 떠들어대는" 재능을 갖고 있는 일부 현지인들은 신입 교회 개척자들이 무조건 자기 말을 듣도록 할 것이다. 그들에게는 대개 숨은 의도가 있으며, 주로 다른 사람들을 반대하는 일에 당신이 동조하기 원한다. 당신은 그들의 개인적인 불평을 들으며 귀중한 시간을 허비하게 될지도 모른다. 이러한 시간소모적인 모험에 착수하기 전에 가장 좋은 것은 "정황 살피기"라는 중동의 관습을 배우는 것이다. 다른 사람에 대해 확신에 차서 은밀하게 속삭이는 말들은 대개의 경우 결국 해지기 전에 본인들 귀에 들어가기 쉽다.

이상의 모든 것을 고려할 때, 많은 아랍인과 유대인 친구들은 형제들보다 더 가까운 존재들이다. 당신이 그들로부터 신뢰를 얻고 타인에 대한 그들의 비밀스런 생각들을 배반하지 않는다면, 그들은 당신을 평생 사랑할 것이다. 그들은 집을 뒤로 하고 형제와 자매를 떠난 사람들에게 주님이 약속하신 "백 배"의 보상 중 일부다. 당신과 협력하는 다른 개척자들에게도 마찬가지다. 언행이 일치하는 노장들의 조언을 구하라. 일부 이상주의자들은 실제로는 통하지 않는 거대한 계획들을 품고 있다. 당신에게 균형감각을 주는 이들과 함께 일하라. 그들 역시 현명하고 인내력이 있어서, 당신이 틀렸을 때 기꺼이 말해주고 더 나은 길을 제시할 수 있어야 한다. 내게 조언하는 사람은 많았지만 그들을 따를 수 있게 본이 되는 법을 아는 사람은 거의 없었다. 자신의 말한 바를 따라 살아가는 이들을 귀히 여기고 존중하라.

### 아내와 아이들에게 시간을 할애하라

개척자들은 일에 너무 "몰두"한 나머지 가족을 잊어버릴 위험이 늘 있다. 그들은 예수님의 말씀을 핑계거리로 댈지 모른다. "아들이나 딸을 나보다 더 사랑하는 자는 내게 합당치 아니하다." "내 이름을 위하여 집이나 형제나 자매나 부모나 자식이나 전토를 버린 자마다 여러 배를 받고 또 영생을 상속하리라."[8]

온전한 제자 됨과 우선순위가 제대로 지켜지는지를 점검하는 데 있어 이 구절들은 우리에게 도전을 주지만, 이곳에서 우리를 따르고 함께 살도록 택함을 받은 남편, 아내와 아이들을 무시하는 구실은 될 수 없다. 우리는 바울의 훈계로 균형을 잡아야 한다. "누구든지 자기 친족 특히 자기 가족을 돌아보지 아니하면 믿음을 배반한 자요 불신자보다 더 악한 자니라."[9]

가족의 생존 여부가 교회개척 사역의 근속연수를 결정할지도 모른다. 모든 시간을 함께 보낼 수는 없겠지만, 그들에게는 소중한 시간을 주어야 한다. 사역과 가정 사이에는 균형을 유지해야 한다. 가정과 가족을 사역의 핵심 요소로 삼으라. 그대의 성공과 실패와 같은 모든 일에 동참하는 특권을 그들에게 주라. 자녀들의 이웃과 학교 친구들 덕분에 교회개척에 있어 긍정적인 만남을 갖는 경우가 많다. 물론 그들은 뭔가 사역에 기여하기 때문이 아니라, 하나님께서 당신에게 주신 특별한 선물이자 책임이므로 그렇게 해야 한다. 충분히 사랑받는 아내와 가족들이 집에서 보여주는 환대는 사역에 있어 큰 자산이다.

아내에게 인내하라. 아내가 언어와 사역에 당신처럼 시간을 쓸 것으로 기대하지 마라. 그녀가 가정을 돌보고 자녀들을 키워야 한다면 더욱 그렇다. 그녀가 고향을 멀리 떠나 낯선 문화 속에서 당신과 함께 지내는 것에 감사하라. 최소한 처음 2년 동안은 문화와 언어 공부를 할 수 있게 하여 아랍어나 히브리어로 사람들을 친절하게 섬기고 교양 있게 말하는 안주인이 되게 하라. 비록 아이를 키우는 동안에는 주로 가정에서 일한다 해도 그녀는 당신과 공동사역을 하는 중이다. 어떤 특정 영역에서는 그녀가 당신보다 더 능숙해질 것이며, 서로 도울 수 있다. 내 아내는 나중에 아이들이 자라 떠난 후에, 초창기에 수년간 배웠던 아랍어를 더 효과적으로 사용할 수 있었다. 남편과 아내의 관계는 세월이 흐르고 함께 시련과 승리를 공유하면서 육체적, 감정적, 영적으로 더 만족스러워진다.

수천 명의 아내를 두었던 솔로몬은 이렇게 충고한다. "네 샘으로 복되게 하라 네가 젊어서 취한 아내를 즐거워하라 그는 사랑스러운 암사슴 같고 아름다운 암노루 같으니 너는 그 품을 항상 족하게 여기며 그 사랑을 항상 연모하라."[10] 때때로 이스라엘이나 아랍 여인의 아름다움에 마음을 빼앗기게 하는 사탄의 속임수에 넘어가지 말라. 이런 속임에 넘어진 사람들이 극소수 있었다. 그러나 이혼과 깨어진 가정으로 인한 파급효과는 신자들과 비신자들의 기억에 오랫동안 각인된다.

이런 다문화적인 상황에서는 자녀들의 교육과 관련해서 완전한 의견일치를 보기는 어렵다. 어떤 사람들은 자녀들이 꼭 히브리어나 아랍어로 말하는 현지 학교에 가야 한다고 생각한다. 분명한 이점은 있지만 항상 가능하지는 않다. 다른 이들은 자녀들이 고국에서 학교를 다니거나 대학에 입학할 수 있도록 영어학교나 가정에서 공부해야 한다고 말한다. 확실한 장점도 있지만 현지 언어와 문화로부터 멀어지는 불이익도 있다. 우리의 경험에서 본다면, 아이들의 필요와 재능에 맞춰 두 가지 대답을 절충하는 게 최고의 답이 될 것이다. 우리는 둘 다 택했고 아이들은 잘 성장했다. 각자의 개성과 상황에 따라 어려움들도 있었지만 또한 특정한 분야에서 뛰어나기도 했다.

나는 "기독교 가정의 가치들이 유지되어야 하며, 아이들에게 고국에 대한 가치들도 더 깊이 가르쳐야 한다"는 찰스 브룩의 의견에 분명 동의한다.[11] 살고 있는 나라와 고국 사이의 문화 갈등을 완전히 피할 수는 없다. 그렇지만 우리는 아이들이 부모들보다 더 잘 적응하고 살아남는다는 사실을 경험했다! "제3문화 아이들"로 불리기도 하는 개척자들의 자녀 중 상당수는 전문 분야에서 높은 성취를 이룬다는 사실을 오랜 경험을 통해 많이 보았다. (우리 아이들은 척추전문 의사, 과학자, 예술가가 되었다.) 여러 언어에 능통하고 중동의 문화를 알고 있다는 것은 큰 매력이 아닐 수 없다. 이러한 장점들이 불이익보다 훨씬 더 많다는 게 우리 의견이다. 게다가 미국이나 유럽 등 서방 국가에서 자라는 아이들이 이곳보다 안전하고 위험하지 않다고 말할 수 있는가? 미국은 산업화된 나라 가운데 십대 자살율과 살인율이 가장 높다.[12] 하나님은 우리가 아이들을 사랑하는 것보다 훨씬 더 아이들을 사랑하신다. 우리가 그들에게 해준 최고의 선물이 바로 아이들을 해외에서 자라게 한 것인지도 모른다.

우리는 최소한 일주일에 하루의 낮이나 밤 시간을 사역에서 떠나 가족들과 교제하고 즐겁게 보내야 한다. 그것이 가족들과 보내는 소중한 시간이다. 많은 공원과 고고학 현장으로 가족들과 함께 캠핑이나 하이킹을 가도 좋다. 또한 아랍인 식당에서 식사하고 헤롯 왕이 막아놓은 온천 수영장에서 수영하는 것도 생각해보라. 전쟁이나 위험 혹은 가정 내 위기의 순간에 함께 의논하는 것도 포함된다. 이때 미국 독립기념일이나 이스라엘 독립기념일, 아랍의 랜드데이■를 기념할 수도 있다. 갈릴리호의 깨끗한 물이나 지중해 파도에서 수영하는 것은 어떤가. 함께 성장하고, 함께 아랍어나 히브리어를 배우고, 선생님을 만나는 등 그 밖에 모든 것이 이 범주에 들어간다. 부부간의 관계를 새롭게 하고 활력을 주기 위해 최소한 한 달에 한 번은 애들 없이 배우자와 데이트할 수도 있다. 이러한 것들은 충분한 가치가 있으며 장기사역을 가능케 한다.

---

■ Land Day. 이스라엘 내 아랍인들이 이스라엘의 토지 강점과 차별에 항거하기 위해 1976년 이후 해마다 3월 30일을 정해서 저항함.

## 독신의 역할

이곳에서 독신 개척자로 살아가는 삶은 다른 곳에서처럼 장점과 단점이 있다. 아랍인 사회에서는 혈연이나 결혼으로 연결되지 않은 여자들에게는 남자들이 접촉하기 힘들다. 이때 독신 여성들은 무슬림과 아랍계 그리스도인 여성에게 다가갈 수 있다. 아랍 여성들 대상의 교회 개척자 가운데 가장 뛰어난 사람이 바로 독신 여성이다. 또 한 사람은 아랍 여성들과 돈독한 신뢰관계를 가진 이혼녀인데, 아랍 여인들에게는 늘 남편과의 이혼에 대한 두려움이 있기 때문이다. 선구자로 섬겼던 독신 여성들은 2차 세계대전 이후에 혼란스럽던 이스라엘과 팔레스타인에서 교회를 개척했다. 그들은 결혼한 부부들을 위한 기초를 놓았다.

독신 남자들은 개별 방문과 전도팀 활동에서 성과를 보인다. 그들은 아랍인이나 유대인 공동체에서 살아본 경험이 사역을 위한 훌륭한 준비였음을 깨닫는다. 많은 이들이 학생 신분으로 키부츠에서 자원봉사자로 섬기고, 교회에서 청년들과 일하며 여러 봉사활동을 했다. 전국의 아랍인과 유대인 구역에서 교회 개척망을 만드는 데 실질적으로 도움이 된 기도사역을 이끄는 사람도 있다.

독신자들은 아랍인 공동체에서 배우자를 찾으라는 말을 많이 듣는다. 이것을 아랍인들이 관심을 가지고 있다는 긍정적인 표시로 받아들이면 어떨까? 그들은 아랍과 유대사회 모두에서 현실적으로 다가오는 외로움과 유혹을 인식하기에 염려의 눈길을 보낸다. 이러한 이유로 남녀 독신 개척자들은 "덮개"가 될 가정이 필요하다. 현지 아랍인이나 유대인 가족 또는 외국인 가족이 될 수도 있다. 또한 그들은 교제와 영적인 후원을 위한 가정 교회가 필요하다. 그렇지만 독신 개척자들에게는 분명 중요한 역할이 있다!

### 현지와 해외의 기도 동역자를 모으라

하나님의 보좌 앞에 당신의 필요를 계속 아뢸 기도의 동역자를 찾아라. 현지 목사들과 장기적인 관계를 맺는 가장 좋은 방법 중 하나는 함께 기도하는 것이다. 당신이 기도로 그들의 짐을 함께 나누는 것을 알면 모든 문화적 · 언어적 차이와 개인적인 약점들은 덮어질 수도 있다. 모든 개척자들에게는 자신을 위해 기도하는 현지인이 최소한 한 명 이상 필요하다. 하나님께 나와 가족을 위해 매일 기도하는 훌륭한 사람이 있다는 것은 내가 받은 특별한 은혜 중 하나다. 이러한 기도의 성과가 어떻게 나타날지는 영원 안에서 더욱 분명해진다.

또한 고국에서 당신은 개인적인 필요와 사역을 위해 기도로 도울 성실한 기도 동역자들을 반드시 확보해야 한다. 그들의 기도로 당신은 유익을 얻고, 당신의 요청으로 해외사역이 더욱 실제가 된다. 전자 메일과 릴레이 기도를 통한 소통은 쉽고 즉각적인 반응이 온다. 모든 전자 메일은 공개될 수도 있으니 무슬림과 유대인 친구들에 대한 보호에 각별히 신경을 쓰라.

거룩한 땅에서 교회를 개척하는 일은 영적 전쟁이다. 관련된 사람들은 영적으로 깨어 있고 감정적으로 상처입지 않도록 특별히 준비해야 한다. 전쟁에서 넘어진 사람들은 양육과 휴식, 격려와 함께, 필요하다면 용서와 회복이 있어야 한다.

위에서 말한 정보들이 성과를 얻고 열매를 많이 맺는데 도움이 되었으면 한다. 우리가 이스라엘과 아랍의 유일한 소망이신 주 예수 그리스도의 군사라는 사실을 즐거워하자.

가족들과의 관계나 동료들 및 현지 신자들과의 관계는 교회개척이라는 영적 전쟁터의 방어선이다. 그리고 주님과의 개인적인 관계처럼 여기에도 매일 양분을 주어야 한다. 그들의 필요와 감정에 민감하고 당신 자신에 대해서도 잘 알아야 한다. "주님의 기쁨"이 당신의 힘이 되게 하고, 형제가 연합하여 거하는 것이 얼마나 소중한지를 배워라. 동일시 회개를 실천하고, 의사소통의 길을 여는 법을 배워라. 거룩한 땅에서 사역하는 도전과 특권을 즐겨라.

이제 당신은 묻는다. "그건 좋습니다. 하지만 나의 모든 시간을 자신과 가족, 친구들을 위해 쓸 수만은 없습니다. 어떻게 교회개척의 실마리를 잡지요?" 7장은 당신이 그 일을 시작하도록 도울 것이다.

7장

# 실제적인 제안들

추수의 주인은 거룩한 땅과 중동 전체에서 최고의 교회개척자이시다. 결국 주님이 그 땅을 가장 잘 아신다. 그분은 자신이 만드신 남자와 여자, 소년과 소녀들의 마음을 아신다. 예수님은 베드로에게 말씀하셨다. "이 반석 위에 내가 내 교회를 세우리니 지옥의 권세가 이를 깨뜨리지 못하리라"(마 16:18). 신자인 당신과 내게는 복음으로 사람들의 마음을 여는 천국 열쇠가 있다. 이 열쇠들을 사용하게 되면 기도의 능력이 나타나고, 전통적인 기독교계 아랍인, 무슬림과 유대인들에게 반응을 얻는다. 이것은 결코 쉽지 않지만 추수의 주님이신 하나님은 하실 수 있다!

교회개척과 성장에 대해 포괄적이고 기술적으로 다룬 훌륭한 책들은 많다. 롤랑 앨런의 『바울의 선교방법론』Missionary Methods: St. Paul's or ours, 로버트 콜먼의 『주님의 전도계획』Master plan of Evangelism, 도날드 맥가브란의 『교회성장 이해』Understanding Church Growth 같은 고전들을 참고하기 바란다. 이 주제에 관한 다른 뛰어난 책들도 있지만, 조지 제닝스의 『중동에 오신 걸 환영합니다』Welcome to the Middle East와 그렉 리빙스턴의 『무슬림 도시에서의 교회개척』Planting Churches in Muslim Cities 등이 이 부분을 특히 자세하게 다루었다.

『교회 성장을 위한 천국 법칙』Kingdom Principles for Church Growth에서 진 밈스는 이렇게 말했다. "항상 거룩한 과정을 방법보다 앞에 두라. … 방법은 문제가 아니며, 지속적인 교회 성장에 대한 해답도 아니다. … 하나님은 그분과 분리된 사람들의 마음을 녹이는 데 모든 환경 특히 실패와 위기를 사용하신다."[1] 나는 이 말에 전적으로 동감한다. 지금은 거룩한 땅과 중동에서 천국이 확장되는 시기임을 믿는다. 하나님은 이곳 사람들의 마음과 그들의 인생에서 전에 없이 일하고 계신다.

하나님이 사용하시는 방법에는 이런 것들이 있다.

## 항상 기도하기

교회개척은 기도에 푹 잠겨야만 한다. 교회개척자는 기도하고, 기도하고, 또 기도하는 것 말고는 아무것도 할 수 없다! 기도는 폭풍 구름이 수증기를 흩뿌리는 것과 같아, 그것을 축복의 소나기로 바꾼다. 기도만이 거룩한 땅과 전 세계 사람들의 마음속의 영적 속박을 깰 수 있다. 이곳에 부흥이 오고 난 후에야 전 세계적인 부흥이 온다고 믿는 사람들이 많다. 예루살렘과 나사렛에서 느껴지는 영적 억압은 기도의 힘만으로 극복할 수 있다. 아크르, 하이파, 텔아비브를 묶고 있는 마약과 매춘의 속박 역시 기도만이 깨뜨린다. 바알 숭배, 억압적인 주술 사용, 부지중에 이뤄지는 죽은 자 숭배가 수세기에 걸쳐 내려오며 형성된 영적 속박의 실체를 밝히기 위해서는 거룩한 땅에 대한 "영적 도해"가 더 많이 행해져야 한다. 이 금단의 지역들이 밝혀지면 노예가 된 수많은 사람들을 하나님의 능력으로 자유케 하시는 날까지 그것을 위해 기도할 수 있다.[2]

예수님은 제자들을 택하고 보내기 전에 밤새 기도하셨다. 그리고 추수하시는 분께 일꾼들을 보내주십사 기도하라고 명하셨으며, 그들은 기도하는 법을 알려달라고 주님께 졸랐다. 인류를 위해 십자가를 지시기 전에 예수님은 밤새워 고뇌에 찬 기도를 하셨다. 하나님은 셋째 날에 예수님을 다시 살리시고 그 기도는 응답되었다. 그리고 오순절에 은밀히 모여 기도하던 사람들에게 성령님께서 임하셨다.

기도는 씨 뿌리는 자가 지혜롭게 그 일을 할 수 있게 한다. 오슬로 평화협정▪ 조인을 걱정하던 전국의 유대인 신자들이 텔아비브 야르콘강 강둑에 모였다. 16개 회중에서 온 600여 명의 신자들이 소모임으로 나뉘어, 기도와 금식을 하면서 자기 민족을 위해 하나님께 기도했다. 집단 기도가 끝나는 날 밤에 복음 전도팀들은 헤비메탈 콘서트장에 모인 젊은이들에게 전도했다. 그날 젊은이들은 너무나 굶주려 있어서 전도팀의 모든 성경, 책, 소책자는 동이 나버렸다. 하나님은

---

▪1993년 이스라엘과 PLO와의 평화협정. 가자 지역, 요르단강 서안 정착촌 철수와 팔레스타인의 제한 자치를 인정함.

기도를 사용하셔서 사람들이 복음의 씨를 받을 수 있도록 마음을 열어 주신다.

갈릴리의 소문난 교회개척자는 새로운 개척을 위한 첫 번째 전략으로 땅밟기 기도를 사용한다. 도시나 키부츠에 들어가기 전에 그는 거기서 기도할 신자들을 모은다. 하나님은 그들의 기도로 영적 속박을 깨뜨리신다. 그리하여 교회개척자는 척박한 곳에서도 시간을 허비하지 않을 수 있다. 하나님은 그의 사역을 열어주기도 하시고 더 많이 열매 맺을 곳으로 그를 옮기신다. 종종 모든 도시와 마을과 키부츠에서 신자들 모임이 생겨난다. 기도는 경건한 삶과 함께 실제적인 도움을 가져온다. 추수기가 영원히 계속되지는 않기에 우리는 기도에 힘써야 한다.

내가 보기에 교회개척 사역에서 가장 효과적이고 실제적인 도구는 기도다. 무슬림, 그리스도인과 유대인은 모두 기도의 힘을 높이 산다. 치유와 마음의 생각을 분별하거나, 귀신을 쫓아내기는 일에서 예수님의 이름으로 기도하며 나는 직접적인 답변을 경험했다. 기도에 대한 응답으로 이끌어가시는 하나님의 방법은 계속 나를 놀라게 하고 약한 믿음에 도전을 준다.

교회개척에서 기도와 영적 전쟁의 역할을 이해하는 데 도움이 되는 책이 몇 권 있다. 서구의 관점에서 쓰이긴 했지만 성경에 기초하는 책들이다. 오레곤 코발리스 출신 톰 화이트는 『강력한 진 파하기: 영적전쟁이 포로들을 어떻게 자유롭게 하는가』Breaking Strongholds : How Spiritual Warfare Sets Captives Free를 썼다.[4] 톰은 매년 예루살렘의 연합기도 컨퍼런스에 참석한다. 피터 와그너의 『권력에 맞서기 : 신약교회가 경험한 전략적 전쟁의 능력』Confronting the Powers; How the New Testament Church Experienced the Power of Strategic Level Warfare이란 책도 있다.[5] 이 책은 사탄에 대한 하나님의 권능에 대해 새롭게 인식하게 된 영적 순례에 관한 글인데, 1970년대 거룩한 땅의 부흥기에 우리가 경험했던 새로운 현실들에 대해 자각하게 해주었다. 존 도우슨이 쓴 『미국의 상처 치유하기』Healing America's Wounds는 동일시 회개에 관한 고전이다.[6] 도우슨은 예수전도단 도시사역의 국제 책임자로 뉴질랜드에서 미국으로 이민 오기 전에 23년간을 해외에서 지냈다. 그가 이 책에서 주장한 원칙들을 사용하면서 나는 유대인과 아랍인들이 회개하는 것을 목격했다.

정기적인 기도와 헌신된 삶을 통해 개척자들은 사역으로 "탈진된" 침체기에서 회복될 수 있다. 거룩한 땅의 사역에서 영적, 감정적, 육체적인 공격들을 만나게 될 때 금세 수면 리듬이 깨지고 막연한 불안감을 갖게 되며 평정심을 잃게 될 수도 있다. 이러한 증상들은 우리로 하여금 영적, 감정적, 육체적으로 자신을 돌아보게끔 한다. 기도로 하나님께 부르짖을 때 우리가 휴식과 함께 기분 전환을 할 수 있도록 도우시며, 친구들이나 전문적인 충고를 해 줄 조언자들도 보내신다. 자신과 다른 사역자들 안에 있는 완벽과 성취 지향적인 경향성을 우리를 낙심케 할 수 있다. 우리는 그저 하나님을 신뢰해야 하며, 우리로서는 불가능한 과업을 하나님께서 행하시도록 적절한 시기를 기다려야 한다.

## 땅 분석하기

가장 효과적으로 시간과 노력을 집중시키는 방법은 복음에 반응하는 사람들을 찾는 것이다. 이스라엘은 서안과 가자, 팔레스타인 지역을 포함하더라도 작은 나라다. 수백 개의 "동질 집단"과 민족 집단이 있는 복잡한 나라이기도 하다. 그리고 복음에 반응하는 수준이 상대적으로 다른 사람들이 모여 있다. 어떤 이들은 심하게 저항하고, 뜻밖에 마음을 여는 이들도 있다.

1991년에 갈릴리와 북부 지방의 교회 성장에 대해 조사한 적이 있었다. 나는 이때 통신 강좌의 응답 결과와 복음주의 그리스도인의 전도 접근성, 여러 민족 집단의 신자들에 관해 질문했다. 그리고 나서 140만 명 중에 가능한 목표 집단이 최소한 3개 이상 있음을 발견했다. 그것은 학생들, 베두인, 드루즈였다. 또한 최근의 이민자들로 이뤄진 러시아 회중 몇 개가 발견되었다. 인구 5천이 넘는 도시와 읍 60개 중에서 22개에서만 복음주의자들의 전도가 있었고, 최소한 3분의 2는 아직 미전도 상태임을 알게 되었다. 이 결과를 미국 기독교 협의회 및 개별 접촉하는 여러 복음주의 교회들과 나누었다.(부록 A)

그러나 이것은 예비 조사에 불과했다. 더 많은 조사들을 통해 갈릴리의 여러 마을에서 주님을 영접하는 사람들이 얼마나 되는지를 알 수 있었다. 나는 스테이마스키 서점■에서 최신 『이스라엘 통계집』을 구입했다. 이스라엘 조사국에서 발행한 지도를 사용해서 나는 갈릴리

■Steimatsky Book Store, 이스라엘 최대의 서점 체인.

지역의 복음주의 그리스도인 사역을 모두 보여주는 대형 지도를 만들었다.[7] 어느 곳이 포함될지는 교회 지도자 및 몇몇 기관과의 인터뷰를 통해 결정되었다. 그들을 수차례 방문하고 현지 인터뷰를 하면서 관찰했다. 또한 자발적으로 나서는 학교 교장들, 사회복지 근로자들, 현지 관리들에게서 도움이 될만한 정보들을 얻었다.

1993년 DAWN의 조사에 따르면, 1991년부터 93년 사이에 갈릴리에 있는 다른 복음주의 교회들에 의해 여덟 개의 교회가 새로 시작되었다. 이것은 주님이 그 기간 동안 추수할 일꾼들을 보내셨다는 뜻이다. 그러나 개척된 교회 대부분은 미전도 비그리스도인들이 아닌 전통 그리스도인들을 대상으로 했다.

앞으로의 영혼 추수에 관한 정보는 성경 통신강좌, OM팀, 어린이 전도협회 등을 섬기고 있는 사람들로부터 풍성하게 얻을 수 있다. 해안평지지역, 예루살렘, 네게브, 에일라트에서 추수될 영혼들을 찾기 위해서는 유사한 조사가 필요하다. 추수 가능 지역에서 땅밟기를 통해 하나님이 사람들의 마음을 여실 때 비로소 서류더미에 묻혀 있던 숫자들이 살아나게 된다. 클래이란 코시는 강조한다. "교회 성장은 그저 사람들을 찾아내는 문제가 아니다. … 그보다는 복음을 받아들일 준비가 된 사람들을 찾아내는 게 일이다."[8] 일반적인 조사로 시작해도 된다.

또 다른 방법은 새 지역으로 이주한 신자들을 방문하는 것이다. 그들은 대개 외로워하고 교제가 필요하다. 일부는 이웃이나 새 친구들을 초대할 수 있는 성경 공부를 반가워한다. 이것이 셀모임의 시작이며, 나중에 교회로 발전할 수도 있다. 나사렛 출신의 어떤 신자는 결혼해서 갈릴리 북부 어느 마을로 갔는데, 거기서 성경에 마음이 열린 가정 넷을 만날 수 있었다.

히브리어를 쓰는 지역에서 회중을 만드는 또 한 가지 방법은 "떼어 보내기"다. 유대인 신자들이 그 지역에 적합한지 또는 최소한 공동체적인 감정이 어떠한지를 점검한 후에, 한 무리의 신자들이 새 구역으로 옮기게 되고 다른 신자들은 그들과 합류한다. 거기서 그들은 성경공부를 시작하고, 잘 받아들이는 현지인들이 참석하기 시작한다. 그리하여 회중이 형성된다. 이러한 방법에 힘입어 일부 히브리 회중의 수는 1983~93년의 10년 동안 50% 증가했다. 그들은 어느 곳이 개척하는 데 좋은 땅인지 알고 있다.

## 말씀 뿌리기

복음에 마음과 생각을 여는 일에서 성경 배포는 어떤 형태로든 효과가 있다. 하나님 말씀은 마음의 죄를 깨닫게 하고 구원을 가져오며 다른 신자들과의 교제에 갈급함을 갖게 한다. 듣거나 읽을 수 있는 말씀을 수년 간 뿌려온 것이 거룩한 땅에서 열매를 맺고 있다. 신문에 통신강좌 광고가 나면, 수천 명이 히브리어, 아랍어, 러시아어, 아람어와 여러 동유럽 언어 등 다양한 언어로 된 성경과 신약성서를 요청한다. 전에는 이슬람대학교Islamic University에서 교수와 학생들로부터 요청을 받기도 했다. 성경을 읽다보면 무슬림들이 코란을 더 잘 이해하고 그 차이점에 대해 질문하게 된다.

성경전서와 신약 그리고 쪽복음들이 대량으로 보급되면서 거룩한 땅과 중동 사람들의 마음이 깨어나고 영적인 굶주림이 생겨났다. 한 아랍어 성경 보급자는 전 세계에서 꾸준한 수요가 밀려들어와 성경 공급을 계속할 수 없을 지경이다. 집에서, 수리 센터에서, 해변에서, 공원에서, 자동차와 버스에서 희어져 추수하게 된 모습들을 본다. 최근에는 베들레헴 구유광장을 지키는 모든 팔레스타인 군인과 경찰이 자진해서 신약성경을 받았다. 변화와 불확실성의 시대에 사람들은 자기 마음을 열고 하나님이 새로이 들려주시는 말씀에 굶주려 한다.

기본적으로 누가복음을 토대로 예수님의 삶을 그대로 표현한 영화 《예수》는 계속해서 중동TV와 비디오 가게에서 가장 인기 있는 영화 중 하나다. 이 영화는 영어는 물론 히브리어, 아랍어, 러시아어, 아람어 버전으로도 볼 수 있다. 신자들은 복음을 보고 듣기 원하는 관심 있는 이웃들에게 이 영화를 보여준다. 이러한 영상을 통한 구원 메시지는 미래에 잠재적인 응답으로 이어진다.

말씀에 관심과 반응을 보이는 사람들에게 적절한 후속 조치를 취하면 좋은 결과를 얻을 수 있다. 직접 방문하며 전국을 순회하는 전도자들은 그 상황을 꾸준히 기록하고, 후속조치와 격려가 필요한 이들의 명단을 신중하게 공유할 필요가 있다. 성경관련 자료를 받은 많은 사람들은 영적으로 성숙하기 전까지는 가족과 친구, 이웃들의 반대와 압력에 노출되고 싶어 하지 않는다. 그들은 종종 집을 떠나 먼 곳에서 만나고 싶어 한다.

성경통신과정은 이런 이들을 대상으로 한 추가적인 양육과 교회개척 사역을 위해 필요하며, 아직은 개척이 덜 된 분야다. 아랍인과 유대인 수만 명이 이런 과정을 신청했다. 이 강좌를 공부하면서 상당히 많은 사람들이 그리스도를 선택한다고 답했다. 통신강좌 책임자들은 학습자들이 새로 신앙을 갖게 된 후, 신뢰할 만한 일꾼들을 만나도록 도와야 한다. 일부 강좌들은 관심 있는 학생들을 위해 컨퍼런스를 후원하는데, 그곳에서 사람들은 다른 학생들을 만나고 강사와 더 깊이 공부한다. 언어와 문화에 민감하게 반응하는 이들이라면 이 과정을 교회개척에 활용할 수도 있다.

### 성경을 이야기로 전하라

이 땅 사람들 대부분은 교육을 받았거나 읽고 쓸 수 있음에도 불구하고 구두로 의사소통한다. 이야기, 우화, 동화 구연은 무슬림 세계에서 여전히 밤의 재밋거리를 제공한다. 금요일 밤에 이집트에서 아랍어로 중계되는 TV영화는 이스라엘-팔레스타인에서는 국가적으로 유명하다.

무슬림들은 운율이나 곡조를 붙여 코란을 암송한다. 그리스도인 목사에게 성경 구절 인용을 부탁하면 그들 역시 노래로 부르거나 읊조릴 것이다! 그들 역시 다윗의 시편에서 이것을 배웠다.

아이들과 어른들에게 효과적으로 접근하려면 잠언과 비유가 반복되는 연대기적인 성경 구술을 활용해 보라. 사십대 이상의 아랍 여인들은 대다수가 문맹이기 때문에 그들에게는 듣는 성경이 필요하다. 그림과 성경 노래가 적힌 헝겊을 사용하는 어린이전도협회는 아랍인들에게 인기다. 전통 교회들은 집단 반복으로 성경과 찬송을 암송하도록 강조하는 성경 교수법을 흔쾌히 받아들인다.

개척자는 그들만의 개인 간증과 성경 이야기를 히브리어나 아랍어로 쉽게 들려주는 법을 먼저 배워야 한다. 이런 활동은 앞으로도 성경을 들려주는 효과적인 방법으로 남을 것이다. 단순하게 시작하고 차근차근 한 단계씩 배워라. 하나님나라에 들어가려면 어린아이처럼 되라. 하나님께서 보답하실 것이다.

### 협력하라

갈릴리에서 올리브의 수확기는 보통 10월에 찾아온다. 모든 사람들이 수확을 하려고 올리브 농원으로 나간다. 가족들은 가지를 두드려 바닥에 펴놓은 담요 위에 떨어지는 익은 올리브를 수확한다. 추수기는 겨우 몇 주 동안이기 때문에, 추수에는 전체가 달라붙어야 한다. 이와 마찬가지로 개척자가 그리스도께로 돌아올 사람들을 거두려면 함께 일하는 지혜를 터득해야 한다.

이러한 공동 노력은 새로운 게 아니다. 예수님은 열두 제자들을 강도 높게 훈련시킨 후 능력을 주시며 두 명씩 짝지어 보내셨다. 칠십인의 제자도 그렇게 하셨다.[9] 그들은 구체적인 지시를 받고 함께 나갔으며, 돌아와 그 결과를 보고했다. 로버트 콜먼은 예수님을 '위대한 교사'Master Teacher로 묘사했는데, 주님이 택하신 소수의 사람들 특히 세 명에게 자신의 인생을 쏟아부으셨기 때문이었다.[10] 헤셀그레이브는 바울에 대해 언급하며 그가 혼자서는 사역하지 않았으며 디모데,

누가, 디도 등의 동역자들과 함께 일했다고 지적했다.[11]

채니Chaney는 현지 사정을 아는 사람들로부터 팀을 선발하라고 조언한다. 그에 따르면 다섯에서 여덟 가족이 이상적이다. 그들은 새로운 회중을 "움직이게 하고 흔들어" 놓는다.[12] 그렇게 모인 팀은 통일된 비전을 갖고 교회개척에 대한 영적이고 현실적인 문제에 하나가 되어야 한다. 스튜어트 크리스틴은 사역과 철학이 현지의 필요에 부합하려면 지도자가 공동체에서 살아가며, 팀원들은 공동체에 활발하게 참여해야 한다고 했다.[13] 짐 슬랙은 모든 사역이 서로 협조하는 전체적인 팀노력이 바로 교회개척이라고 한다. 그들은 여기에 집중하는 것이다.[14]

그렉 리빙스톤은 사도행전을 예로 들면서 한 도시에 들어가 여러 사람이 함께 일하는 모습을 소개한다. 제자들은 큰 신뢰를 받으며 그곳에 거했으며 변화의 능력인 그리스도의 복음을 전했다. 그들은 거기서 제자를 삼고 사람들이 함께 모여 그리스도의 대사로 주님을 드러내며 살도록 도왔다. 새신자들은 그들만의 방식으로 예배하고 교제하기 원하며, 이것을 동질성 집단 원칙이라 한다. 교회개척팀이 열매를 맺으려면 다양한 은사와 경험을 가진 사람들이 필요하다.[15] 그러나 고자세로 인해 개척자들과 복음전도팀이 해체될 수도 있으므로, 무슬림 지역에서는 특히 조심스럽게 진행되어야 한다.

개척자들은 독불장군이 되어서는 안된다. 그들은 사람들을 훈련하고 격려하며 본을 보인다. 전략을 세우거나 기도모임을 갖는 것만으로는 이 일을 할 수 없다. 생각과 행동이 비슷한 사람들과 함께 현장에서 검증해야만 한다. 이는 가르치는taught 게 아니라 사로잡히는caught 것이다. 예수님과 바울은 이 방법을 썼다. 수피즘 무슬림 지도자들과 현명한 유대인들 역시 이 방법을 사용한다. 복음으로 평강을 누리고 싶어하는 남녀를 찾아 그리스도께 인도하고, 제자 삼아 격려하여 그들이 동족을 얻고 양육할 수 있도록 하라. 이것이 교회개척 운동 방법이다.

서양의 개인주의 경향 때문에 그들은 팀 접근법을 쉽게 따르지 못한다. 독립적인 사고를 가진 개척자들은 팀으로 섬기기 위해 훈련받고 협력하는 것을 힘들어 한다. 실제로 교회 개척팀은 현지 문화와 언어에 익숙한 현지인들을 위주로 구성되어야 한다. 현지인들이 동족에게 전도하고 세례/침례를 주게 한다면, 당신의 노력은 백 배의 열매를 맺을 것이다.

현지 교회나 회중 출신의 헌신된 그리스도인과 신자들이 팀을 이루어 추수할 곳으로 나아간다면 거룩한 땅에는 교회가 세워질 것이다. 사람들이 성경공부 모임에 나와 서로를 후원하고 영적 은사들을 나누다가 결국 교회가 된다. 신자들이 결혼하여 도시나 마을에 정착해 사업을 하거나 가르치기 시작하면서 이런 일은 자연스럽게 일어난다. 하나님이 사람들의 삶과 마음에서 일하고 계심을 주의하면서, 그들과 한 팀으로 추수에 동참한다.

교회개척 과정에서는 팀워크를 통해 서로를 격려하게 된다. 또한 최대한의 열매를 맺기 위해 필요하다면 사후평가 등으로 접근법을 바꾸어야 한다. 완벽한 개척자는 없다. 전문가는 얼마 되지 않는다. 우리는 서로 필요하다. 함께 모여 돌아보고 평가하면서 교제하고 전략을 세우며 기도하는 시간을 갖는다.

### 신자들의 연합

북아프리카 감리교 교회개척자이자 하트포드 신학교 교수를 지냈으며, 몇 년 전에 세상을 떠난 엘머 더글러스 박사는 내게 이렇게 말했다. "하나님이 당신에게 유대인 신자들을 보내주실 것입니다. 정말 큰 문제는 '그들과 무엇을 할 것인가' 입니다." 그는 무슬림 신자들이 중동의 기독교 회중에 적응하면서 어떤 어려움을 경험하는지 알고 있었다. 무슬림과 유대인 출신 신자들은 그 땅에서 하나님께 나아올 때, 자기들 외엔 아무도 없다고 생각한다! 수년이 지나서야 다른 신자들과 접촉하게 될 수도 있다. 복음에 적대적인 환경 속에서 그들은 어디를 향하고 누구를 신뢰할 수 있을까? 한 통의 전화나 편지가 그 지역 다른 신자들과의 교제를 열게 한다. 신자 두세 명이 주님의 이름으로 모이기 시작하는 것이다. 그들은 서로를 격려하며 자신의 영향력이 미치는 사람들을 주님께로 인도한다.

서로에 대해 알고 배신하지 않을 것이라는 확신이 생길 때, 전국 곳곳에는 이러한 신자들의 셀모임이 생긴다. 새신자와 구도자들이 예배하고 교제하려면 때로는 집부근이 아닌 외부에서 만나는 것이 필요하다. 그들이 영적으로 강건해져 가족과 친구들에게 자기 신앙을 공개적으로 나눌 수 있을 때까지는 적대적인 환경에 노출되지 않아야 하기 때문이다. 가족이 승인하거나 최소한 믿을 자유를 허락한다는 확신이 없는 한, 개척자는 집을 자주 방문하지 않는 게 더 낫다.

수년 전 나는, 마을 교회 예배에 참석하는 드루즈 젊은이들을 격려하려는 마음에서 그들의 집을 방문했었다. 그러나 그 후 그들은 다시 돌아오지 않았다. 부지중에 그들을 부모와 공동체의 압력에 노출시킨 것이다. 상황과 사람은 각각 다르기 때문에 우리는 지혜롭게 처신해야 한다. 거룩한 땅의 개척자는 새신자들이 자기만의 신앙 네트워크를 가질 때까지는 공개 접촉으로 그들을 노출시키지 말아야 한다. 한 이슬람 국가의 무슬림 출신 신자 150명을 조사한 결과, 몇 년 후에는 겨우 네 명만 남은 경우도 있었다. 대부분은 죽임을 당하거나 나라를 떠나야 했다. 그리고 그들이 박해를 당한 큰 이유는 복음을 믿는다는 게 아니라 외국인이나 외국계 단체와의 관계 때문인 경우가 많았다!

아랍 공동체에서는 네트워크가 가족 혈통을 따라 생겨난다. 가부장적이고 확장된 대가족은 일대일로 하나님의 복음을 나눌 수 있는 통로다. 집안 어른들—대개 아버지나 할아버지—에게 존경과 동의를 얻으면, 그는 다른 가족식구들에게 복음을 나눌 황금 같은 기회를 갖게 된다.

하나님은 개인간의 상호의존적인 대화를 통해 무슬림 가족 내에서 일하신다.[16] 그들은 주님을 개인적으로 또는 여럿이 받아들인다. 그리하여 서로 연계하여 자신감을 얻게 되고, 합의를 통해 가족 전체가 신앙을 받아들인다. 내가 아는 어느 무슬림 출신 교회개척자는 새신자가 자신의 의지를 확신할 때까지는 일정기간 심지어 반 년 이상 다른 신자들에게 소개하지 않는다.

유대인 공동체 내에서 도덕적 부패와 정치상황의 압력이 계속되다 보니 젊은이들은 정통 유대교의 대안을 찾게 되었다. 일부는 동쪽으로 가서 불교나 힌두교를 배운다. 다른 이들은 물질적인 이익을 찾아 서쪽으로 간다. 예수님을 참된 메시아로 믿으며 거기에 소망을 두는 이들도 점점 늘고 있다. 그들은 마약, 성적 타락, 밑으로만 치닫는 사회에 맞서 승리하기 위해 다른 신자들과 연계한다. 예전에는 겨우 몇 명만이 함께 만났었다. 이제 그들은 수백 명이 모일 장소를 찾는다. 유대인 신자들은 컨퍼런스, 캠프, 명절 및 다른 여러 행사를 통해 연계한다. 비록 보안 때문에 이곳저곳으로 옮겨 다녀야 하지만 그들은 만나서 교제하고 성경을 공부하는 작은 셀모임을 통해 잘 연결된다.

### 가족의 본래 모습 지키기

유대인과 무슬림 가정에서 주님을 영접할 때 종종 일시적으로 부정적인 반응이 나타날 수 있다. 무슬림들의 경우, 새신자의 3분의 1 이상이 집에서 쫓겨나고 일자리를 잃을 수도 있다. 이때는 마음이 가라앉을 때까지 다른 쉼터에서 지내야 한다. 전통적인 기독교 가정에서는 대개 적대적인 반응이 적다. 집안에 주님을 찾고 마음을 여는 다른 사람이 있을 수 있다. 불필요한 반응을 일으키기보다는 인내하도록 권하는 게 최선이다.

새신자를 인격적으로 대하고, 그들과 존경할 만한 관계를 갖도록 하라. 새신자들에게 "네 부모를 공경하라"(마 19:19)는 성경의 명령을 지키도록 하라. 주님은 마약 중독자를 자유케 하고, 자살을 막고,

결혼생활을 새로이 하시며, 아픈 사람을 낫게 하고, 드물게는 죽은 사람을 살리신다.[17] 최소한 그들이 설명할 수 없는 뭔가 특별한 일이 일어났다는 사실을 알게 된다.

경제적 · 정치적 변화가 빠르게 일어나면서 거룩한 땅에서 십대와 어른들 사이에 세대차가 커지고 있다. 이혼, 간통, 매춘과 유산이 세속 유대인 사회를 괴롭힌다. 시골에서 큰 도시로 이주한 아랍인들도 같은 문제로 골치가 아프다. 교회 개척자는 유대인이나 아랍인 사회에 가족의 소중함을 가르치고 결혼의 화해자가 되어 그들을 섬길 수 있다.

기념일(축일)은 그리스도인이든 유대인이든 무슬림이든 중동 가정에서 특히나 중요하다. 거룩한 땅에서 즐겁게 살아가고 싶다면 교회개척자는 이러한 가족 모임들을 눈여겨두어야 한다. 성탄절, 유월절과 '에이드 알아드하' eid al-adha라는 무슬림 희생제 같은 경우는 행사의 성경적인 의미를 나눌 수 있는 기회다. 또한 출생, 세례/침례, 할례, 결혼이나 장례 같은 의식을 통해 가족은 한 자리에 모이고 관계를 돈독이 하게 된다.

## 그 땅에서 존경받는 가정을 만나라

거룩한 땅과 중동에서 대부분의 교회들은 가정에서 성경을 공부하며 시작된다. 이곳은 "아무 성이나 촌에 들어가든지 그 중에 합당한 자를 찾아내어 너희 떠나기까지 거기서 머물라"는 예수님의 충고가 여전히 통하는 곳이다.[18] 그곳에서 만나게 된 가족이나 개인을 향한 공동체의 태도를 보면 향후 사역이 어떻게 진행될 것인지를 알 수 있다. 가장이 정직하지 못하다면, 당신은 결국 속임을 당하고 마을의 웃음거리가 될 것이다! 현지인들은 서로의 내력이나 동기, 지나온 발자취를 잘 알고 있다. 지속적으로 만날 약속을 하기 전에 보증이 될만한 존경받는 현지인들을 찾으라. 그들은 "평화의 사람들"이다. 그들이 책임지고 처음부터 이 모든 일을 결정하고 모임 장소까지 꾸미게 하면 더 좋다.

우리의 경험에 따르면, 아랍인 마을에는 최소한 세 가지 분파가 있다. 하나는 지도자 가족이고 두 번째는 반대파, 세 번째는 중립이다. 당신이 어느 쪽과 함께 시작하느냐가 장차 누가 참석할지를 결정한다. 하나가 아니라 두 개의 교회를 시작하는 게 나을지도 모른다! 헤셀그레이브는 목표 집단의 다수를 대표하지 않는 사람과는 모임을 시작하지 말라고 충고한다.[19]

필리핀에서 일했던 브룩은 공간이 한정되고 참석할 사람들이 한계가 있기 때문에 집에서 시작하는 것은 좋지 않다고 충고한다. 그는 가정을 더 큰 공동체로 자라나기 위한 "양육자"로 생각하라고 제안한다. 그리고 비록 거절당하더라도 첫 번째 모임에 공동체의 지도자를 초대하라고 충고한다. 예의상의 문제다.[20] 그의 충고는 잘 들어맞지만, 잠재적으로 적대 관계인 무슬림과 유대인 지역에서는 수정될 필요가 있다. 더 크고 중립적인 장소가 발견될 때까지는 필요하다면 여러 개의 가정모임으로 시작할 수 있는 것이다.

개인적으로 나는 모임 장소가 세워진 다음에라도 교회개척을 위해

"셀모임"이나 가정 성경공부 모임은 계속되어야 한다고 믿는다. 목사 안수를 받은 사람만이 가정모임을 인도할 필요는 없다. 적절한 훈련을 받고, 사람들을 격려하며 현지 언어를 구사할 수 있는 평신도가 현지교회의 지속적인 필요를 충족시키는 가정 성경모임을 인도할 수 있다. 무슬림 지역에서는 안전을 고려하여, 모임을 이리저리 옮기는 게 더 나을 수도 있다.

### 공간을 만들어라

세계의 다른 지역과 마찬가지로 거룩한 땅의 교회개척 운동은 공간에 많은 제한을 받는다. "교회성장에 대한 안목"을 얘기할 때, 이는 사람들을 제자삼는 것만을 의미하지 않는다. 여기에는 모임이 어느 정도까지 성장할 것인지에 관한 비전도 포함된다. 아랍인 구역의 가정에서 모임을 갖게 될 때 가장 불편한 점은 대개는 가까운 친족들만 수용할 수 있다는 사실이다. 이런 가정 모임은 대개 한 달이 채 못 되어 다 채워진다. 그래서 그저 앉을 자리가 없어 혹시 전도가 가능했을 사람들이 못 올 수도 있는 것이다.

찰스 브룩은, 만약 자립 교회를 시작하기 원한다면 "가정 성경공부"보다는 "공동체 성경공부"를 하라고 권한다. 처음부터 모임으로 맺어진 가족들은 향후 교회의 핵심 지도부가 된다. 초기에 교회에 나온 사람일수록 앞으로 교회에 남을 가능성이 높다. 그는 공동체 성경공부 장소로 가능성 있는 곳을 15개 이상 열거했다. 공원, 식당, 사무실, 차고나 간이차고, 어린이집, 호텔, 가게 계산대 등.[21] 만날 장소를 현지인들이 제공하는 등 그들이 처음부터 관여한다는 사실이 중요하다. 이는 사람들에게 솔선과 자립정신을 갖게 한다.

우리는 1967년 전쟁 후에, 나사렛 교외에서 가정교회를 시작한 현지 아랍인 신자 가정을 도왔다. 거실은 가족과 몇몇 친구들로 곧 가득 찼다. 그래서 우리는 더 넓은 공간을 위해 집 안에서 아직 공사중이던 곳으로 옮겼다. 너무나 많은 아이들이 방학 기간에 성경학교에 오자 이웃들이 시끄럽다고 불평했다. 모임에서는 즉시 건축헌금을 하기 시작했고, 결국 우리 단체와 협력해서 다목적 건물을 지었다. 이것은 어린이집 겸 교회로 지어졌다. 처음부터 몇 년 간 현지인이 솔선하여 관여하면서 적절한 공간을 만들어갔고, 이 과정에서 우리는 많은 교훈을 배웠다.

박해가 숨겨진 축복으로 다가올 때도 있다. 매우 빨리 성장한 어느 유대인 연합은 그 지역에서 호텔을 빌렸는데, 랍비와 적대자들은 어떻게든 호텔을 불태우겠다고 주인에게 압력을 넣으면서 모임을 쫓아냈다. 그리하여 그들은 시내가 내려다보이는 숲에서 모였다. 하지만 회중은 계속 성장했다. 겨울이 오자 한 현지 아랍인 마을의 목사가 자신의 교회를 모임장소로 제공했다. 마침내 모임은 외딴 곳에 있는 유스호스텔을 빌렸다. 그리고 유스호스텔 지배인이 시설을 두 배로 늘릴 때까지 모임은 성장을 계속했다. 이제 회중은 수백 명에 달한다.

가정 모임에서는 친근한 교제와 개인적인 양육이 가능하지만, 장기적으로 본다면 더 큰 회중 모임이 필요하다. 가정 시설을 초과하여 수용하게 되면 이웃과 문제가 발생하며, 도시의 조례를 어길 수 있다.

팔레스타인의 어느 지역에서는 경찰의 허가 없이 몇 명 이상 모이는 것이 법으로 금지되어 있다.

볼강 심슨은 그의 흥미로운 책 『세상을 바꾸는 집들』Houses that Change the World에서 가정교회—특히 그가 인도에서 경험했던 것 같은 시골지역에서—를 미래의 흐름으로 본다. 회중은 "건물 강박관념"이나, 비잔틴시대처럼 전문화된 교회로 회귀하는 쪽이 되어서는 안 된다.[22] 한 모임이 자기 필요에만 몰두하면, 교회는 성장하기 힘들다. 이렇게 되면 주님은 내부의 싸움이나 외부의 박해를 통해 교회의 성장을 격려하신다. 교회가 새 건물을 짓고 난 후에 종종 이런 일이 일어난다. 이와 관련된 몇 개의 사례를 부록 B에서 볼 수 있다.

### 함께 재정을 마련함

추수할 때가 오면 모두들 일손을 거든다. 비가 와서 곡식을 망쳐놓기 전에 추수하는 것이 시급하기 때문이다. 새로 생겨나는 모든 교회들은 현지인들로부터 시작되고 그들이 재정을 마련하는 것이 최상이다. 그렇지만 특히 전통 아랍계 기독교 공동체에서는 장기적인 외부의존의 문제가 크다. 따라서 교회개척자는 처음부터 자신을 말씀의 교사로 보여야 한다. 특히 외국인의 주된 역할은 다른 사람들을 가르칠 수 있도록 준비시키는 것이다. 외국의 재정과 지도력에 종속된다면 지역교회는 자랄 수 없다.

처음에 복음을 들려주고 찬양 악보를 제공하는 것 외에는 현지인들이 모임에 필요한 것을 모두 조달하게 해야 된다고 브룩은 잘 지적했다. 그렇게 해서 그들은 익숙해지고 더 빨리 배운다. 우리가 원하기만 하면 현지인들이 그렇게 하리라고 그는 보고 있다.[23] 그러나 과거에 다른 개척자나 단체가 재정 지원을 제공했던 곳에서는 실천이 말처럼 쉽지 않을 것이다. 이 땅에서 그런 일이 종종 있어 왔다.

나는 교회를 개척하며 복음주의냐 재정적 자립이냐의 사이에서 목표를 정해야만 했다. 이상적으로는 둘 다 목표여야 한다. "자립"에 목을 매면서 "네 지갑이 내 지갑"이라는 현지 관습을 이해하지 못한다면, 우리는 스스로 실망하고 그들을 낙심시킬지도 모른다. 그들이 당신에게 감사하고(그렇지 않을 수도 있지만) 당신이나 재정적인 도움 없이 자립하겠다고 말할 때가 올 것이다.

전도하고 가르치며 핵심 지도부를 양육하고, 관대하면서도 현명하게 처신하는 본을 보여라. 사람들을 과도한 도움으로 망치지 마라. 그들이 스스로 일할 기회를 막아서지 말라. 다른 사람들이 재정을 제공하기 원하면 예의 바르게 막아설 방법은 없다. 그러나 우리는 재정이 아니라 비전이 더 중요하다는 것을 기억해야 한다. 사람들이 비전을 받게 되면, 그들의 공급원과 하나님의 부요하심으로부터 재정이 채워지게 될 것이다. 그 자원은 추수 안에 있다. 신자들이 복음을 가족, 친구, 친지들과 나누면서 교회개척 운동은 사람에서 사람으로, 가족에서 가족으로, 마을에서 마을로, 대도시 이웃과 아파트 도처로 확산된다. 이것은 현재의 교회와 교단적인 구조 안에 갇힐 수 없는 부분이다. 외국인들의 배경과 돈은 교회의 자발적인 성장을 방해하는 경우가 많기 때문에 적을수록 더 좋다.

### 후원자를 찾아라

거룩한 땅에서 새로운 교회의 출발을 위한 최고의 후원자는 다른 곳과 마찬가지로 개척의 비전을 함께하는 다른 교회나 회중이다. 채니는 교회 개척에 있어 부모-자식 개념이 교회 확장의 기본임을 알았다.[24] 우리에게는 동역자들이 필요하다. 새로 교회가 들어설 지역에 있는 사람들을 아는 현지 조언자나 협력자가 바로 그들이다. 교회가 고아로 성장하지 않도록 좋은 어머니를 찾아주는 개척자들은 복된 이들이다.

당신이 현지인 교회지도자들의 저항에 부딪힌다면 정말 난감하다. 어떤 이들은 자신의 지역에 새로운 교제나 회중을 원하지 않는다. 사람과 재정 그리고 힘을 잃을 수 있다는 두려움 때문일 수도 있다. 비그리스도인들에게 복음을 전할 때 받을 수도 있는 박해를 두려워하는 이들도 있다. 성장하지 않는 교회는 죽어간다는 사실을 잊은 듯 하다. 사실 교회를 염려하는 마음 때문이라는 주장은 모순된 말이다. 이것은 그들의 위치나 지위를 염려하는 데서 온다. 다른 회중의 개척을 돕는 교회는 새로운 활력을 경험하며 그 과정에서 종종 자체 교인수가 늘기도 한다. 교회 성장에 대한 바른 안목을 갖고 있는 지도자들은 얼마 되지 않는다.

새로운 사역에 더 개방적인 현지인 교회연합이나 교회개척 모임을 찾아라. 현지 지도부를 지지할 방법을 찾고자 노력하라. 동시에 교회개척에 개방적인 사람들과 비전을 나누라. 그들은 추수의 법칙—많이 뿌리는 사람들이 많이 거두게 된다—을 배우게 될 것이다.

### 함께 짐을 나누라

후원자 모임에 정기적으로 보고하라. 완고한 현지인 교회나 후원 모임이라 할지라도 주님 앞으로 나아오는 유대인과 아랍인들의 얘기를 들으면 마음이 누그러진다. 그들에게 하나님이 어떻게 응답하셨는지 알려주라. 가장 무관심했던 회중들조차도 무슬림과 유대인을 위해 기도하며 살아나는 것을 보았다. 교회가 자기중심적인 건물 강박관념을 버리고, 복음을 모르는 사람들을 위해 비전을 품는 데는 시간이 걸린다. 바로 당신이 그들의 시작을 도울 수도 있다.

이상으로 거룩한 땅에서 교회개척을 하면서 생각해볼 부분을 몇 가지 나누어보았다. 여기에는 더 많은 것들이 추가될 수 있다. 브룩과 채니와 헤셀그레이브의 저서를 추천한다. 교회개척과 성장은 서로 분리되지 않고 연결되어 있다. 그렇다면 이런 질문이 나올 것이다. "일단 셀교회나 가정교회가 세워진 후에는 어떻게 다른 교회들을 배가시킬 수 있습니까? 그런 역할을 담당하도록 교회가 자기생산적이며 강해지려면 어떻게 해야 할까요?"

8장은 이런 중대한 질문을 다룬다.

8장

# 강한 교회로 발돋움하기

교회들은 주로 초기 개척자들이나 동역자들의 인격과 비전을 닮기 마련이다. 바울은 고린도 교인들에게 도전했다. "그리스도 예수 안에서 복음으로써 내가 너희를 낳았음이라 그러므로 내가 너희에게 권하노니 너희는 나를 본받는 자 되라."[1] 바울의 목표는 자신의 본보기인 그리스도를 공유하는 것이었다.

우리가 새로 회중을 모으고 그들을 영적인 성숙과 결실로 인도할 때 비전을 공유할 수 있다. 나의 후원 단체는 몇 년 전 이러한 비전 성명을 채택했다. "우리의 비전은 이스라엘 전역에 강건한 회중이 늘어나, 복음을 효과적으로 증거하며 선교를 위해 신자들을 준비시키는 것이다." 그들의 선교 성명은 "이스라엘 전역에 토착화된 회중을 개척하고 성장시키는 하나님의 일에 동참하며, 그들과 함께 모든 사람에게 복음을 전하며 믿는 사람들을 전부 양육하는 것"[2]이다. 또한 우리 모단체는 교회나 회중을 "예배, 교제, 전도, 양육, 봉사를 목적으로 성령님에 의해 가시적인 교제에 함께 참여한, 세례/침례 받은 신자들의 모임"으로 정의한다.[3] 분명한 비전과 선교 사명이 있다면 강한 회중을 세우는 데 거칠 것이 없다.

나는 약 10년 전에 후원자 그룹과 함께 갈릴리에 대한 나의 비전을 나누었다. 깊은 낙담의 시기를 거치면서 나는 거의 포기하다시피 했지만 하나님은 그 비전을 새롭게 하셨다. 되돌아보면, 처음부터 간단한 교회개척 모형을 택했더라면 일이 더 쉬웠을지도 모르겠다. 내가 사역했던 전통 기독교 아랍인들의 "건물 강박관념"으로 교회개척에는 시간이 걸렸다. 땅과 건물이 확보되려면 교회가 생긴 후에도 최소한 5년에서 7년이 걸린다. 최종적으로는 외국의 지원에 크게 종속되기 마련이다. 이때 사람들은 평균 약 10.5% 세례/침례를 받는 반면 뒷문으로는 42%를 잃어버리고 있었다. 그와 같이 느리고 비효율적이며 고생스런 방법으로는 이 땅에서 가능성 있는 사람들을 찾기 힘들다. 이에 비해 덜 복잡하면서 더 많은 결실을 얻는 법을 소개하겠다.

교회개척팀이 공동의 비전 아래 모였고, 이제 목표하는 민족들 가운데 복음에 반응할 만한 집단이 있다고 가정해보자. 그들은 가족과 친구들의 전도 또는 여러 경로를 통해 복음 메시지에 관심을 갖게 된다. 그들은 매주 집에서 모여 성경공부를 한다. 주님을 영접하고 세례/침례를 부탁하는 이들도 있다. 만일 초기단계라면 나는 현지인 목사나 헌신적인 평신도 지도자가 침례를 주도록 한다. 그들이 현지인 지도자에게 양육 받고 그들과 결속되기 원하기 때문이다. 사역에서 무슬림 출신 신자들이 다른 무슬림들에게 침례를 주도록 축복하고 훈련하면서, 그들을 내 품안에서 떠나보냈을 때 큰 성장이 일어났다.

양육과정 초기에는 교회개척자들에게 책임이 있다. 전수 가능하고 다시 이용할 수 있는 방법과 개념들로 지혜롭게 가르치면, 은사를 가진 사람들이 그 과정을 넘겨받는다. 채니는 "추수할 때에 자원이 허락된다"고 지혜롭게 말했다.[4] 모든 신자들은 그리스도의 몸 즉 교회를 섬길 수 있도록 어떻게든 하나님께 은사를 받았다. 모든 사람에게 기여할 수 있는 기회를 주고, 당신이 없어도 그들끼리 전해질 수 있도록 현지의 일꾼들을 양육하라.

교회를 개척하고 강한 교회로 성장시키는 방법들은 많이 있다. 이를 위한 더 포괄적인 아이디어를 원하는 사람들은 데이빗 헤셀그레이브의 『다문화적인 교회개척』Planting Churches Cross Culturally, 찰스 브룩의 『토착화된 교회개척』Indigenous Church Planting, 릭 워렌의 『새들백교회 이야기』Purpose Driven Church, 교회개척자연합Fellowship of Church Planters의 『가정교회 네트워크 개척하기』Planting House Churches in Networks 등을 읽어보라.

이제부터는 우리가 거룩한 땅에서 교회개척 사역을 감당하며 하나씩 찾아낸 결정판들을 소개하고자 한다.

### 소모임

다양한 프로그램을 갖춘 가정성경공부 또는 셀모임은 교회의 발전을 위해 유연성 있게 선택할 수 있다. 이러한 소모임은 교제와 양육에 있어 절대적인 이점이 있지만, 작은 규모와 장소의 한계가 단점이다. 소모임은 열두 명이 최적이며, 2~3명씩 4개에서 6개로 나뉜다. 당신은 각 모임을 이끄는 셀 리더와 인턴을 지도해야 한다. 모임이 25~30명이 되면, 2개나 3개의 셀모임으로 분리하는 게 최선이다.

셀모임 또는 소모임은 과도기의 공동체를 위한 최선의 접근법이다. 『아랍인에게 전도하기, 절실한 필요 접근법』Reaching the Arabs, A felt need approach에서 팀 매시니Tim Matheny는 교육과 일자리를 위해 시골에서 도시로 이주한 아랍인들의 절실한 요구사항 18개를 적었다.[6] 그들은 지방에서 신학 교육을 받았다 해도 도시로 옮겨오며 모임이 흩어지기 십상이다.[7] 이러한 성경공부 모임은 과도기에 있는 사람들에게 필요한 교제와 영적 성장 그리고 교회개척을 위한 뛰어난 도구가 된다.

셀모임은 "가정그룹"house group "성경공부" "모임" "연합" 등 다양한 이름으로 불린다. 셀이 지역교회의 지원과 권위 아래 있게 될지, 아니면 처음부터 자체적으로 이끌다가 결국 독립해서 가정교회가 될 것인지는 명확히 해야 한다. 그 지역교회 지도부와 좋은 관계를 맺으려면 새로운 모임의 목적을 명확히 해야 한다.

셀교회와 가정교회 사이에는 기본적인 차이가 있다. 무슬림 신자들 모임은 대부분 셀교회다. 두세 명으로 이루어진 셀교회들은 교제,

기도, 성경공부, 문제의 나눔과 해결, 다른 신자나 구도자들과 연계하기 위해 시간과 장소를 바꾸어 가며 모인다. 신자 두세 명의 셀모임은 부인을 포함하면 여섯 명이 된다. 각각은 가족과 친구 등 복음을 전할 자신만의 인맥을 갖고 있다.

한 교회개척자는 셀모임 4개 정도를 감독한다. 각 셀에는 리더와 수습이 필요하다. 수습은 장차 모임이 늘어나 셀로 나누어질 때 리더로 섬길 사람이다. 랄프 네이버스는 5개 셀마다 구역 감독자와 수습을 한 명씩 두고, 매 25개 셀마다 구역 목사와 수습을 한 명씩 두는 방식을 고안했다. 협력 지도자들로 구성된 팀이 여러 셀들이 모인 전체 교회를 이끌어 갈 수 있다. 이런 셀교회들은 무슬림과 정통 유대인 공동체에 이상적이다. 이들에게 안전이 중요한 문제이며 새신자들로 이루어진 가시적인 교회들은 박해를 당하기 쉽기 때문이다.

셀교회 개념의 탁월한 사례는 '새포도주 셀교회 세미나'New Wine Cell Church Seminar다. 이들은 영국과 유럽에서 성공을 거두고 있지만 거룩한 땅의 현실에도 잘 들어맞는다.[8] 셀모임은 아파트, 나무 밑, 주차장, 자동차 안, 카페, 사무실 등 두세 신자들이 은밀히 모일 수 있는 곳이면 어디서나 열릴 수 있다. 기억해야 할 중요한 사실은 셀모임은 그 안에 하나님에 계시는 태교회라는 점이다. 그들은 누룩과 같이 사회 모든 곳에 스며들 수 있다. 부록 B에 실린 사마리아 교회Church of Samaria가 셀교회의 한 사례다.

교인들의 집에서 정기적으로 모이며, 대개는 지도부가 현지 기독교회와 관련이 있는 가정교회는 전통 그리스도인 아랍 공동체에 더

적합하다. 이러한 모임은 이름뿐인 그리스도인이던 가족과 이웃들을 끌어들이고, 그들이 위협 없는 환경에서 개인적으로 성경공부에 참여할 기회를 준다. 그러나 무슬림이나 정통 유대인 공동체 안에서 이러한 가정교회는 눈에 띄기가 너무 쉽다. 새생명침례교회New Life Baptist Church는 나사렛 시의 전통 그리스도인들에게 전도하기 위해 가정교회 개념을 매우 효과적으로 사용한다.

당신은 무슬림들의 셀모임을 어떻게 시작하고, 어떤 교재를 사용하겠는가? 나는 내게 찾아오는 모든 무슬림들과 처음부터 다시 출발한다. 집을 짓는다면 주된 기초를 먼저 파야 하듯이 말이다. 나는 아랍어로 번역하고 수정한 '사영리'를 사용한다. 놀랍게도 무슬림들은 이 개념을 흔쾌히 받아들인다. 히브리어로 된 소책자도 있다. 그런 후에는 기도와 도덕적 삶의 기초를 제공하는 마태복음 5~7장의 산상수훈을 새 무슬림 신자들과 공부하는 게 현명하다. 기꺼이 응답하는 사람들은 〈새 출발〉New Beginnings이라는 공부로 계속한다. 이것은 새신자를 성경공부, 기도, 세상과 교회에서 그리스도 안의 새 삶으로 이끄는 체계화된 제자훈련시리즈이다.

〈새 출발〉은 필리핀에서 처음 만들어졌으며 찰스 브룩이 성공적으로 교회를 개척한 이후에 정형화되었다. 그는 구원 이전 단계 공부인 〈당신을 위한 복음〉Good News for You과 새신자가 된 이들에게 올바른 교회생활을 가르쳐주는 〈나는 거듭났다. 다음에는?〉I Have Been Born Again, What Next?을 만들었다.[9]

〈아랍계 그리스도인의 일곱 가지 원칙〉Seven Christian-Muslim Principles

은 코란을 통해서만 접근할 수 있는 무슬림들에게 "상황화된" 접근법을 원하는 전도자들에게 도움을 준다. 레바논 네비게이토에서 개발했으며 영어와 아랍어로 되어 있다. 이 교재는 성경과 코란의 구절을 함께 사용해서 구원 계획에 대해 주제별로 학습한다. 코란 사용이 불편하다면 이 교재를 선호하지 않을 수도 있다. 그러나 코란의 많은 구절들은 인간의 악행과 하나님의 심판을 강조하고, 성경 구절과 병행하고 있으며 일부 무슬림의 마음에 호소할 수 있다.

〈새 출발〉 교재는 성경구절과 질문과 빈칸으로 구성되어 있고 사람들은 구절을 찾아가며 질문에 답한다. 이로 인해 무슬림 가족 내에서 남자와 여자, 아이들 사이의 장벽이 허물어지는 것을 보았다. 그렇지 않다면 단지 남자들만 인도하고 배우게 된다. 음악은 성경구절에 음을 넣어 부르는데, 악보와 동봉된 카세트테이프로 해결한다. 찬양 인도는 대개 아이들이나 청년들이 한다. 20과 정도로 구성된 각 섹션이 끝나면 성공적인 수료를 인정하는 간단한 증명서를 준다.

당부의 말 한마디를 하자면 특정 질문에 대답할 때를 제외하고는 주석을 사용하지 말라. 그저 성경이 스스로 말하게 하라. 주석은 논쟁과 혼란을 가져올 수 있고, 모든 사람들이 이해하지 못하는 부분들 때문에 전달에 한계가 있다.

〈새 출발〉은 실제로 새신자를 훈련하고 양육하는데 사용 가능한 제자훈련시리즈 중 기초편이다. 〈생존 도구〉Survival Kit는 내 아내가 영어를 사용하는 갈릴리 유대인 여인들을 양육하면서 성공적으로 사용했던 책이다. 조금 시간이 지나면 〈마스터라이프〉Masterlife를 공부할 수 있다. 이것은 주요 현지어로 만들어져 있다.

최근에 출판된 〈참 푸르칸〉* 은 복음을 듣기 전의 무슬림들에게 효과적인 도구로 사용될 수 있다. 이것은 코란식 아랍어나 특정 단어들을 사용하며, 예수님과 윤리적인 삶에 있어서 일반 무슬림의 태도와 코란을 비평한다. 〈참 푸르칸〉은 무슬림 지도자들 사이에서 점차 알려지고 있으며, 곧 인터넷에서도 가능하게 될 것이다.[10]**

### 현지 리더십을 강화하라

성경공부가 진행되면, 리더십에 은사가 있는 사람이 분명히 나타나기 마련이다. 그들이 영적으로 성장함에 따라 더 많은 책임을 함께 나누라. 그들을 또한 교회개척팀의 조언자로 활용하라. 가정을 방문할 때 그들과 동행하라. 그들이 영적으로 열려 있는 친척 친구들에게 전도하도록 격려하라. 모임에서 기도하게 하고, 최종적으로는 그들이 인도할 수 있도록 위임하라. 영적 성장에 관련된 문제가 있을 때 그들을 공개적으로 부끄럽게 하지 말고, 개인적으로 의논하라. 모든 교회개척자, 셀모임 지도자 그리고 가정교회 목사에게는 리더십을 이양받는 제자가 있어야 한다. 그래서 그들을 통해 새 모임이 시작되어야 한다.

몇몇 체계화된 과정들은 새로운 지도자들의 성숙을 위해 보다 발전된 리더십 과정을 제공한다. 〈마스터라이프〉는 이제 아랍어, 히브

---

*The True Furqan. 예수 그리스도와 하나님에 대해 설명한 책으로 코란과 비슷한 형식으로 되어 있음. 'Furqan' 은 '암송' 을 뜻하는 아랍어로 Qur' an과 동의어임.

**현재 인터넷에 영문판이 올라와 있음.

리어, 영어로 가능하다. 그리고 참석자들의 성경적인 기초가 튼튼해야 하며 매주 일정 시간 미리 준비한다는 사전 약속이 필요하다. 〈마스터라이프 I & II〉를 성공적으로 마치면 대학 학점이 주어진다.

또 다른 훈련도구인 『하나님을 경험하는 삶』Experiencing God은 그리 어렵지 않으면서도 선교적인 비전 달성에 효과가 있다고 밝혀졌다. 모든 내용들은 포괄적이며 특정 교파에 편중되어 있지 않다.

하이파의 하게펜 출판사Hagefen Press, OM, 하나님의성회의 국제통신강좌학교International Correspondence Institute와 예루살렘의 침례총회 국제성경연구학교에서는 다른 제자훈련 교재들을 구할 수 있다. 이스라엘 성경대학The Israel College of the Bible, 카스파리센터, 베들레헴 성경대학도 또한 리더십 훈련 과정을 제공한다.

교회 구성까지는 통상 15개월 정도가 걸리는데, 이때 리더에게는 전문적인 훈련 프로그램이 필요하다.[11] 리더에게 마땅한 교재가 없었더라도 새로운 성경공부로 6개월 정도를 섬길 수 있다. 필리핀 교회개척 과정을 보면서 깨달은 사실이다. 거룩한 땅에서는 대개 15개월보다 오래 걸린다. 어떤 모임에서든지 평신도 지도자 훈련과 적절한 교재 확보는 지속적인 성장에 꼭 필요하다. 셀 또는 가정모임이 성장하려면 교회개척자가 핵심 지도자들을 길러내야 한다. 예수님이 제자들을 훈련시킨 방식이 우리에게 본보기가 된다. 그 다음에는 그들이 다른 사람들을 가르칠 것이다. 현지 지도자들을 강하게 훈련하라. 인턴은 하루하루 멘토와 함께 하면서 교회개척을 배워야 한다. 교회 성장에 관한 한 최고의 지침서는 신약성서 특히 사도행전이다.

## 교회를 이루다

모임이 언제 교회가 되어야 하는가에 대해서는 개척자들의 의견이 분분하다. 일부 후원단체들은 모임을 교회로 인정하기 전에, 교인들의 규모나 거쳐야 할 단계들을 제시한다. 우리들도 교회 설립에 대한 정책을 여러 장 분량으로 갖고 있다. 대개는 정관을 만들고 목사를 초청하며 새로운 몸을 교회로 인정하는 공식 예배를 갖는 것이 거의 모든 교파에서 공통되는 내용이다.

그렇지만 나는, 물리적인 구조가 제대로 자리를 잡기 훨씬 전부터 새 모임은 스스로를 교회로 여긴다는 사실을 발견했다. 영적으로 '태교회'는 둘 이상의 신자들이 예수님의 이름으로 모인 곳이면 어디에나 존재한다. 가족과 연관된 사람들이 10명 이상이면 그것은 사회에서 교회의 기능을 한다. "모임이 세례/침례를 받으면 어엿한 교회가 된다. 그들은 단지 가정교회나 상점교회, 시장교회, 선교거점이 아니다"라는 찰스 브룩의 말은 더욱 현실적으로 다가온다. 프로그램이나 건물, 새 교회를 위한 예배, 건물 봉헌 등은 나중에 올 수도 있고 적절한 때에 이루어진다. "그러나 그런 것들이 교회를 만들지는 않는다."[12] 모임이 스스로 준비되었다고 느끼는 즉시 스스로를 교회로 표현한다면, 우리는 아마도 더 많은 수고를 절약할지도 모른다.

후원하는 교회가 새 교회에 대해 갖고 있는 통제권에 따라 문제가 될 수 있다. 나는 새로 시작하는 많은 교회들이 마치 십대처럼 행동하는 것을 보았다. 그들은 통제에 저항하고 자기 원대로 하고 싶어했다. 교회개척자나 후원하는 입장에서 볼 때 그러한 태도는 인내와 지혜를 요구하는 일이다. 가끔 새 교회나 회중은 모임이 알려지거나 교단에 속하는 것을 망설이는데, 가족과 외부 공동체의 압력이 두렵기 때문이다. 그들은 교회 타이틀보다는 일반적인 이름을 선택할 수도 있다.

아랍인, 유대인, 러시아인 혹은 영어를 사용하는 모임들은 소위 "최적 규모"에 민감하다. 모임이 40~60명 정도에 달하면 그들은 나뉘거나 더욱 탄탄한 리더십과 큰 모임장소가 있어야 한다. 그러다가 각 모임은 자연스레 안정기에 도달한다. 적절한 리더십 훈련을 통해 성장하는 모임을 책임질 만한 재능 있는 리더들이 준비된다.

### 사역의 균형

새 교회가 균형 잡힌 사역을 할 수 있도록 격려하라. 이는 예배, 교제, 증거, 양육, 봉사를 포함하는 종합 사역이다. 견실한 교회 생활을 위한 삼각구조를 보자면, 먼저 제자훈련과 교제를 위한 셀모임 혹은 작은 가정교회가 필요하다. 둘째로 공동체나 회중 차원의 공식적인 가르침과 설교, 예배가 필요하다. 마지막으로 축하/감사 모임이 필요하다. 이는 많은 셀모임이나 회중들이 증거하고 찬양하며 말씀을 통한 예언 사역에 기쁨으로 나아오기 위해서다. 셀모임과 현지인 예배를 통해 사람들은 서로 결속한다. 또한 축하모임으로 더 큰 신자들의 몸과 결합하게 된다. 이것은 자연히 초교파적으로 나아간다. 즉 생각이 비슷한 다른 교회나 회중을 포함하게 된다. 첫 번째는 매일, 두 번째는 주마다, 마지막은 월 단위로 가질 수 있다. 이 셋 중 일부가 결여되면 교인들은 자신의 필요를 채워줄 다른 모임을 찾으려 한다.

소모임 공동체의 삼각구조—즉 교제, 교육, 축하/감사—는 상부구조를 강하게 한다. 상부구조는 믿지 않는 세계에 전도하고 봉사하기 위해 날마다 치열한 현실 세계에서 산다. 상처 주거나 적대적인 사람들과 충돌하기도 한다. 회중의 새신자들은 사람들의 진정한 필요와 복음을 연계하는 일을 처음부터 훈련 받아야 한다. 실천적인 사랑은 상처 받고 인생의 방향을 찾는 이들의 마음을 끈다.

가정환경과 새로 믿은 신자들의 태도에 따라 반응은 다양하다. 육신의 가족은 신앙 때문에 그들을 거부할지도 모른다. 집에서 추방될 수도 있고, 일부 극단적인 무슬림 공동체의 경우에는 심지어 죽음의 위기에 직면할 수도 있다. 믿음의 공동체는 유대인, 무슬림, 전통 기독교 출신의 새신자들을 위해 진정한 가족이 되어준다.

정말 도움이 필요한 이들에게는 귀 기울여 듣고, 즉석에서 견실한 충고를 해줄 필요가 있다. 그렇지만 어떤 이들은 결코 자기 문제를 해결할 의지가 없다. 가끔 직업거지, 사기꾼, 시간을 잡아먹는 사람들을 만난다. 회중 지도부는 이들에 대한 봉사에도 협력해야 한다. 한 사람이 전담해서 이들을 상대하는 편이 더 지혜로울 수 있다. 이것을 그냥 둔다면 교제에 혼란을 가져올 수 있다. 이런 이들을 위한 실제적인 해답은 "누구든지 일하기 싫어하거든 먹지도 말게 하라"는 바울의 충고를 따르는 것뿐이다.[13]

교회개척자는 새로 세례/침례 받은 신자들을 잘 돌보아야 한다. 세례/침례 이후의 양육 훈련은 신자를 실질적인 교회 식구로 만드는 데 결정적인 역할을 한다. 또한 미국의 한 연구결과에서는 믿기 시작한

지 6개월 이내에 6명 이상의 친구가 있는 사람은 교회에 계속 남기 쉽다는 것을 보여준다. 이 결정적인 시기에 친구가 적을수록 남을 가능성도 적다.[14] 사도행전의 신자들은 날마다 모여 교제하고 예배하고 기도했다. 거룩한 땅의 많은 새신자들에게도 동일한 갈망이 있다.

### 청지기의 삶

신자의 인생관은 성경과 기도, 예배 및 변화된 사람들과의 교제를 통해 하나님 말씀에 가까이 함에 따라 새로운 방향으로 나아간다. 음란과 마약, 물질주의의 영이 떠나고, 그 자리에 성령의 열매가 나타날 때 영성 형성spiritual formation이 일어난다. 나눔과 기도로 상처를 자백할 때 우리 기억은 치유된다. 이 과정에는 시간과 노력이 필요하다.

새신자들은 인생의 모든 측면을 하나님이 주재하심을 알아야 한다. 예수님은 모든 것을 주관하신다. 청지기 정신이란 그리스도께서 내 안에 계시다는 영광스런 소망을 말한다. 그분은 성령님의 충만하심과 말씀의 깨끗케 하심을 통해 우리를 그분의 형상으로 재창조하신다. 나의 삶과 내가 가진 모든 것은 이제 주님을 위해 사용되어야 한다. 구원의 기쁨으로 가득 찬 마음에서 찬송과 예배, 관용과 증거가 밖으로 흘러나온다. 교회개척자는 이러한 성숙함을 모든 신자들에게 전해 주어야 한다. 이것은 사도바울이 말한 것처럼 출산의 과정과도 같다. "나의 자녀 여러분, 나는 여러분 속에 그리스도의 형상이 이루어지기까지 다시 해산의 고통을 겪습니다"(표준새번역).[15] 여기에는 많은 고통이 따른다. 그렇지만 다른 이들이 예수님 안에서 성숙하게 자라가는 모습을 보며 수고한 보람을 느낀다.

개척자들은 새신자를 양육하면서 다양한 도전에 직면하게 된다. 많은 아랍인들과 유대인들이 거절감, 주술적인 풍습, 중혼, 계속적인 부채 등과 같은 복잡다단한 문제들을 안고 온다. 이러한 문제들을 갖고 새 교제권 안으로 들어오는 것이다. 이런 경우, 성경과 함께 올바른 본을 보이며 영성이 형성된다. 순진하게도 새신자들이 완벽할거라고 기대해서는 안 된다. 앨런 슈렉Alan Schreck은 '교회 회복의 12가지 원칙'이라는 글에서 이것을 잘 표현했다. "이상적이고 죄가 없는 교회는 심지어 예수님 당시와 오순절 이후에도 결코 없었다. 오순절 이후의 사도들도 완벽하지는 않았으며, 그들이 세운 교회도 그러했다."[16] 새신자들의 정체성과 자존감이 지나치게 자신들의 실패에 묶여 있게 두어서는 안 된다. 인내하되 지혜로워라. 탈선한 신자들이 어떤 훈련을 받고 뒤이어 어떻게 회복되는지에 관해 성경은 적절하게 소개하고 있다.

청지기로 사는 데 있어 또 다른 실제적인 측면은 돈 사용에 있다. 돈을 다루는 방법이 곧 그의 마음 상태를 드러낸다. 예수님은 재정의 지혜로운 사용에 대해 비유로 자주 말씀하셨다. 이스라엘 신문들은 정부나 종교와 관련된 공무원들이 무분별하고 불법적으로 재정을 사용한 사실을 매일 보도한다. 교회지도자들도 예외는 없다. 기본적으로 돈에 관해서는 거룩한 땅의 누구도 신뢰할 수 없다.

당신이 새신자에게 십일조에 대한 성경의 명령을 가르친다면, 교회나 회중의 돈을 어떻게 다루어야 하겠는가? 개척자는 돈을 보관하거나 지급할 책임에서 자유로운 편이 현명하다. 두 사람 정도를 지정하여 모든 헌금을 세고 장부에 기록하게 하는 것이 최선이다. 회계담당자로 선정된 세 번째 사람이 은행에 돈을 예치하고, 필요한 수납을 책임지게 하라. 이것이 모두를 보호한다. 돈을 지혜롭게 다루지 않으면 불필요한 문제들이 생길 수 있다. 회계담당자로 지정된 사람은 현명하고 관대한 마음이 있어야 한다. 그들은 재정의 사용을 통제하는 사람이 아니라, 모임이 결정한 대로 분배하면 된다. 회계담당자가 예산을 짜고 재정상황을 모임에 정기적으로 보고하도록 훈련시킬 필요도 있다. 돈을 현명하게 사용하게 되면 새로 시작하는 교회는 힘을 얻는다. 현지 회중의 십일조와 헌금으로 모은 돈이 교회개척에서 가장 생산적으로 쓰이게 마련이다.

이스라엘의 금융법에 따르면 은행 구좌를 개설하는 단체는 모두 비영리 우호단체 즉 '아무타'Amuta 자격을 유지해야 한다. 이것은 많은 국가에서 비영리 단체와 비슷한 개념이며, 단체가 은행에 법적 책임을 지는 것을 말한다. 개인자격의 두 사람이 함께 공동 계정을 개설할 수도 있지만 이것은 권할 만하지 않다. 과거의 경험을 보면 그렇다. 둘 중 하나가 서명하지 않으면 돈은 은행에 묶이게 된다.

나는 새 회중들에게 그들을 위해 현지 외환 계정을 기꺼이 열어줄 후원자—즉 합법적인 공제조합—를 찾아보라고 강력히 권한다. 그들은 계정의 채무정도를 제한할 수 있고 수표에 서명할 신자 두세 명을 지정할 수도 있다. 여기에는 은행과의 추가 서류작업과 변호사의 증명서가 필요하다. 현재 사용하지 않는 돈은 예치하여 인플레이션을 상쇄할 이자를 기대할 수도 있다. 우리 협회에서는 새 교회에 이러한 절차를 소개하고 지원해준다. 이를 통해 교회들은 재정적으로 독립하게 된다.

우리가 지원하는 가장 큰 모임 중 하나는 공제조합을 신청하고 승인을 받았으며, 나의 추천 없이도 자신들의 은행 계정을 열 수 있었다. 회중의 한 유력 가족이 비즈니스를 운영하면서 이에 필요한 절차들을 잘 알고 있었다. 이 모임은 피아노와 음향시스템을 구입했으며, 십일조와 헌금으로 목사의 급료 중 일부를 부담했다. 이중 여섯은 자비로 신학대학원 공개강좌를 듣는다. 대부분이 과거에 〈마스터라이프〉 과정을 마친 성숙한 신자들이다.

해외에서 후원을 받으며 사역하는 외국인 개척자라면, 자기 회중뿐 아니라 여러 회중에 십일조를 하는 것이 현명하다고 나는 믿는다. 물론 당신의 십일조가 지금 막 성장하고 있는 회중의 예산을 압도하여 당신을 의존하게 해서는 안 된다. 당신이 더 이상 그들과 함께 할 수 없게 될 날을 생각해 보라. 나는 개척자가 떠나면서 재정적 위기에 빠진 회중을 많이 보았다. 일부 단체들은 개척자의 십일조를 그가 개척하는 교회에 사용하지 않도록 권하기도 한다. 돈으로 하는 것이라면 무엇이든 현지의 소득 표준에 따라 지혜롭게 집행되어야 한다.

### 회중을 연계하기

오늘날 거룩한 땅 전역에서는 계속적으로 회중과 교회가 연합되고 있다. 히브리 회중들은 비슷한 생각을 가진 다른 모임과 함께 한다.

예루살렘에 주교를 둔 중동의 성공회는 1976년 설립이후 많은 교회들과 연합을 유지하고 있다.[17] 침례교 및 비슷한 생각을 가진 다른 복음주의자들은 16개 교회와 여러 센터들의 사역에 협력한다. 하나님의성회, 형제 교회, 그리스도의 교회는 각각 서로 협력하는 교회 네트워크를 갖고 있다. 이 많은 그룹이 상호 교제와 격려를 위해 이스라엘 연합 기독협의회UCCI. United Christian Council in Israel에서 함께 연계한다. 메시아닉 유대인 신자들은 각 지역 지도부를 통해 연계되어 있다. 새신자들 대부분은 함께 교제할 교회나 회중들을 찾을 수 있다.

신자들이 서로 교제하기 원하는 것은 자연스러운 일이다. 그들은 선교에 대한 부담과 인생의 여러 짐들을 함께 나눈다. 외부 압력에 대해 서로를 보호하기도 한다. 복음주의 전도에 대항하는 법안에 반대하는 기독교 행동위원회를 구성한 것이 좋은 예다. 새 교회들은 후원교회를 통해 그리스도의 몸에 연결된다. 새신자들은 이 나라와 전 세계에서 자신들이 외톨이가 아님을 깨닫는다. 이처럼 다른 믿는 모임들과의 연합을 통해 교제와 상호 후원을 격려하고 서로 축하하고 증인된 삶을 다짐한다.

### 교회마다 새로운 교회를 개척하라

거룩한 땅 즉 이스라엘-팔레스타인은 작은 나라이며 많은 민족 집단들이 살고 있다. 이 나라의 구원은 신자들의 회중이 점차 늘어나면서, 교회개척 운동을 통해 올 것이다. 하나님은 교회들이 말씀으로 체중만 느는 것을 허락지 않으신다. 말씀은 반드시 다른 사람들과 나눠야 하며, 그렇지 않으면 내부를 가르는 칼이 될 수도 있다. 건강한 교회는 다른 교회들을 재생산한다. 추수의 법칙은 거룩한 땅과 전 세계에서 함께 적용된다.

우리는 거룩한 땅과 세계의 다른 곳에서 하나님이 시작하신 교회 개척 운동을 어떻게 이해해야 하는가? 에리히 브리지즈는 이렇게 얘기한다.

1. 토착적이다. 하나님은 교회개척자나 다른 외부 대리인을 사용해서 이 운동을 시작하시지만 그것은 곧 자력적인self-generating 운동이 된다.
2. 평신도가 주도한다. 강력한 평신도 리더십이 이 운동을 주도하며, 신학교에서 훈련받은 목사들이 따라가기 힘들 정도로 빠르게 성장한다.
3. 통제하기 어렵다. 비록 하나의 모임에서 시작되지만 건물이나 교파를 넘어 빠르게 성장한다. 주로 가정모임이나 셀모임이 특징이다.
4. 열정적이다. 복음전도, 제자 양성 및 회중 개척에 있어 열정적이 된다.
5. 강력하다. 강력한 반대가 있는 곳에서 하나님은 종종 초자연적인 현상을 일으키시며, 복음 전파에는 이에 대한 보고가 뒤따른다.[18]

거룩한 땅에서 예수님의 이름을 품은 사람들은 "열방에 비취는 빛"으로, 또한 "산 위의 마을"로 섬긴다. 모든 사람의 마음을 비추는 그 빛은 단지 각 지역 회중들에게만 한정되지 않는다. 이것은 예루살렘과 유대, 사마리아와 세상의 땅끝 지역까지 전파되었다가 오늘날에는 다시 예루살렘으로 돌아오고 있다. 그러나 거기서 멈추지는 않을 것이다. 오늘날 거룩한 땅에서는 지구상 대부분의 주요 언어들이 사용되기에 실질적인 오순절이라고 할 수 있다. 다시 예루살렘으로 돌아온 이 복음 신앙은 지역교회에서 보낸 화해의 대사들을 통해 전 세계를 축복하기 위해 퍼져나갈 것이다.

거룩한 땅에 있는 교회의 미래는 우리가 이 땅 교회를 향한 하나님의 비전에 동의하느냐에 달려 있다. 신약은 교회를 그리스도의 신부로 표현한다(계 21:2). 3부에서는 교회개척 운동을 이끌어 갈 거룩한 땅의 교회들을 향해 비전을 잃지 않도록 격려하고 있다. 부록 B에서는 복음이 다시 예루살렘으로 돌아오면서 거룩한 땅에서 교회들이 어떻게 개척되고 분열되는지에 관해 살아있는 모델을 보여준다.

# 제3부

# 교회개척 운동을 위한 비전

9장

# 당신의 비전은 무엇인가■

(마 10장, 눅 9장, 행 1:8, 2:17-21)

이스라엘을 향한 당신 사역의 비전은 무엇인가? 나의 경우는 갈릴리 모든 마을에서 침례교 센터나 교회를 보는 것이었다. 이것은 쉽지 않았다. 그러나 차를 타고 갈릴리를 지날 때마다 내 마음은 떨려왔고, 사람들에게 이 비전을 말했다. 혹시 기적이 일어난다면 내가 은퇴하기 전에 이 비전이 현실이 될 것이다.

많은 것들이 이 비전을 흐릿하게 했다. 초창기에는 파송 단체들을 만족시킬 계획을 찾는 데 신경을 많이 썼다. 모두가 동의할 만한 교회 성장 및 운영계획을 세우느라 씨름하는 사이에 우리의 전략에는 신경

■이 메시지는 이스라엘 침례교 총회, 경건의 시간에 전해졌다. 1986년과 1996년 사이에 총회에 소속된 회중은 7개에서 15개로 114% 증가되었고, 사람은 596명에서 1,139명으로 91% 증가되었다.

쓸 겨를이 없었다. 그리하여 새로운 사역센터를 만드는 데 5년에서 10년이 걸렸다. 나는 지쳤고 어쩔 수 없다는 것을 인정해야만 했다. 이제 우리는 많은 일들을 뒤로 하고, 비전을 새롭게 해야 함을 느낀다.

당신은 어떤가? 당신이 처음 가졌던 비전은 무엇인가? 그것을 새롭게 할 때가 된 것은 아닌가? 이 나라에서는 새로운 일들이 일어나고 있다. 유대인 신자들이 많아지고 있으며 심지어 무슬림 중에도 믿는 이들이 소수 생겨났다. 아랍 그리스도인 청년들은 주님을 열광하고 있으며, 유대인과 아랍인 학생 운동은 전진하고 있다. 더 잘 훈련받고 달려갈 방향이 분명한 부부들이 몰려온다.

### 비전은 선교의 핵심이다

"예언적인 환상vision이 없는 곳에서 사람들은 자제력을 잃는다. 그들은 그저 머리를 풀어헤친 채 사나워진다"(잠언 29:18, 저자 번역).

우리가 사역의 미래에 대해 비전이 없다면 추수할 밭에 나가는 대신에 위원회, 모임, 서류 작업, 사람들과의 대화에 시간을 허비하게 될지도 모른다. 비전이 없다면 우리는 "현 상태"Status quo를 "도박판"■fait acompli으로 만들지도 모른다. 지금 섬기는 민족은 하나님이 우리에게 붙여주신 이들이다. 우리의 비전을 그들과 함께 나누자. 하나님이 각자에게 주신 부르심 안에서 서로를 격려하고 지지하자.

내가 새롭게 가진 비전을 당신과 나누고 싶다. 우리가 섬기는 민족

■ '돈을 거세요' 라는 뜻으로 룰렛 따위에서 진행자가 도박하는 사람에게 하는 말.

의 지도자들과 이런 비전을 나눌 수 있다면 얼마나 굉장할까! 나는 모든 교회나 센터들이 하나 이상의 성경공부 교제를 시작하도록 도전을 주고 싶었다. 그것이 1987년이었다. 1990년이 되자 각 교회와 센터들은 새로운 사역센터를 시작할 수 있었다. 그리고 우리는 1995년까지 교인이 두 배가 되는 목표를 세웠다. 2000년에는 이스라엘의 모든 마을과 도시마다 믿음의 증인들을 한 명 이상 두는 것도 가능할 것이다!* 이런 목표는 주님이 우리에게 품고 계신 것보다 더 작을지도 모른다.

## 예수님은 비전이 있었다

예수님께는 비전과 전략이 있었다. 그분은 30년간 그 일을 준비하셨다. 우리 중 일부는 언어공부에 겨우 2년을 보내야 한다는 사실에 안달한다. 예수님이 보이신 본을 따라가 보자.

1. 열두제자를 보내심(마 10장). 제자들을 둘씩 짝을 지어 보내셨다.
2. 칠십 인을 보내심(눅 9장). 두 무리에게 기본적으로 동일한 권위와 지시를 내리셨다.
3. 집중화(마 10:5-6). "이스라엘 집의 잃어버린 양을 위해." 한 읍이나 마을, 공동체 혹은 "민족 집단"에 집중하는 것을 부담스러워하지 말라. 우리에게는 모든 것을 할 만큼 시간이 충분하지 않

---

* 이 책은 2000년에 출간되었다 — 편집주

다. 현지인들을 통해 일하라. 예수님은 제자들을 기꺼이 신뢰하셨다. 그리고 그들을 준비시키는 데 기꺼이 2~3년을 보내셨다.

4. 단순한 생활 방식(마 10:8-10). 많은 돈과 여벌 옷을 갖지 말라. 우리는 여분의 짐을 버릴 필요가 있다. 우리는 사역에서 꼭 필요한 것과 그렇지 않은 것들을 결정해야 한다.
5. 시작할 곳을 아는 지혜(눅 10:6). "평화의 사람"을 찾아라. 당신의 말씀을 받아들이고 공동체에서 존경받는 사람을 찾아라. 우리는 어느 마을에서 다투기 좋아하는 사람이 사역의 발기인으로 있었기 때문에 15년이나 고생을 했으며 이제야 극복해가고 있다. "이 집 저 집으로 옮기지 말라." 이것은 질투와 분열을 일으킬 것이다. 당신이 존경할 만한 사람과 함께 한다면 사람들이 찾아올 것이다. "그들이 당신에게 주는 것을 먹고 마시라." 유대인과 아랍인들에게는 함께 먹는 것이 예의를 지키는 것이다.
6. 멈출 때를 아는 지혜(눅 10:11-12). "당신의 발에서 먼지를 털어라." 그들이 당신을 받아들이지 않는다 해서 모욕으로 여기지 말라. 귀담아 들을 사람들이 어딘가에 있을 것이다. 사람들이 진지한 동기에서 복음을 듣는 때와 단지 물질적 이익을 위해 듣는 때를 분별할 수 있어야 한다. 이를 위해 다른 사람들에게 도움을 받을 수도 있다. "뱀처럼 지혜롭고 비둘기처럼 순전하라." 사람의 마음을 알 수 있는 지혜를 주님께 구하라.
7. 성령님을 의지함(마 10:19-20). 우리 중 일부는 소명에 목숨을 바쳐야 할지 모른다. 함께 일하는 현지인 형제자매 중 일부는 혹

독한 값을 치를 수도 있다. 그러나 "순교자 콤플렉스"는 열매가 없으며 비성경적이다. 예수님은 제자들에게 박해를 받을 때 다른 곳으로 피하라고 가르치셨다. 또한 권위자들 앞에 불려가 우리의 신앙을 선포하기 전에 성령님께서 말씀을 주실 것을 약속하셨다. 우리는 순교보다 자동차 사고를 만날 가능성이 더 크다. 그러니 안전 운전을 하되, 주님을 시험하지 말라!

8. 결과를 가져오시는 주님을 신뢰하라(눅 10:22). 주님은 택하신 사람들에게 자신을 드러내신다. 모든 사람들이 부름을 받았으나 택함을 받은 자는 적다. 이것은 비밀이다. 우리는 씨 뿌리고 재배하고 양육하는 사람이지만 자라게 하는 건 하나님이시다. "그분"의 때가 오지 않았다고 실망하지 말라. 아마도 "우리가 얻은" 사람에 대한 자랑을 버리기까지 그분은 늦추실지 모른다.

나는 몇 년 전에 파키스탄의 어느 교회개척자의 이야기를 들었다. 그는 마을 중에 복음에 열려 있는 곳과 그렇지 않은 곳이 있는 걸 보았고 그 이유를 알지 못했다. 어느 지혜로운 노인은 그에게 이렇게 말했다. "복음에 열린 곳은 수년 전부터 '숨어서 기도하는 하이드'가 수고했던 곳이라오."

이처럼 우리는 다른 사람들의 수고에 참여한다. 주님은 열두 제자에게 말씀하셨다. "내가 진실로 너희에게 이르노니 이스라엘의 모든 동네를 다 다니지 못하여서 인자가 오리라"(마 10:23). 우리는 이 구절이 새로운 세기를 위한 것이라 믿고, 여기서 용기를 얻어야 한다.

## 당신의 비전을 명확히 하라

예수님은 말씀하신다. "너희의 보는 것을 보는 눈은 복이 있도다"(눅 10:23). 오늘과 같은 성령의 시대에 우리에게는 얼마나 놀라운 특권이 있는가. 우리는 제자들이 보기 원했던 신비를 많이 볼 수 있다. 당신의 비전을 흐릿하게 하는 것은 무엇이 있는가?

1. 기도하고 말씀을 공부하는 일에 게으르거나 교제할 사람이 없을 때
2. 하나님의 사역에 (최소한) 십일조를 드리지 못할 때
3. 부르심 받은 사람들에게로 가지 못할 때
4. 제자도의 대가(마 10:36-39)를 계산하지 못했을 때. 하나님의 부르심보다 부모와 자녀를 우선으로 놓았을 수도 있다. 그들에게 의무를 다하지 말라는 게 아니다. 그러나 그들로 인해 하나님의 뜻에서 멀어진다면, 우리의 시각이 왜곡될 수 있다.

베이루트에서 폭격이 시작되어 통행금지가 실시된 기간에 게리아스 델리 형제의 부인이 죽었다. 그는 빠져나오지 못했으며, 남은 시간이 매우 짧음을 알았기에 옆방에 남아 〈마스터라이프〉를 번역했다.

자밀 사푸리 형제도 목숨을 내놓아야 할 수 있었지만 신실하게 남아 베이루트의 무슬림 이웃들에게 복음을 전했다. 가나에 사는 한 친척은 "베이루트로 돌아가지 마. 그들이 너를 죽일꺼야!"라며 간청했다. 이에 그는 대답했다. "그러면 나는 예수님과 함께 있게 되겠지."

그는 돌아갔고, 거기서 죽임을 당했다. 이번 11월에 나는 "자밀 아저씨" 얘기를 통해 주님 앞에 돌아온 가나출신 남자를 만났다.

대가를 헤아려보라. 당신의 비전을 분명히 붙잡으라. 살든지 죽든지 하나님이 당신을 영광스럽게 하실 것이다. 그분을 섬기는 것은 영광이다. 그리고 그분과 영원을 함께 하는 것은 더욱 영광스럽다.

### 비전에 실재적인 힘이 있는가

당신의 비전은 현실과 조화를 이뤄야 한다. 모든 비전에는 어떠한 제약이 있다. 예수님은 사람들을 먼저 보내야 했으며, 그래서 그들은 그분의 오심을 준비할 수 있었다. 오늘날에도 똑같다. 예수님은 어떤 사람들이 그 길을 예비하기 전에는 사람들에게 올 수 없다. 주님은 먼저 열두 제자를 보내셨고 그 후에는 칠십 인으로 그 수가 늘어났다. 그리고 오순절 이후 더 이상 육체에 제한받지 않자 그분은 수천 명과 함께 일하기 시작했다!

우리는 현지인 형제들에게 권위를 내세우지 말아야 한다. 그들을 지지하고 격려하라. 그 후에는 물러서서 그들이 뛰도록 하라! 예수님은 성령의 능력으로 그들 중에 계신다. 주님은 교회를 성령의 능력으로 채우시기 위해 육신을 입고 목숨을 버리셔야 했다. 이 능력으로 당신과 나의 비전이 충족된다. 바울처럼 하늘의 비전에 복종하며 이것을 가져다주시는 하나님을 신뢰하라!

10장

# 결론

## 핵심요소

부록에 소개될 사례와 조사결과는 거룩한 땅에서 교회를 개척할 때 무엇이 핵심요소인지를 보여준다. 이 요소들은 중동의 다른 지역에도 적용된다. 여기서 우리는 셰르파름 성경센터Shefrarm Bible Center를 예로 삼았지만, 다른 많은 교회개척에서도 공통적으로 이러한 요소들을 찾을 수 있다.

**비전.** 새로운 사역을 여는 회중과 지도자의 입장에서 볼 때 꼭 필요하다.

**적절한 시점.** 현지의 세례/침례 받은 교인들이 영적으로 성장하려면 교회의 연합 모임이 있어야 한다. 그 외에 성경학교에서 복귀한 헌신된 평신도, 은사를 지닌 복음주의 교회개척자, 비전을 가진 연장자와 비전을 나누며 하나님의 시간에 함께 일했던 외국인 교회개척자들도 필요하다. 하나님은 심지어 극적인 정치 사건과 박해를 통해 자기 백성들의 성장을 자극하신다.

**영감있는 리더십**. 하나님이 세우신 목사나 평신도가 성실하게 잠재적인 대상들을 방문하고 양육했다. 사람들은 영적으로 공급과 양육을 받았다. 리더들은 관심 집단을 만들어 서로 격려하도록 했다. 그들은 전문지식을 갖춘 사람들과 관련을 맺어 부족한 부분을 보충했다.

**현지인 참여**. 한 현지인 신자는 자신의 새 건물을 사용하게 했다. 회중은 목회자 사례비의 일부를 지불했으며, 그들은 자체적으로 이름을 결정하고 비영리 단체 등록 절차를 밟아 은행 계좌를 개설했다.

**후원자들**. 모교회와 연합회, 현지 지도부가 새신자들에게 먼저 조언하고 격려할 수 있었지만, 현지에 재량권을 많이 주었다.

**장애물 극복**. 현지의 일부 복음주의 목사나 사역자들은 새로 회중을 모으는 일에 의문을 제기했다. 가족들의 반대나 은사주의 계통인지의 여부도 걸림돌이었다. 그들은 문제를 극복하려고 노력했고 회중의 이름을 교파와 무관하게 정했다. 그들은 또한 지역의 전통 교회를 자극하지 않고자 교파에 참여하지 않았지만, 여전히 컨퍼런스를 통해 다른 신자들과 교제한다.

**기도**. 목사와 소속 교인들은 거의 매일, 때로는 이른 아침부터 모여 기도했다. 그들은 계획과 고민들, 새로운 전망들을 함께 나눴고, 하나님의 인도하심을 물었다. 사탄이 묶이고 남녀노소의 마음속에서 강력한 진을 부수는 영적 전쟁이 거룩한 땅과 해외에서 동시에 수행됐다. 사탄에 매인 사람들이 풀려날 때까지 그들을 위해 눈물로 기도하고 금식한다. 승리는 쉽게 오지 않았지만 종종 극적으로 찾아왔다.

마아얀 회중Maayan Congregation에서도 교회개척을 위한 이러한 핵심요인들을 확인할 수 있다. 후원 그룹 중 하나가 새 회중에 대한 비전을 확인한 후 이동하여 다른 신자들을 모으기 시작했다. 그들을 후원하던 회중이 거기 함께 했다. 2년차부터는 리더십 훈련과 회중의 성장에서 성과가 있었다. 또한 새 건물 구입에는 그때가 적기였다. 그들은 공간이 부족했고 자체적으로 건축헌금을 해야 했다. 현지 교인들은 자발적으로 기도할 뿐 아니라, 목사와 장로를 지원하고 건축을 위해 십일조를 했다.

새생명침례교회New Life Baptist Church는 건물 없이 집에서 돌아가며 가정교회로 모였다. 또한 사마리아 교회는 적대적인 환경에 처한 소속 교인들을 양육하기 위해 셀교회를 활용했다.

새로운 교회개척이라는 기회의 문을 열기 위해 "천국 열쇠"를 사용하지 않는다면 교회는 결국 정체되거나 분열된다. 한때 수많은 마을 센터의 모교회였던 나사렛 침례교회는 새로운 건물로 이사한 후 내부 분열에 휩쓸리게 되었다. 교회 지도부가 젊은 부부들, 학생들 모임 그리고 가정모임들을 새로운 사역의 중심으로 보았다면 불필요한 고통은 피할 수 있었을 것이다.

나사렛형제교회Nazareth Brethren Church는 새 건물에 입주할 때 똑같은 위기를 경험했다. 지도부가 교회개척 안목이 없고, 같은 건물에서 모이는 다양한 분파들에 대해 통제력을 유지하려 한 탓에 예전에는 활발했던 이 교회에서 세 곳이 새롭게 갈라져 나왔다.

이 모든 것이 시사하는 바는 무엇일까? 먼저는 복음 메시지가 다시 예루살렘으로 돌아온 이유에 대해 분명해야 한다. 그러므로 자기 영역이나 지키다가 하나님의 역사에 동참할 순간을 놓치게 된다면 하나님의 심판에 직면할 것을 알아야 한다.

메시아닉 회중들과 소수 아랍인 모임들은 새로운 회중을 개척하려는 의미심장한 계획을 갖고 있다. 그리고 교회나 회중은 하나님 말씀을 기다리는 무수한 아랍인과 유대인들의 마음을 열 수 있는 천국 열쇠를 가졌으며, 지옥의 문은 결코 우리를 이기지 못한다. 이처럼 하나님은 "거룩한 땅" 즉 이스라엘-팔레스타인과 중동에서 일하고 계신다.

모든 복음주의 교회와 회중들이 한 마음 한 뜻으로 거룩한 땅과 중동의 추수밭을 수확하시는 하나님을 따를 때 어떤 일이 일어날까? 당신과 나는 이 질문에 답해야만 한다. 위대한 기회가 우리 앞에 열려 있다. 지금은 우리가 거룩한 땅에서 복음을 들어보지 못한 사람들을 추수하러 갈 때다. 자신의 종교적인 배경을 막론하고 많은 사람들이 주님께 돌아오고 있다. 그들이 잘 양육 받고 예루살렘에서 다시 파송된다면, 그들은 21세기를 이끄는 추수자들이자 전 세계 교회개척 운동을 위한 촉매가 될 것이다. 우리의 선배들은 이때를 위해 기도해왔다. 그 운명적인 날의 추수할 일꾼들에게 선하고 신실한 멘토가 되도록 하자. 그리고 기쁨으로 우리의 단을 거두자!

"내 입에서 나가는 말도 헛되이 내게로 돌아오지 아니하고 나의 뜻을 이루며 나의 명하여 보낸 일에 형통하리라"(사 55:11).

"하나님의 방법대로 수행된 하나님의 일에는 하나님의 공급하심이 부족하지 않을 것이다"(허드슨 테일러).

부록 A

# 교회성장조사 : 갈릴리

1991년 9월 1일

갈릴리(북부지역과 하이파지역) 지방의 교회성장 조사는 1990년 당시 인구 140만 명에 대한 종교 분포를 이렇게 보여준다.

| | |
|---|---|
| 유대교 | 840,000 |
| 무슬림 | 400,000 |
| 기독교 | 80,000 |
| 드루즈 또는 기타 | 80,000 |
| 총 | 1,400,000 (명) |

갈릴리에 인구 5천 명이 넘는 도시는 60개가 있는데, 복음주의자

들은 이중 3분의 1 정도인 22곳에서만 모인다. 이들 22곳의 인구는 560,000명으로 역시 3분의 1이다. 각각의 회중을 "복음이 존재"하는 증거로 본다면, 갈릴리의 3분의 2는 사실상 버려 둔 채 겨우 3분의 1에서만 증거하고 있는 셈이다.

복음주의자들은 40개 회중(5명에서 200명까지 다양하며, 그 중 침례교가 9곳이다)에서 총 1,200명 정도가 모이며, 그중 400명은 유대 출신, 600명은 아랍 출신, 200명은 외국인들이다. 복음주의자들은 모두 합쳐서 0.1% 정도, 즉 갈릴리 인구 천 명당 한 명이다. 신자들의 자녀와 우리 학교 학생들을 포함하면 공동체는 서너 배 즉 거의 5천 명에 달할 것이다.

이 조사에서 나는 몇 가지 희망적인 징후들을 발견했다.

첫째, 갈릴리에는 복음증거의 자유가 있다. 단, 문화적으로 조심스럽게 제시되어야 한다.

둘째, 침례교, 형제교회, 오순절 및 유대계 신자 회중은 완만하게 성장하고 있다.

셋째, 러시아 이민자가 유입되면서 갈릴리에 새로운 회중 두 곳이 생겼다.

넷째, 매년 거의 300명 정도가 중동TV에 성경에 관해 문의하고 있으며 그 중에는 무슬림이 많다.

다섯째, 무슬림 6천 명이 성경 통신학교에 연락을 취한다. 이중 10%는 그리스도를 믿기로 결정했으며 거기에 대한 후속 과정이 필요하다.

여섯째, 인터뷰했던 회중들은 열다섯 곳에서 성경공부를 위해 선교활동 중이라고 말했다.

일곱째, 복음전도를 위한 목표 집단 세 곳은 학생, 베두인, 드루즈 순이다.

부록 B

# 교회개척 모범 사례들

거룩한 땅의 복음주의 교회와 메시아닉 회중들을 살펴보자. 하나님께서 얼마나 많은 일들을 행하셨는지 알 수 있다. 지금까지 어떤 일이 있었고, 앞으로 개선할 부분은 무엇인지 실마리 잡을 수 있도록 오래된 교회와 새로운 교회를 선별하여 사례들을 제시하려고 한다. 여기에는 거룩한 땅의 '추수하게 된 밭' 전체인 아랍, 유대, 외국인 회중이 모두 포함된다.

## 하나님의성회

대장장이 출신 에드워드 태너스Edward Tannous는 이 나라에서 가장 빨리 성장하는 아랍인 회중을 인도한다. 태너스는 1962년에 북부 갈릴리 기쉬Gish, 혹은 구쉬할라브(Gush Halav)에서 하이파로 이사했다. 그는

1981년 12월 12일에 와디아 살로움 목사의 사역을 통해 복음을 영접했다. 한달이 지난 후, 그는 기도하고 나서 "성령 세례/침례"를 경험했으며 방언으로 기도했다. "나는 악한 죄인이었다. 나는 구하지 않았지만 주님께서 내게 세례/침례를 주셨다"고 그는 말했다.

그는 1983년에 하이파 침례 센터Haifa Baptist Center에서 데일 소온 박사를 만났는데, 자그마한 건물이 가득 차서 넘칠 지경이었다. 태너스는 사미르 바라카트의 집에서 모임을 시작했고 모임은 성령이 축복하심을 느꼈다. 하나님의성회 미국 대표인 로스 바이어스 목사의 도움으로 하이파의 도심 하다르Hadar에 위치한 예전의 가톨릭교회를 빌릴 수 있었다.

태너스는 1987년에 직장을 그만두고 전임 사역자로 헌신했다. 그의 아내는 회계사로 일하면서 사역을 후원했다. 그는 날마다 새벽 4시에 기도하며, 오후에는 다른 신자들을 만났다. 하이파 회중 평신도 지도자들의 지원 하에 그는 곧 전국에 새 모임들을 열기 시작했다.

성회에서는 아랍과 러시아계 지도자들의 선교훈련을 위해 하이파 교회에 갈릴리 성경대학Galilee Bible College을 열었다. 회중은 120명으로 성장했다. 성경대학 출신 학생 등이 나사렛에 모임 두 개를 시작했는데, 전부 합해 약 50명이 모였다. 다른 모임들은 베이니, 파수타, 셰프라름, 라마, 텔아비브의 욥바에서 열린다. 하나님의성회 교회들의 총 교인 수는 서안지구 라말라를 포함해서 400명이 넘는다.

태너스는 성공의 비밀이 그리스도를 믿고 물로 세례/침례를 받은 후, 두 번째 축복인 성령 세례/침례를 받는 데에 있다고 믿는다. 그는 이스라엘의 모든 도시에서 전도하려는 비전이 있는데, 여기에는 아랍인과 유대인이 다 포함된다. 태너스는 이렇게 말한다. "새로운 사역을 개척하기 위해 지도자들을 보낼 때 주님께서는 그 빈 자리를 새신자들로, 심지어 더 많이 채워주시는 것을 알았습니다!"

### 침례교 마을 회중Baptist Village Congregation

침례교 마을 회중은 1960년에 시작되었으며, 샤론평원 지방의 영어권 외국인들을 위한 교회다. 1965년에 새로 구성된 이스라엘 침례교회 연합의 첫 모임을 주관했으며, 목사이자 이스라엘인 변호사 조셉 알카헤가 연합회 초대 의장이 되었다. 현재 대사관 직원과 전문직 외국인 등 약 100명이 자녀들과 함께 매주 안식일 예배에 참석한다. 최근에는 필리핀, 아프리카, 러시아에서 온 사람들도 회중에 참석한다. 현재 목사인 로버트 로저스는 은퇴한 군목으로, 회중으로부터 후원을 받는다.

회중 교인들은 헤르츨리아 지역에 사는 대사관 직원들끼리 새로운 예배 모임을 시작했다. 회중은 모든 재정을 자체 조달하며, 갈릴리의 아랍인 침례교회들에 수년 동안 헌금해왔다. 영어로 열리는 예배에는 가끔씩 교제를 갈망하는 현지인 유대인과 무슬림계 성도들이 참석하기도 한다. 침례교 마을에는 향후 새로운 예배처를 지을 부지가 있다.

### 갈멜 집회Carmel Assembly

갈멜 집회는 전 브로드웨이 배우였던 데이빗 데이비스에 의해

1991년에 시작되었다. 그는 어느 아랍 여인으로부터 이스라엘의 마약 폐해에 대해 전해 들은 후 "마게도냐인 환상"(행 16:9-10)을 좇아 가수이자 음악인인 유대인 아내 카렌과 함께 1989년에 이스라엘에 왔다. 데이비스 부부는 뉴욕의 타임광장 교회Time Square Church에서 파송되었는데, 그들은 데이빗 윌커슨의 인도 하에 마약 중독자, 노숙자 및 도움이 필요한 사람들에게 직접적인 복음 메시지와 〈틴 챌린지〉Teen Challenge 사역으로 도움의 기회를 제공하면서 선교한다.

데이빗은 유대인과 아랍인 중독자 및 알코올 중독자들을 위해 "선한 사마리아인" 센터를 세우려는 비전을 품고 이스라엘에 왔다. 예루살렘에서 1년을 보낸 후 주님은 데이빗과 카렌을 예루살렘에서 하이파로 인도하셨다. 거기에서 그들은 걸프전으로 아무도 살지 않던 곳에서 첫 번째 사역인 "승리의 집"House of Victory을 시작했다. 처음에는 데이비스의 거실에서 주 1회 예배와 성경공부, 기도로 모이면서 회중의 토대가 놓여갔다. 갈멜 집회는 1998년에 교인이 2백 명이 되었고, 목회팀을 구성하기 위해 합류한 피터 츄카히라, 르우벤 로스 등 세 명이 지도부로 섬겼다.

그들의 새로운 예배 센터는 갈멜산 지역에서 가장 높은 곳의 한 쪽에 세워져 있다. "한 새로운 사람"One New Man 공동체는 제자훈련과 중보기도를 크게 강조한다. 그들은 북부 이스라엘의 지도자들과 몇몇 기도회를 주관해 왔다. 또한 카렌 데이비스가 인도하는 찬양과 예배 사역은 이스라엘의 높은 곳에서 예수님이 주님이심을 선포하는데, 이것이 바로 이 회중의 가장 큰 사명으로 보인다.

### 그리스도 교회Christ Church

예루살렘 구시가지 욥바에 자리한 유서 깊은 그리스도 교회는 거룩한 땅 내에서 복음 증거가 가장 활발한 곳 중 하나다. 1842년에 그리스도 교회의 첫 목사인 유대인 신자 마이클 솔로몬 알렉산더가 그 기초를 놓았다. 세 번의 일요일 모임에는 외국인 250명이 출석하며, 닐 코헨 목사의 인도 아래 진행된다. 약 150명쯤 되는 메시아닉 회중이 안식일에 모인다. 40명의 필리핀 간호사와 현지 근로자들로 된 소모임도 일요일에 모인다.

최근 들어, 약 160명 정도의 루마니아 건설 근로자 회중도 모임을 시작했다.[3] 그리스도 교회는 이 역사적인 건물을 찾아오는 여행객들과 순례자들에게 날마다 개방되어 있다. 이 교회는 성공회에 속해 있으며, 회중들은 메시아닉 및 무슬림계 신자 자녀들을 위해 학교나 서점, 스낵바 등을 후원한다. 그리스도 교회는 '쇼레쉬'▪라는 기독교 여행사를 시작했고, 1998년에는 기독교의 유대적 뿌리를 강조하는 심야 학습 투어를 위해 시설을 확장했다. 이곳은 이스라엘에 있는 기독 공동체를 위해 성령 충만한 컨퍼런스를 열고, 결혼이나 기타 행사를 위한 구심점 역할을 한다. 그리스도 교회의 역사는 1장에서 좀 더 상세히 다루었다.

### 은혜와진리 회중Grace and Truth Congregation

은혜와진리 회중은 1978년에 바룩 마오즈와 그 지역 다른 메시아

▪Shoresh. '뿌리'를 뜻하는 히브리어.

닉 유대인들의 충만한 비전 속에 르호봇에 세워졌다. 그 지역의 정통파 유대인들의 반대에도 불구하고 모임은 약 70명으로 성장했다. 그리고 1982년에 모세 율법의 역할을 놓고 회중과 지도부들 사이에 불화가 생겨났다. 처음 시작 때의 교인 5명을 제외하고 나머지 대부분은 떠났다. 그들은 법원 명령으로 회중 모임을 폐쇄 당했지만 현지인 가정과 인근 숲에서 모임을 계속했다. 나중에 회중은 리숀 레치온 Rishon LeTsion의 하가펜 출판사 새 사옥으로 옮겼다. 모임은 1983년에 약 30명으로 늘어났다. 1991년에는 궁핍한 신자들의 가정을 돕기 위해 전국적인 사회구제기금을 시작했다. 그러다가 주로 러시아 이민자들이 많이 유입되면서 1996년에는 180명으로 늘어났다. 이제 회중은 안식일 모임을 위해 아쉬켈론과 아쉬돗까지 버스를 운행하며, 현재 더 큰 시설을 찾는 중이다.

은혜와진리는 갈릴리 북부 한 아랍계 회중과 형제 같은 관계를 맺고 있다. 그들은 또한 중부 샤론지역의 무슬림 마을들로 가는 전도여행을 후원했다. 그들은 전국 메시아닉 신자들의 종교적 권리를 변호하는 기독교 행동위원회에도 참여하고 있다. 은혜와진리 교회를 통해 홀론Holon에 회중이 세워졌다.[4]

### 하이파 침례교회Haifa Baptist Church

하이파 침례교회는 드와이트 베이커 박사의 지도 아래 1965년 갈멜산에서 첫 모임을 시작했다. 이후에 그들은 새로 구입한 그리스도인 훈련센터로 이사했고 아랍과 유대계 신자들이 예배를 위해 모이기 시작했다. 1967년 전쟁 후에 유대계 신자들은 폴란드 출신의 메시아닉 유대인 피터 구트킨 박사의 인도 하에 자기들만의 모임을 만들었다. 교회는 수년 동안 아크르 사역에 협력했다. 1970년대 레바논 전쟁중에 교인 중 하나였던 이브라힘 시만 목사는 레바논 부상자들을 위한 난민구조사업을 지휘했다. 다른 교인인 전 아크르 목사 에드워드 수이티는 러시아인 침례교 이민자를 위한 회중을 시작했다. 이 교회는 시만 목사와 수이티 목사와 함께 데일 소온 박사의 인도 아래 1983년에 재조직되었다.

필립 사이드는 1986년에 목사가 되었다. 사이드 목사는 원래 갈릴리호수 근처 투란 마을 출신으로 중미 침례교 신학대학원을 졸업했다. 교회는 60명 이상으로 빠르게 성장했고, 주간모임을 위해 더 넓은 엘리아 루터 교회Elias Lutheran Church를 빌렸다. 교회는 1995년과 96년에 하이파와 갈멜산에서 주택가호방문에 참여할 GMF의 평신도 복음전도팀을 미국에서 초대했다. 그 결과 가정성경공부 두 모임이 새로 시작되었다.

하이파교회는 계속 성장했지만 대도시 지역의 집값이 너무나 비싸 공간적인 제약이 있었다. 1991년에 회중은 침례교 총회 소유로 목사관으로 사용되던 주택을 구입했으며, 사이드 목사는 국제성경연구학교에서 강의하면서 회중 지도자들을 양성했다. 또한 베들레헴 성경대학의 강좌를 도입했다. 교회는 하이파의 전문직을 대상으로 사역하며 청년사역이 활발하다. 그리고 재정 자립을 향해 성장하고 있다. 교회는 최근에 필리핀인 사역을 열었다.

### 하마아얀 회중Ha Maayan Congregation

크파르 사바Kfar Saba의 하마아얀 회중은 1987년 텔아비브 욥바의 벳 엠마누엘 회중Bet Emmanuel Congregation의 비전에서 시작되었다. 장로였던 토니 스페란데오는 주님의 인도하심을 따라 크파르 사바로 가서 가정 모임을 시작했다. 처음에 세 가정으로 시작, 아홉 달 만에 어른과 아이들을 포함해서 25명으로 늘었다. 1989년 4월에 벳 엠마누엘의 장로들은 "하마아얀" 회중을 새롭게 시작하기로 승인했다. 이름은 기도를 통해 결정되었는데, 히브리어로 "우물" 또는 "물의 근원"을 뜻한다. 모임의 규모가 늘어나면서는 한 달에 한 번 침례교 마을에서 모임을 시작했다. 회중은 어른과 아이를 합해 50명으로 빠르게 성장했으며, 1991년에는 안식일에 침례교 마을 시설을 빌릴 수밖에 없게 되었다. 1991년 걸프전 동안에는 가정에서 만나야 했고, 하나님은 그들만의 기도 처소를 약속하셨다.

그들은 교인들의 헌금 8천 달러로 건축헌금 모금을 시작했다. 1996년에는 어른과 아이를 포함해서 회중이 100명으로 성장했다. 예배와 주일학교, 사무실 공간을 위한 적당한 시설이 필요하자 그들은 여인 두 명을 보내 "땅을 정탐"하고 후보 건물을 살펴보았다. 회중은 크파르 사바 첨단산업단지 내 미완공 건물에 자리를 잡았는데 소유주는 55만 달러에 부가세 등을 포함해 총 66만 달러를 요구했다. 회중에게는 첫 대금을 치를 20만 달러가 있었다. 그들은 1996년 9월 24일, 유대인 신년인 로쉬 하샤나 전날에 믿음으로 계약을 했다. 그들은 증서에 히브리어로 '카이'Khay 즉 생명이라고 인쇄하여—이 단어는 숫자 18을 대표한다— 전 세계의 친구들에게 보냈다. 각 사람들은 자신의 환율로 18이나 180을 헌금했다. 건물 완공이 지연되기도 하면서 매번 지불되어야 할 10만 달러가 제 때에 치러졌다.

최종 지불대금 20만 달러는 회중 어느 교인의 친구가 자기 집을 팔아 지불금을 마련해 기적적으로 이뤄졌다. 이제는 완공된 건물 2개 층에서 모이며 이를 유지하기 위해 긴축 재정을 하고 있다.

목사는 2년 프로그램으로 지도자를 길러내는데 여기에는 개인 관계와 기도, 연구 등이 포함된다. 이제 장로가 둘, 집사가 셋, 가정모임 리더가 네 명으로 늘었다. 그들은 은사보다는 성품을 강조하며 성숙해지면 새로운 사역을 시작한다. 회중은 십일조를 실천하며 처음부터 목사의 사례비를 책임졌다. 그들은 또한 '낙태반대운동' 같은 사역에 수입의 십일조를 보낸다. 집사 중 한 명은 전임 사역자다. 그들은 교인들의 여름선교지로 암스테르담 쉼터Amsterdam Shelter를 이용하고, LA의 이스라엘인 사역도 후원한다.[5]

### 하샤론 회중Ha Sharon Congregation

하샤론 회중은 마오즈 사역Maoz Ministries의 아리와 쉬라 소르코 램Ari and Shira Sorko Ram과 아르니와 요니트 클라인Arni and Yonit Klein에 의해 시작되었다. 그때가 1966년 9월, 유대인 신년 '로쉬 하샤나' 였다. 그전에는 17년 동안 소르코 램 부부는 헤르츨리아 페투아치, 나타니아, 라맛 하샤론에서 모임을 이끌어 왔다. 1994년부터 95년까지 텔아비브 디증오프센터Diezingoff Center에서 성공적인 음악 및 드라마 선교

활동을 펼치기도 했으며, 두기트의 기독교 커피하우스에서 수백 명이 복음에 반응하게 되면서 많은 구도자들을 위해 새로운 회중을 속히 시작해야 했다. 그들은 적극적으로 복음을 전하고 통역 없이 히브리어를 말하며, 그리스도의 몸을 세우기 위해 성령의 은사들을 자유롭게 활용하고 실천하는 성령 충만한 회중을 원했다. 회중은 사브라 즉 이스라엘인들을 대상으로 시작했다.

회중은 100명이 넘게 성장했고, 모이는 집의 지하실을 확장했다. 그리고 이제는 텔아비브 중심에 더 큰 건물 설비를 얻었다. 그들의 계획은 1) 예배와 중보센터가 포함될 새 건물을 완공하고 설비를 갖추는 것, 2) 새신자를 위한 히브리어 양육교재를 준비하는 것, 3) 셀모임을 활용해 새신자를 훈련하는 것이다. 그렇지만 그들 모임에 영어 사용자들이 다수 참석하면서, 정규 히브리어 예배와 더불어 러시아어 및 영어 교제를 시작하려고 계획중이다.

### 크파르 야시프 지역교회Kafr Yasif Local Church

이 교회는 1940년에 아크르 교도소의 경찰 간부였던 아부 파와지의 영적인 지도 아래 시작되었다. 현재는 유시프 오데 목사, 에사 사이드 다히르 목사와 평신도로 구성된 유능한 지도부가 이끌고 있다. 크파르 야시프 지역교회는 건물을 소유하고 있으며 모든 지도자들이 직업을 갖고 생활비를 벌기 때문에 교인들의 십일조와 헌금으로 모든 사역의 재정을 충당한다. 교회는 한 달에 40명이 침례를 받았던 1970년의 부흥 이후에 침례교 연합회에 가입했다. 이들은 그리스도인 훈련센터에서 양육과 훈련을 받았는데, 이것은 후에 신학교와 국제성경 연구학교가 되었다.

1990년에 아쉬라프 갈리 목사가 하이파와 나사렛 사이에 있는 아랍인 도시 셰프라름에서 새로운 회중 개척을 돕기 위해 크파르 야시프로 옮겼다. 크파르 야시프 회중은 위층 목사관에 사회관을 지었고, 연합회 건축 차입금을 예정보다 일찍 갚았다. 현재 회중에는 어른이 60명 가량 참석하는데, 이들은 목요일 저녁에는 찬양과 성경공부를 위해, 주일 저녁에는 떡을 떼고 교제하기 위해 모인다. 헌금은 공개적으로 걷지 않으며, 교인들은 자발적으로 교제 테이블 아래 놓는다. 오데 목사와 회중 교인들이 출판하는 인기 있는 아랍 복음주의 잡지 〈미스바 알하크〉Misbah al-Haqq(진리의 등)은 전 세계에 배포된다.

### 크파르 야시프 형제모임Kafr Yasif Brethren Meeting

크파르 야시프의 형제모임은 1970년에 전 드루즈 출신 노펠 형제의 영감으로 시작되었다. 젊어서 시리아를 떠난 노펠은 성경을 읽고 난 뒤 수단에서 신자가 되었다. 그는 전통적인 그리스도 교회를 다녔으나 만족하지 못하다가 플리머스의 가르침을 전하는 형제 집회Brethren Assembly를 만났다. 이스라엘에 돌아온 후 그는 하이파 정련소에서 일하면서 정교 그리스도인과 결혼했고, 정기적으로 드루즈와 그리스도인 아랍인 마을을 방문하기 시작했다.

노펠은 정련소에서 심한 추락 사고를 당한 후 조기은퇴하고 전임 순회 복음전도 사역에 뛰어들었다. 신자들 중에는 후에 갈릴리 복음

전파에 헌신하게 된 공산주의자 출신도 있었다. 그들은 이제 하이파와 크파르 스미아스Kafr Smeath에 회중을 갖고 있으며, 대학생을 상대로 활발한 사역을 펼치고 있다.

이들은 성탄절의 기원이 이교도에서 왔다고 생각하여 성탄절을 지키지 않는다. 교인들 대부분은 불신자들의 결혼식에 참석하지 않을 것이다. 여인들은 모임에서 말할 수 없으며, 항상 머리를 가려야 한다. 이러한 엄격함 때문에 갈릴리 일부에서는 그들을 피하지만, 복음에 대한 그들의 헌신은 부정할 수 없다.

### 케렌 예슈아 회중Keren Yeshuah Congregation

이 회중은 1990년 1월에 달라스 신학원 졸업생 세 명의 충만한 비전으로부터 시작되었다. 노암 헨드런, 애브너 보스키, 짐 시블리는 이스라엘에 사는 세속적인 전통 유대인들에게 복음을 전하는 일에 부담이 있었다. 즉 성경에 기초하고, 복음주의가 중심이며, 세심하게 문화를 배려하는 사역을 꿈꿨다. 그들은 유대인에게 사역하라는 고린도전서 9장 20절 말씀("유대인들에게는 내가 유대인과 같이 된 것은 유대인들을 얻고자 함이요…")을 상황에 맞게 재해석하여 텔아비브 지역의 유대인들에게만 집중했다. 그들은 외국인이나 관광객이 아닌 이스라엘인에게 초점을 맞추고 히브리어로 예배를 드렸다.

모임은 17명이 참석한 가운데 텔아비브 두기트 갤러리 위층 아파트에서 시작했다. 공간의 제약과 찬양소리를 듣기 싫어하는 이웃들 때문에 그들은 야포Jappo와 라맛 아비브Ramat Aviv로 옮겨야 했다.

1991년 6월에 그들은 마침내 어른 40여명과 아이들 20여명을 수용할 수 있는 유스호스텔의 방을 빌렸다. 그들은 모두 텔아비브 지역에서 오는 사람들이었다. 회중은 모든 비용을 자신들이 냈고, 지도부는 회중과는 독립적으로 후원금을 모았다. 또한 그들은 람라 로드Ramla-Lod 지역에서 러시아어 사역과 가정모임을 시작했다.

### 왕의왕 집회King of Kings Assembly

왕의왕 집회는 텔아비브-예루살렘 지역에 사는 많은 외국인들과 이스라엘인을 위한 주일 저녁모임이다. 1983년 8월, 17명의 가정모임으로 시작했고, 처음에는 "예루살렘 그리스도인 집회"Jerusalem Christian Assembly라고 불렀다. 두 달도 못 되어 집이 좁아졌고, 이들은 서예루살렘의 YMCA 강의실로 옮겼다. 그들이 YMCA 강당을 빌린 후에 모임은 60명에서 250명으로 늘어났다.

목사인 웨인 힐스던은 1988년에 모임을 현지의 메시아닉 회중으로 돌리는 결단을 내렸다. 이름도 "왕의왕 집회"로 바꾸고 예배도 히브리어와 기독교 용어로 맞추었다. 그리고 가정에서 셀모임 성경공부 모임도 시작했다. 레이 개논 박사가 1990년에 텔아비브와 예루살렘에 있는 캠퍼스에서 왕의왕 대학 설립을 주도하면서 지도자들을 위한 훈련과정도 보강되었다. 그리고 일란 자미르와 데이빗 프라이드맨 두 이스라엘 신자가 대학을 이끌던 1996년에 아시아 신학교 협회Asian Schools of Theology로부터 인가를 받았다. 이스라엘인 목사 척 코웬이 1989년에 힐스던 목사와 함께 회중의 지도부를 맡았다. 이제 회중은 참석인원 500명에 주일에는 두 번 모일 정도로 성장했다. 매주 15개에서 20개의 소모임이 주로 가정에서 만난다. 이 집회는 결국 예루살렘과 텔아비브에 히브리어를 사용하는 150명 정도의 이스라엘인 회중 3곳을 개척했다.[8]

### 나르키스가 침례교 회중Narkis Street Baptist Congregation

이들은 1993년에 서예루살렘의 외곽에서 시작했다. 오늘날 이곳 주위는 유대인 거주공동체가 둘러싸고 있다. 회중은 1848년 이후 신약 히브리어 학자인 로버트 L. 린제이 박사의 지도 아래 성장했다. 작은 예배당은 영어 및 히브리어를 사용하는 신자들을 수용하기 위해 1970년대 초에 확장되었다. 이곳은 1982년에 방화로 완전히 불탔고, 린제이는 주차장에 임시 천막을 쳤다. 공간이 넓어지면서 70명이었던 회중은 늘어나 200명이 넘었다. 새로운 예배처는 1996년 린제이 박사 사후에 완성되었는데, 이를 위해서 전 세계에서 1백만 달러 이상의 헌금이 도착했다.

안식일마다 영어를 사용하는 외국인과 이스라엘인이 찰스 코프 목사의 지도 하에 250명이 넘게 모인다. 존 앤터니 목사는 그리스도인 공동체의 대중적인 요구로 일요 예배를 시작했다. 이스라엘인 출신 신자 100명은 팻 활드리지 목사의 인도 하에 모였다. 최근에는 한 이스라엘인 메시아닉 신자가 히브리 회중을 위한 목사로서의 부르심을 받아들였다. 러시아인 회중도 45명쯤 모인다. 회중은 종종 인접한 침례교인의 집을 통해 공동체에 선교활동을 한다.

### 나사렛 침례교회Nazareth Baptist Chruch

나사렛 침례교회는 1912년에 슈크리 무사 비슈티 목사의 사역으로 출발했다. 건물은 일리노이 침례교의 후원을 받다가 아칸소 주 텍사카나의 조지 버틈스 가문의 헌금으로 1928년에 완공되었다. 그 후 2차 세계 대전과 1948년에 있었던 전쟁으로 회중은 흩어졌다.

드와이트 베이커 박사가 선교활동을 다시 살렸고, 마침내 교회는 40년 넘게 사역했던 파우드 사크니니 목사를 초청했다. 나사렛 침례교회는 거기서 자란 헌신된 평신도와 목사들의 사역을 통해 갈릴리 대부분의 침례교회와 센터들에 대해 모교회 역할을 했다. 최근 20년 동안 이들의 선교활동은 대부분 침례교 연합회를 통해 이루어졌다. 그리고 마침내 1980년대에는 재정적으로 자립하게 되었다. 이곳의 상당수 지도자들이 나사렛 침례학교 교사 출신이다.

그들은 1992년에 옛 교회건물을 해체하고, 집사회 회장 아들인 젊은 건축가 라이드 핫다드가 설계한 현대식 3층 구조로 재건축했다. 목사는 몇 년 전에 다시 비공식 은퇴했으나, 여전히 남아 섬기고 있다. 오늘날에는 수입이 새 건물의 부채를 갚는 데 사용된다. 1992년에는 젊은 교인들 대부분이 떠나 시내 가정집에서 모이면서 새생명침례교회를 시작했다. 집사들은 나사렛 침례학교에서 별도 모임을 갖는데, 이곳은 1998년 4월에 지역 침례교회Local Baptist Church가 되었다.

### 새생명침례교회New Life Baptist Church

새생명침례교회는 1992년에 남침례 대표인 잭 호지스와 공립학교

교사이자 전前 교회 청년부 지도자였던 수헤일 사이드에 의해 나사렛 침례교회의 부부들 모임으로 출발했다. 호지스는 언약 결혼과 자녀 양육 과정을 가르쳤다. 젊은 부부 다섯 쌍은 미전도 가정을 향한 선교 활동을 나사렛 교회의 비전으로 삼았다. 그들은 이 새로운 사역의 비전을 교인들과 나누었지만, 목사와 지도부의 승인은 받지 못했다. 그래서 그들은 도시에 흩어진 여러 부부들의 가정에서 개별 모임을 시작했다. 이들을 통해 새신자 15명이 침례를 받게 되었으나, 모임 참석자가 40~50명으로 늘어나자 공간의 제약이 계속 문제가 되었다. 그들은 나사렛의 다른 복음주의 교회들과 협력했으며 지역 마을뿐 아니라 나사렛교파와 형제교회, 정교회, 콥트교회*들과 비정기적인 모임을 가졌다.

마침내 그들은 나사렛 구시가지에 복음주의 방문팀을 보내기 위해 GMF를 초대했고 이로써 1996년에는 30명이나 주님을 영접했다. 새생명교회는 침례교 연합회에 가입을 신청했고 1996년 1월에는 가입이 승인됐다. 이제 교회는 일 주일에 두 번씩 성경공부와 예배로 모이며, 한 달에 한 번은 주님의 성찬을 지키고 십일조와 헌금을 드리면서 모인다. 그들은 여전히 가정 모임을 계속하며, 모든 지도자들에게 새로운 사역을 시작하도록 권하고 있다.

---

*Copt. 그리스도 단성설(單性說, 성육신한 그리스도에게는 신성과 인성이 완전히 결합 또는 융합하여 단일의 성[性]을 이룬다고 하는 주장)을 신봉하는 교회로 알렉산드리아 총주교 관할인 이집트 기독교의 일파.

### 브니엘 연합Peniel Fellowship

티베랴 부근의 브니엘 연합은 1982년에 침례교 엔지니어 켄 크로웰이 만든 전자회사 갈트로닉스 근로자들을 대상으로 시작했다. 그는 점차 늘어가는 북부지방의 메시아닉 유대인 신자들을 고용하기 위해 회사를 세웠다. 그들은 원래 티베랴의 호텔에서 모였으나 정통파 유대교의 반대로 쫓겨났다. 그리하여 회중은 우기가 시작될 때까지 도시 위쪽 숲에서 모였다.

감사하게도 투란 침례교회Turan Baptist Church에서 겨울 동안 자신들의 시설을 사용하도록 호의를 베풀었다. 후에 브니엘은 유스호스텔을 빌려 안식일 모임을 가졌다. 참석자가 늘면서 호스텔은 모임 장소를 두 배로 늘렸다. 장로들이 이스라엘인 대니 라하브와 함께 이 회중을 이끌었다. 이 모임에서 최소한 두 명의 복음주의 교회개척자가 이웃 도시와 키부츠에 사역을 시작하기 위해 나갔다. 1993년에 회중은 어른 200명과 아이 50명에 달했다.

갈트로닉스는 티베랴 시에서 가장 큰 고용주로 성장했다. 그들은 티베랴 강가에 갈릴리의 역사에 대한 멀티미디어 슬라이드 상영관, 서점, 스낵바를 갖춘 갈릴리 체험관을 열었다. 현재 갈트로닉스는 아랍인과 유대인을 함께 고용하는데, 이를 통해 브니엘 연합은 이 지역 베두인 마을과 소중한 접촉점을 갖게 되었다. 갈릴리 아랍인 회중들과 1년에 두 차례 있는 연합 소풍에 참가하기도 한다. 갈트로닉스는 1994년에 상무부 장관상을 받았다.

### 사마리아 교회Church of Samaria

사마리아의 서안지구 무슬림들은 1991년 걸프전 이후 주님을 영접하기 시작했다. 이스라엘과 PLO가 평화협상을 하는 몇 년 동안 불확실한 정치 · 경제적 상황이 계속되면서, 통신과정으로 성경을 배우던 일부가 침례를 받고 주님을 따르게 되었다. 첫 번째 비공식 모임이 나블루스 위쪽 그리심 산에 자리한 고대교회 폐허에서 열렸는데 소수의 신자들이 택한 "사마리아 교회"라는 이름이 붙게 되었다.

모임은 남자들이 자신의 신앙을 나누면서 가족에서 마을 단위로 성장했다. 나블루스 부근 이스라엘 정착촌 아리엘에 살고 있는 데이빗 오르티즈는 지속적으로 이 사역을 섬겼다. 모임은 이스라엘 내에 사는 신자들의 양육을 돕기 위해 갈릴리의 래이 레지스터를 이 지역으로 초청했다.

모임은 분산되어 셀교회로 조직되었다. 그들은 집에서, 들에서, 나무 밑에서, 자동차와 공사장 천막 같이 두세 명 이상이라면 어디서나 모였다. 그들은 자신을 받아들이는 다른 교회 모임에 참석한다. 1997년에는 10명의 교인과 친구들이 자녀 20명과 함께 크리스마스 축하를 하려고 모였는데, 그것은 당시 흩어져 있던 연합의 절반에 해당되는 크기였다. 일부 교인들은 가족들의 거절, 당국에 의한 체포와 심문, 중혼 등의 어려움을 경험했다. 그 숫자는 2000년까지 이스라엘과 팔레스타인 지역에서 수백 명으로 증가했으며 지금도 계속 증가하고 있다.

### 셰프라름 성경센터Shefrarm Bible Center

셰프라름 성경센터는 1992년에 크파르 야시프 지역교회와 침례교 연합회의 합동 프로젝트로 시작되었다. 셰프라름의 많은 신자들은 침례교-오순절파 출신의 이집트인 복음주의자 아쉬라프 갈리 목사가 인도한 부흥회가 끝난 후, 침례 받기 원했다.

연합회는 갈리 목사를 일부 후원했으며 새로운 사역을 위해 모임 장소를 빌릴 수 있도록 승인했다. 그 후 베들레헴의 제일침례교회First Baptist Church에서 성경을 공부한 어떤 현지인 신자가 아직 완공되지 않은 자기 집 1층을 모임 장소로 제공했다. 성경센터는 모임장소를 완공하고 의자를 갖추는 데 필요한 자금을 제공했다. 첫 회중으로 건물이 꽉 찼으며 이어지는 모임에서도 많은 이들이 참석했다. 그리고 20명 정도가 침례를 받았다. 교인 6명은 다른 교회 신자들과 함께 베들레헴 성경대학 과정과 센터에서 열리는 국제성경연구학교 세미나에 자비로 등록했다.

센터는 도시의 전통교회 교인들을 자극하지 않도록 교파적인 이름이 아니라 일반적인 이름을 택했다. 같은 이유로 이들은 비록 컨퍼런스에 참여하고 갈릴리의 다른 교회들과 교환 방문을 하지만 정식으로 이스라엘 침례교연합회에 가입하지는 않았다. 지도자들은 자발적으로 공제조합('아무타')으로 신청했고 자신들의 은행계좌를 열었다. 그들은 또한 피아노와 음향장비를 구입했으며 갈리 목사의 사례비 중 일부를 담당한다. 도시 내 정규 방문 외에도 일주일에 수차례 모임이 열린다. 향후 더 큰 모임을 계획하고 있다.

## 관찰

앞에서 말한 여러 회중들은 이미 추수의 법칙을 경험했다. 그들은 넉넉하게 씨를 뿌렸을 때 넉넉한 수확을 경험했다. 교회개척은 거룩한 땅에서 복음을 확장하는 하나님의 가장 효과적인 방법이다. 하나님은 심지어 우리의 도움 없이도 과업을 이루신다! 1993년 DAWN의 조사는 개척된 새 회중 25개 중에 92%가 채 5년이 되지 않았음을 보여준다. 또한 새로운 메시아닉 회중은 11개 전부가 이 5년 안에 개척된 것이다. 새로운 회중의 수는 DAWN 조사 이후 5년 만에 66%나 증가했다.

위의 사례에서는 빠졌지만, 그리스도의 교회는 5년간 57% 증가하여 8개의 새로운 회중이 늘어났다. 하나님의성회는 4개 회중이 생겨 80%나 증가했다. 그리스도의 교회들은 가정 성경공부가 늘어난 반면, 성회에서는 공동체 형식의 모임이 늘어났다. 그밖에 하나님의 교회가 새로운 회중 두 곳이 늘어 40% 증가했다.

2000년에 실시된 조사에서는 약 300개 회중과 가정모임이 거룩한 땅에 흩어져 있고, 지난 4년간 회중이나 가정모임의 숫자가 65% 증가했으며, 이중 50% 이상이 새로운 도시와 마을에서 증가된 것으로 나타났다. 현재 이 나라 70개의 큰 도시 중에 60개에 회중이나 가정모임이 있다. 여기에는 아랍인 회중 및 가정모임 70개와 유대인 회중 및 가정모임 120개도 포함되어 있다. 그 외에도 최소한 30개가 넘는 외국인 회중이나 가정모임이 있다.

이제, 거룩한 땅 내의 큰 도시 70개 전부가 회중과 가정연합들이 시작되는 "희년"의 도래를 위해 기도합주회로 모일 사람들을 찾고 있다. 회중이나 가정연합의 수가 너무 빨리 증가해서 최신 통계를 내는 것이 거의 불가능할 정도다.

부록 C

# 교회성장 지표들

침례교회 교인수

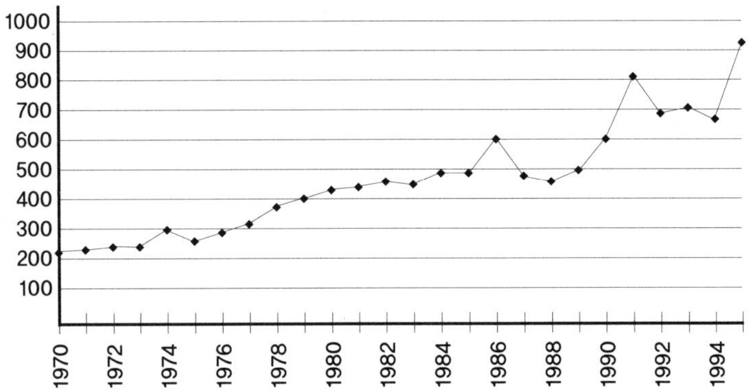


침례

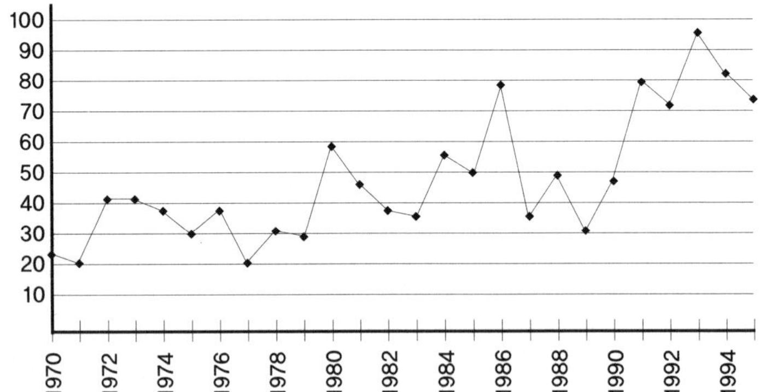

메시아닉 회중 교인수(추정)

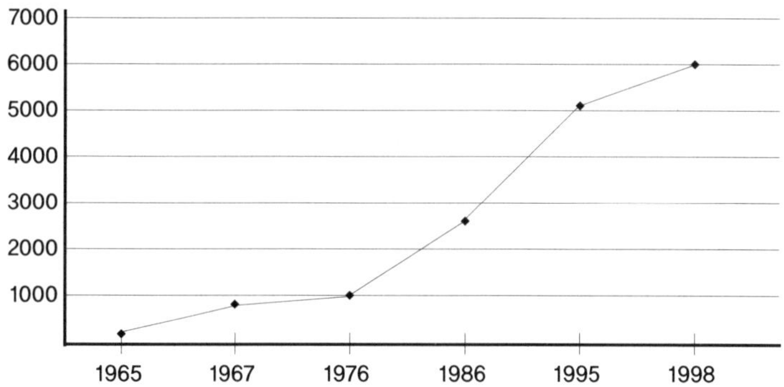


메시아닉 회중과 가정 모임들(추정)

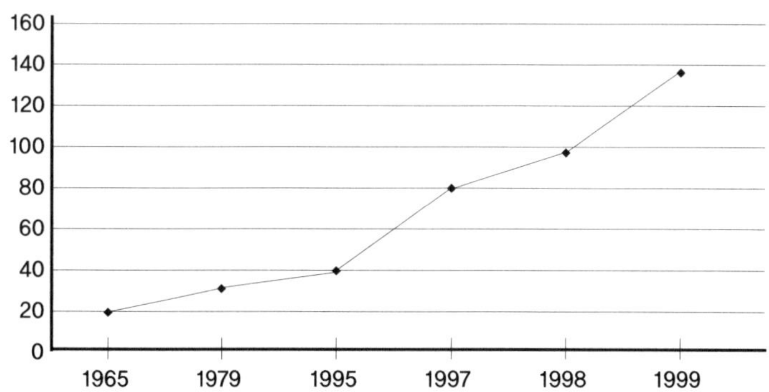

# 미주

## 들어가는 글

1. Tom Houston, "The End is Not Yet," *World Evangelization*, Vol. 18, No. 64, 1993년 9월, p.6.
2. Luis Bush, Ed. *AD 2000 Beyond Handbook*, 1992년 1월.

## 1장

1. 마태복음 16:18
2. Judith Lieu, "Early Christian Origins and Relation to Judaism," Lecture, Tantur Ecumenical Institute, Jerusalem, 1994년 7월 4일.
3. Desmond Sullivan, "The Church and the Synagogue of Capharnaum," *Christian News from Israel*, Vol. 25 no.1 (17), 1974년 가을호, 38-42.
4. Sarah Moore, "Avdat: A Christian City in the Desert," *Jerusalem Christian Review*, Box 24097, Jerusalem, Israel, Vol. 1, Issue 8, p.4.
5. Jane Taylor, "Masters of the Desert," *Eretz*, The Geographic Magazine from Israel, No. 39, 1995년 3-4월호, p.47.

6. Robert L. Wilken, *The Land Called Holy* (Yale University, 1992), pp.89-94.
7. Dennis E. Groh, The Religion of the Empire, *Christianity and Rabbinic Judaism* (Washington, DC: Biblical Archaeology Society, 1992), pp 295-303.
8. Abraham Rabinovich, "Rock on which Virgin Mary rested found near Bethlehem," *The Jerusalem Post*, 1997년 11월 10일, p.1.
9. Barnavi, Eli, General Editor, *A Historical Atlas of the Jewish People*, London: Kuperard, 1998, pp.68-69.
10. Wilkens, 앞의 책, p.161. Sidney Griffith, "Stephen of Ramlah and the Christian Kerygma in Arabic in Ninth-Century Palestine" 에서 인용. *JEH* 36 (1985): 23-45.
11. Sylvia Mann, "The Mount of Olives, the Mountain of Everlasting Life," *Christian News from Israel*, p.19.
12. Philip Hitti, *History of the Arabs* (London: Macmillan, 1963), p.152.
13. Groh, *Christianity and Rabbinic Judaism*, 앞의 책, p.302.
14. C.H. Malik, The Orthodox Church, *Religion in the Middle East*, A.J. Arberry, editor (Cambridge; University Press, 1969), Vol. 1, p.300.
15. Hitti, 앞의 책, p.220.
16. 코란 17:2, 저자 번역.
17. 야간 여행에 대한 다양한 해석을 위해서는 *Shorter Encyclopaedia of Islam* (E.J. Brill, 1961), *Mi'raj*, pp.381-383를 보라.
18. Hitt, 앞의 책, pp.620-621. 당신이 오늘 성묘교회를 방문한다면, 원래 무덤 자리 위에 현대식의 잘 꾸며진 기둥이 있는 무덤 건물을 볼 수 있다.
19. Philip Hitti, *The Arabs*, A Short History (Princeton University Press, Gateway Edition, 1970), p.220.
20. Gwynne Dyer에 의해 인용된 Bernard Lewis, "Guilt trip," *The Jerusalem Post*, 1995년 7월 3일.
21. Hitti, *The Arabs*, p.222.
22. Encyclopaedia Britannica, 1973년판, "Saint Francis," Vol.9, p.708b, "Ramon Lull," Vol.14, p.173b.
23. Hitti, *The Arabs*, p.228.

24. 앞의 책, p.230.

25. 앞의 책, p.232.

26. Kenneth Cragg, *The Arab Christian*, A History in the Middle East (Louiville: Westminster/John Knox, 1991), p.23.

27. 마태복음 25:52

28. Eli Mizrachi, *Two American Within the Gates*, The Story of Levi Parsons and Pliny Fisk in Jerusalem (Hagerstown, MD: MacDougal, 1995), p.385.

29. Kelvin Crombie, *For the Love of Zion*, Christian witness and the restoration of Israel (London: Hodder & Stoughton, 1991), pp.1-24.

30. 앞의 책, p.16.

31. 앞의 책, p.81.

32. Lyle L. Vander Werff, *Christian Mission to Muslims*, The Record (Pasadena: William Carey Library, 1977), p.155.

33. Crombie, 앞의 책, p.81.

34. Vander Werff, 앞의 책, pp.155-159.

35. Arberry, *Religion in the Middle East*, Vol. 1. p.534.

36. Vander Werff, 앞의 책, p.161. 다음에서 인용. Julius Richer, *A History of Protestant Missions in the Near East* (Edinburgh, 1910), p.253.

37. Arberry, 앞의 책, p.541.

38. Bertha Spafford Vester, *Our Jerusalem*, An American Family in the Holy City, 1881-1949 (Jerusalem: American Colony, 1988).

39. Crombie, 앞의 책, p.77.

40. 앞의 책, p.97.

41. C.H. Malik, *The Orthodox Church Religion in the Middle East*, Edited by A.J. Arberry., Vol. 1, pp.300-311.

42. 앞의 책, p.311.

43. 이번 장은 드와이트 베이커(Dwight L. Baker) 박사가 쓴 책을 많이 참조하였다. *Baptist's Golden Jubilee*, 50 Years in Palestine-Israel, A Short Commemorative History (Nazareth, Israel, 1961년 5월 16일), pp.1-16.

44. Ray G. Register Jr., *Clothed in White* (Nashville: Broadman, 1991).

45. '인티파다' (intifadha)는 서안과 가자 지구의 아랍인들이 이스라엘의 무력 점유에 대항하기 위해 붙인 이름이다. 이 말은 아랍어로 "떨어냄" (shaking off)을 뜻한다.

## 2장

1. 히브리서 4:12상
2. 요한복음 12:32
3. C.H. Malik, The Orthodox Church, *Religion in the Middle East*, Vol 1, pp.320-321.
4. 요한복음 2:5
5. 사도행전 5:33-39
6. E.P. Sanders, The Life of Jesus, *Christianity and Rabbinic Judaism* (Washington, DC: Biblical Archaeology Society, 1992), p.73.
7. Howard C. Kee, *After the Crucifixion - Christianity Through Paul*, p.95.
8. James Parkes, *A History of Palestine from 135 AD to Modern Times* (London, 1949), p.47-48.
9. James H. Charles worth, Christian and Jews in the First Six Centuries, *Christianity and Rabbinic Judaism*, pp.312-324.
10. The Messianic Action Committee, "Anti-Freedom Legislation-Report" No. 44, 1998, PO Box 75, Rishon LeTsion, 75100 Israel.
11. 인터뷰 내용. David and Jean Dorris, Jerusalem, 1997년 11월 25일.
12. 호메이니는 망명지 프랑스에서 카세트 테이프를 이용해 이란 시아파에 대항하라고 이란의 시아파 무슬림들을 고취시켰다.
13. "Special Release," Reports in the Western Media, Palestine, the PNA, and Religion, Palestine Ministry of Information, 1997년 12월 23일.
14. 코란 33:27-28, 59:3-7을 보라. "People of the Book"을 유대인으로 언급하고 있다.
15. 예수님과 하나님의 영적인 연합과, 하나님은 모든 것 안에서 모든 것이 되심을 강조하는 구절에 대해서는 요한복음 10:30, 고린도전서 15:28, 디모데전서 2:5을 보라.
16. 저자의 책 *Dialogue and Interfaith Witness with Muslims*, pp.43-46와 코란

3:55, 4:159, 5:120, 29:33을 보라. 논쟁적인 구절인 4:157-8에서는 유대인이 예수님을 십자가에 못 박지 않았다고만 말한다.

17. 코란 5:119을 보라.

18. Charles H. Kraft, "Conversion in Group Settings," *Handbook of Religious Conversion*, Edited by H. Newton & Samuel Southard (Birmingham, Alabama: Religious Education Press, 1992), 16장, pp.269-275.

19. 요한복음 11:45-52을 보라.

20. 코란 3:111-113을 보라.

21. *Guide to Inter-religious and Intercultural Activities in Israel*, 1995-1996, Interreligious Coordinating Council in Israel (ICCI), Jerusalem, Dr. Ron Kronish, rabbi, Editor.

22. 1940년대 후반과 50년대 초반, 나의 고향 노스캐롤라이나 샤로떼의 경우가 그렇다. 교회와 정부 분리의 동기가 되었다.

23. Thomas Friedman, *From Beirut to Jerusalem* (London: Harper Collins, 1993), 12장, "Whose Country Is This, Anyway?"

24. 마태복음 22:21에 "가이사에게 바치라"고 하신 예수님의 가르침과 정부 권위에 대해 바울이 로마서 13:7에서 권면한 것을 살펴보라.

25. Kenneth Scott Latourette, *A History of Christianity* (New York: Harper and Brothers, 1953), p.126.

26. Naim Stifan Ateek, *Justice and Only Justice*, A Palestinian Theology of Liberation (Orbis Book, 1989), pp.77-78.

27. 앞의 책, p.79.

28. 앞의 책, p.80.

29. 앞의 책, p.84.

30. 앞의 책, p.85.

31. Naim Ateek, "The Earth is the Lord's: Land, Theology, and the Bible," *Mishkan*, Issue 27/1997, p.80.

32. 누가복음 12:34

33. *Culturgram* '97, State of Israel (Publication Division of th David M. Kennedy Center for International Studies, Brigham Young University, POB

24538, Provo, UT 84602-4538), p.4.

34. *Culturgram '97*, West Bank and Gaza, p.4.

35. "A foreign problem," 8월 14일 수요일 사설, 1996, *The Jerusalem Post International Edition*, No. 1868.

36. David Weinberg, "Not so holy land," *The Jerusalem Post*, 1998년 1월 18일.

37. George Jennings, *Welcome into the Middle East!* (Le Mars, Iowa 51031: Middle East Missions Research, POB 632, 1986), pp.26-27.

38. Jennings, P.101.

39. 마태복음 19:4-5, *The Holy Bible*, New International Version (Nashville: Holman, 1986).

40. 앞의 책, p.182-183.

41. 앞의 책, p.105.

42. 마태복음 10:11, Contemporary English Version (New York: American Bible Society, 1995).

43. 통계는 Patrick Johnstone, *Operation World*, OM Publishing, 1993, pp.312-314.

44. Morroe Berger, *The Arab World* (New York, 1964), p.139.

45. Jennings, 앞의 책, p.144.

46. 코란 2:106

47. Jennings, 앞의 책, p.239.

48. George Otis Jr., *The Last of the Giants* (Grand Rapids: Chosen, 1991), 9장.

49. '두남' (Dunam)은 에이커보다 작은 단위이다. (1에이커는 약 4두남— 옮긴이)

50. *Holy Bible*, Contemporary English Version (New York: American Bible Society) p.1223. (마태복음 5:41 — 옮긴이)

### 3장

1. Dwight L. Baker, *Baptist Golden Jubilee, 50 Years in Palestine-Israel*, p.7.

2. Jack Hodges, E-Mail, Nazareth, Israel, 1996년 10월 12일.

3. William David Taylor, Director, Missions Commission, World Evangelical Fellowship, Arab World Evangelical Ministers Association, 1993년 4월 27일, p.1.

4. AWEMA, "Partnership in the Gospel" Conference, Church Planning Working Group (London: April 1995).

5. Communique, Arab Evangelical Leaders Conference, Jerusalem, 1995년 7월 28일.

6. 마태복음 5:14

7. '사브라' (sabra)는 이스라엘 본국에서 태어난 사람을 말한다. 이 단어는 '선인장배' (cactus pear)를 뜻하는데, 바깥은 가시가 많고 안은 부드러운 것이 특징이다. 또한 인내라는 의미도 포함된다.

8. *Maoz Iarael Intercessors Network*, Letter No. 53. 1997년 10월 6일. Ramat HaSharon, Israel.

9. Jeanne Kimmel, "Musalaha, A Family Reunion," *Ministry of Reconciliation, In the Footsteps of Our Father Abraham*, Ed. By Salim J. Munayer (Jerusalem: Musalaha, 1993), p.9.

10. Salim J. Munayer, "Jesus Inside and Outside the Camp, The Challenge for Arab and Jewish believers in Israel Today," *Ministry of Reconciliation*, pp.45-47.

11. *The Bible and the Land: An Encounter*, Edited by Lisa Loden, Peter Walker & Michael Wood (Jerusalem: Musalaha, 2000).

12. Elias Chacour, *We Belong to the Land* (HarperCollins, New York, 1990).

13. Roger Elbel, Global Mission Committee, U.C.C.I. Jerusalem, Israel, Report on Billy Graham, "Global Mission," 1995년 3월 16-18일.

14. Ray Register, *Church Growth Survey-Galilee*, Unpublished paper, 1991년 9월 1일. Nazareth, Israel.

15. Dr. Stephen Nash, DAWN, London, UK, 1996년 8월 13일.

16. Kai Kjaer-Hansen & Bodil F. Skjott, *FACTS & MYTHS About the Messianic Congregations in Israel 1998-1999*, Mishkan 30-31/1999 (UCCI: Jerusalem, 1999) p.50.

17. *Freedom Report* No. 67. 1999년 11월 15일. Messianic Action Committee, POBox 5462, Herzliya 46100, Israel.

18. *Freedom Report* No. 65. 1999년 7월 13일. MAC, PO Box 5462, Herzliya,

46100 Israel.

19. Bishara Awad, Letter, 1996년 8월. Bethlehem Bible College, POB 127, Bethlehem, West Bank, via Israel.
20. Dr. Ray Pritz, Caspari Center, e-mail, 1997년 2월 21일.
21. Paul Shalom Treat, Center of Religious Pluralism, POB 301, Nahariya 22012, Israel, E-Mail, 1996년 10월 23일. pp.7-8.
22. Jim R. Sibley, North American Mission Board, SBC, e-mail, 1997년 1월 15일.
23. "Dome of Rock gets $200,000 in carpets," *The Jerusalem Post International Edition*, Week Ending 1996년 12월 21일, page 4.
24. "MK Katz: Israel partially responsible for Palestinian refugee problem," *The Jerusalem Post*, 1999년 11월 22일, page 1.

## 4장

1. David J. Borch, *Transforming Mission* (Maryknoll, NY 10545, Orbis Books, 1991), pp.447-449.
2. 마태복음 9:17, NRSV.
3. Sherwood Lingenfelter, *Transforming Culture* (Grand Rapids, Michigan, Baker Book House, 1992), p.210.
4. Bosch, *Transforming Mission*, pp.452-455.
5. Norman E. Thomas, ED. *Classic Texts in Mission & World Christianity*, (Maryknoll, NY 10545, Orbis Books, 1995), pp.68-69. 다음에서 발췌. Rufus Anderson, *Foreign Missions* (New York: Charles Scribner, 1870), 1, 109-115, 117-119.
6. Helen S. Coan Nevius, *The Life of John Livingston Nevius* (New York Fleming h. Revell, 1895), p.441.
7. John L. Nevius, *Planting and Development of Missionary Churches* (Grand Rapids, Michigan: Baker Book House, 1958, reprinted from the *Chinese Recorder*, 1885), p.15.
8. Roland Allen, *Missionary Methods; St. Paul's or Ours?* (London: World Dominion Press, 1956).

9. Bosch, *Transforming Mission*, p.450.

10. Lyle L. Vander Werff, *Christian Mission to Muslims* (Pasadena CA: William Carey Library, 1977), p.204.

11. 앞의 책, 각주 59, p.229.

12. Dr. Cal Guy, Fletcher Visiting Professor of Missions, Southeastern Baptist Seminary, in phone conversation, 1996년 1월 26일.

13. Melvin L. Hodges, *The Indigenous Church* (Springfield, Missouri: Gospel Publishing House 65802, 1971), p.95.

14. Nevius, *Planting and Developing of Missionary Churches*, pp.34, 40.

15. Bosch, *Transforming Mission*, p.451.

16. David J. Hesselgrave, *Planting Churches Cross-Culturally*, A Guide for Home and Foreign Missions (Grand Rapids, Michigan 49506: Baker Book House, 1980), p.328.

17. 앞의 책, p.418.

18. Nevius, *Planting and Developing of Missionary Churches*, pp.23-24.

19. William L. Wagner, *North American Protestant Missionaries in Western Europe: A Critical Appraisal* (Bonn: VKW, Druck & Verlag M. Wehle, 1993), p.126-128.

20. Hesselgrave, *Planting Churches Cross-Culturally*, pp.162-164, 다음에서 인용함. Raymond Firth, *Elements of Social Organization* (Boston: Beacon Press, 1963), p.300 and Donald McGavran, *Understanding Church Growth* (Grand Rapids: Eerdmans, 1970), pp.85-87.

21. 마가복음 16:15, RSV.

22. Donald K. McKim, "The Mainline Protestant Understanding of Conversion," *Handbook of Religious Conversion*, edited by H. Newton Malony & Samuel Southard (Birmingham, AL: Religious Education Press, 1992), p.124.

23. 이와 관련된 자세한 정보를 보려면 다음을 참고하라. *Mishkan*, issue no 25, 2/1996, From the Israel Press, *The Baptists are Coming! The Baptists are Coming!* by Sean Osborne, pp.76-78.

24. 고린도전서 10:33

25. David J. Hesselgrave & Edward Rommen, *Contextualization*, Meanings, Methods, and Models (Baker, 1989), p.1.

26. *Al-Injeel*, al-tarjima al-qudsiya lil-injeel al-suniya (Box 21795, E. Jerusalem, Israel).

27. Salim Munayer & Phil Goble, *The New Creation Book for Muslims* (William Carey Library, 1989), Arabic version, 1991.

28. TORAH, PROPHETS, BOOKS, AND NEW TESTAMENT (Hebrew) (The Bible Society in Israel, P.O. Box 44, Jerusalem, 91000, Israel, 1991).

29. *Hebrew/Russian Bible* (The Israel Association for the Dissemination of Biblical Writings, P.O. Box 44, Jerusalem, 91000, Israel, 1991.

30. Jerry Rankin, "Mobilizing for Missions in the New Millennium, Part 10: What Can I do? *Intercom, supplement* (Richmond: International Mission Board, SCB), 1999년 12월.

31. Jim Montgomery, *Dawn 2000:7 Million Churches to Go* (Great Britain: Highland Books, 1990), pp.108-109.

32. Charles Brock, *Indigenous Church Planting, A Practical Journey* (Church Growth International, 13174 Owens Lane, Neosho, MO 64850, 1994), p.113.

33. 앞의 책, p.55.

34. John Gilbert, *FMB Thesaurus Definitions*, document of the International Mission Board, SBC (Richmond VA: 1994).

35. 베드로전서 2:9

## 5장

1. 무슬림을 대상으로 한 사역에 대한 설명은 저자의 다음 책을 참고하라. *Dialogue and Interfaith Witness with Muslims* (Multi-Language Media, Box 301, Ephrata PA 17522).

2. Erich Bridges, "Like Wildfire, Out of Control," *The Commission*, Richmond: International Mission Board, SBC, 1999년 2월, p.51.

## 6장

1. 예레미야 5:23, *New American Standard Bible*, The Lockman Foundation, 1960, 1960, 1968, 1971.
2. 이사야 53:5-6, *King James version*.
3. Charles Brock, *Indigenous Church Planting, A Practical Journey* (Church Growth International, Neosho, Missouri, 1994), pp.74, 77.
4. James B. Slack, Church Growth Principles Basic To Church Planting, Chapter 2 of *Handbook for Effective Church Planting and Growth*, Compiled by: Jimmy K. Maroney and James B. Slack, Edited by: Ellen Libis (International Board, SBC, Richmond, Virginia, na.), p.17.
5. Lynne, L. Abney, Communication Resource Specialist, International Mission Board, Nicosia, Cyprus, email, 1997년 7월 14일.
6. Slack, p.30.
7. Lucy Shahar & David Kurz, *Border Crossings, American Interactions with Israelis* (Intercultural Press, 1995), pp.154-156.
8. 마태복음 10:37, 19:29
9. 디모데전서 5:8
10. 잠언 5:18-19
11. Brock, *Indigenous Church Planting*, pp.72-73.
12. Associated Press, "Atlanta, American children dying more by murder, suicide, gunfire," *The Yuma Daily Sun*, Yuma, Arizona, 1997년 2월 7일, p.19.

## 7장

1. Gene Mims, *Kingdom Principles For Church Growth* (Convention Press, Nashville, TN: 1994), pp.88-90.
2. Nadia Shamsedin, e-mail, 97년 10월 6일. 그녀는 영적도해(spiritual mapping)를 시작하게 된 것을 George Otis, Jr. 덕분이라고 했다.
3. *MAOZ* Newsletter, Dallas, Texas, 1995년 11월, p.5.
4. Tom White, *Breaking Strongholds* (Ann Arbor, Michigan: Servant Publications, 1993).

5. C. Peter Wagner, *Confronting the Powers* (Ventura, CA: Regal Books, 1996).
6. John Dawson, *Healing America's Wounds* (Ventura, CA: Regal Books, 1994).
7. 지도는 *Survey Of Israel*, Post Office Box 14171, 61141 Tel Aviv, Israel에서 구할 수 있다.
8. Claylan Coursey, Discovering Responsive People and Places, *Handbook for Effective Church Planting And Growth* (International Board, SBC, Richmond VA, n.d.), p.31.
9. 누가복음 9-10장
10. Robert Coleman, *The Master Plan Of Evangelism* (Grand Rapids, Michigan, Fleming Revell: 1972), pp.30-31.
11. David J. Hesselgrave, *Planting Churches Cross-Culturally* (Baker: 1980), p.185.
12. Charles L Chaney, *Church Planting AT The End Of The Twentieth Century* (Tyndale: 1991), p.198.
13. Stuart Christine, *Guidelines for the Planting Team, Panting Tomorrow's Churches Today* (Monarch, Great Britain: 1992), pp.235-242.
14. James B. Slack, Church Growth Principles Basic to Church Planting, *Handbook For Effective Church Planting And Growth* (International Board, SBC, Richmond, VA: n.d.), p.30.
15. Greg Livingstone, *Planting Churches In Muslim Cities, A Team Approach* (Baker: 1993), pp.100-101.
16. Donald A McGavran의 *Understanding Church Growth* (Eerdmans, Grand Rapids, MI: 1970, 1980, 1990), preface p.x.에서 이 표현을 찾아냈다. 이에 관해 그에게 빚을 졌다.
17. 우리 사위는 텔아비브 하닷사 병원(Hadassa Hospital)에서 신장 쇼크로 사망했으나, 기도로 다시 살아났다.
18. 마태복음 10:11
19. Hesselgrave, 앞의 책, p.164.
20. Charles Brock, *Indigenous Church Planting*, pp.115-121, 146.
21. 앞의 책, pp.122-123.

22. Wolfgang Simson, *Houses that Change the World, Toward a Re-Incarnation of Church*, (Madras: 1998).

23. 앞의 책, pp.16-130.

24. Chaney, 앞의 책, p.109.

## 8장

1. 고린도전서 4:15b-16, 11:1

2. 이스라엘 침례교 총회, 1995.

3. John Gilbert, FMB Thesaurus Definitions (International Board, SBC, Richmond VA 23230: 1994).

4. Charles L. Chaney, *Church Planting At The End Of The Twentieth Century* (Tyndale, Wheaton Il:1991), p.38.

5. James Slack, *Church Growth Principles Basic to Church Planting, Handbook for Effective Church Planting And Growth*, p.29.

6. Tim Matheny, *Reaching the Arabs, A felt need approach* (William Carey Library: 1981), pp.146-152.

7. TAFTEE, *House Groups*, Bangalore, India. 가정교회에 관한 이 훌륭한 교재는 PTEE, POB 1931, Amman, (11118), Jordan에서 번역, 수정되었다.

8. 새 포도주 셀교회(New Wine-Cell Church) 세미나, Conceptual Building Blocks, copied from Bill Beckham/Ralph Neighbor of Touch Ministries, PO Box 19888, Houston TX, USA. Ministry Cassette No. NW 22A&B는 ICC, Silverdale Rd., Eastbourne, East Sussex BN20 7AB, England, email: icc@mistral.co.uk에서 구할 수 있다.

9. Church Growth International, 13174 Owens Lane, Neosho, MO 64850, USA.

10. *The True Furqan* (Enumclaw, WA 98022: Wine Press Publishing, 1999).

11. Claylan Coursey, Discovering Responsive People and Places, Chapter 3, *Handbook for Effective Church Planting*, pp.58-61.

12. Brock, *Indigenous Church Planting*, p.202.

13. 데살로니가후서 3:10

14. Martin Robinson, The Impetus of Church Growth, *Planting Tomorrow's*

*Churches Today*, p.99, note 7.

15. 갈라디아서 4:19
16. Alan Schreck, "Twelve Principles Of Church Renewal," (reprinted and adapted from *Faith and Renewal*), *The Christian Educators Handbook on Spiritual Formation* (Wheaton: Victor Books, 1994), p.156.
17. 인터넷에서 얻은 정보.
18. Erich Bridges, "Like Wildfire, Out of Control," *The Commission* (Richmond: International Mission Board, SBC), 1999년 2월, p.51.

## 부록 B

1. Rev. Edward Tannous, interview, Haifa, Israel, 1997년 8월 14일.
2. David Davis, Haifa, Israel, e-mail, 1998년 2월 20일.
3. Rev. Ray Lockart, Jerusalem, Israel, e-mail, 1997년 2월 11일.
4. Baruch Maoz, Grace and Truth Congregation, Rishon LeTsion, Israel, e-mail, 1998년 3월 24일, and "20 years of mercy, Grace and Truth," 1996년.
5. Rev. Tony Sperandeo, interview, Kafr Saba, Israel, 1997년 9월 17일.
6. Ari & Shira Sorko-Ram, Emails 1988년 11월 24-25일, 그리고 전화 인터뷰, 1999.
7. Noam Hendron, interview, Baptist Village, Israel, 1997년 8월 6일.
8. Rev. Wayne Hilsden, Jerusalem, Israel, e-mail, 1997년 2월 20일, /King of Kings Assembly Bulletin/, 1996년 1월.
9. Suheil Saad, interview, East Jerusalem, 1997년 7월 25일.
10. *2000 Directory* Congregations-Home Groups in the Cities and Villages of Israel including West Bank and Gaza.

## 부록 C

1. 통계는 다음 기관에 사용승인을 얻음. Statistics courtesy of Global Research Division of the International Mission Board of the Southern Baptist Convention for Baptist Church membership.